中国卓越传媒人才培养的探索与实践

彭少健 主编

中国传媒大学出版社

序　言

卓越新闻传播人才培养是近年来我国高等教育界的一个重要研究与实践领域。2013年7月，教育部、中宣部发布《关于加强高校新闻传播院系师资队伍建设实施卓越新闻传播人才教育培养计划的意见》，联合实施卓越新闻传播人才教育培养计划，以深化高等新闻传播教育综合改革，提高新闻传播人才培养质量。该计划旨在通过加强高校新闻传播院系师资队伍建设，加强马克思主义新闻观教育，创新人才培养模式，强化实践教学环节，造就一大批政治立场坚定、业务能力精良、作风素质过硬的新闻传播后备人才，为推进我国新闻事业健康发展提供强有力的人才保障和智力支撑。

为深入研究卓越新闻传播人才培养面临的时代挑战与历史使命，制定新闻传播人才国家标准，探讨全媒体时代下卓越新闻传播人才培养模式与创新路径，2013年10月16日，由教育部高等学校新闻传播学类专业教学指导委员会主办，浙江传媒学院承办的"中国传媒高等教育的现状与未来暨卓越传媒人才培养高峰论坛"在浙江杭州隆重开幕。英国拉夫堡大学传媒研究中心格雷厄姆·默多克（Graham Murdock）、美国密苏里大学新闻学院高级社会研究中心主任孙志刚博士（Kenneth Fleming）等海外知名专家学者以及香港浸会大学郭中实教授、台湾世新大学校长赖鼎铭教授、中国传媒大学副校长胡正荣教授、暨南大学副校长林如鹏教授、武汉大学新闻与传播学院副院长强月新教授、山西传媒学院院长郝本廉教授、吉林动画学院副院长刘欣、浙江传媒学院院长彭少健教授等国内新闻传播院校领导以及教育部高等学校新闻传播学类专业教学指导委员会全体成员出席了本次会议。参加本次会议的海内外专家学者达100余人。

论坛分两部分,上午由格雷厄姆·默多克、孙志刚、郭中实、强月新四位专家作主题演讲,针对新时期卓越新闻传播人才培养面临的挑战、形势、任务与应对进行了阐述;下午为校长论坛板块,胡正荣、赖鼎铭、林如鹏、郝本廉、刘欣、彭少健等对所在高校如何认识以及如何培养卓越新闻传播人才进行了介绍与交流,复旦大学李良荣教授对校长发言进行了点评。

会议同时收到了来自全国各高校的论文40余篇,我们选择汇编了其中部分优秀论文与浙江传媒学院近年来的相关研究成果。本书是国内卓越新闻传播人才培养的第一部论文集,既是对过去相关研究成果的梳理和总结,同时也是各位专家与本校教师对卓越人才培养领域的观察思考。希望这本书的出版,在为相关研究者提供参考之外,还能够吸引更多学者关注卓越新闻传播人才的培养,对学校教师、新闻传播学子以及相关新闻工作者起到参考和启发作用。

中国传媒高等教育的现状与未来暨
卓越传媒人才培养高峰论坛组委会
2014年9月

目 录

第一部分 理念、历史与比较

媒介融合背景下的卓越传媒人才培养
　　——浙江传媒学院的思考与实践　　　　　　　　　　　　彭少健 / 3
积极探索卓越传媒人才培养的新模式　　　　　　　　　　　王渊明 / 9
澳大利亚高等教育发展特征及启示
　　——以科廷大学为例　　　　　　　　　　　　姚　争　黄晓琴 / 16
对我国传媒高等教育发展趋势的两点感想　　　　　　　　　程丽红 / 26
新闻教育须适度"超越"　　　　　　　　　　　　　　　　张　芹 / 31
论民国时期的高校传媒教育
　　——以金陵大学为例　　　　　　　　曹小晶　李　蓉　张丝雨 / 38
中英两国播音主持专业教育教学的异同　　　　　　　　　　周悦娜 / 48

第二部分 实践研究

全媒体背景下应用型网络编辑人才培养模式研究　　　　　　高　虹 / 57
教学相长、教研互促：网络传播与新媒体实践的教研模式探索　廖卫民 / 68
我国体育新闻专业本科培养思路探析　　　　　　　　　　　黄若涛 / 75
地方高校广播电视学专业传播学教学中的项目制方法探析　蔡月亮　陈长松 / 83
媒介融合背景下地方高校卓越传媒人才培养模式探析　　　　荣建华 / 88
高校文化创意人才培养质量保障体系的构建　　　　　　　　史　征 / 96

论表演人才培养及其传媒素质拓展　　　　　　　　　　　　　黄寒冰 / 102

基于 Blog 的教学信息交流
　　——以传播学的视角　　　　　　　　　　　　　　　　　崔　波 / 108

试谈全媒体背景下"卓越传媒人才"培养模式的改革与创新　　　蔡　罕 / 116

刍议高校课堂教学质量的监控与保障　　　　　　　　王巨铨　姚　争 / 122

第三部分　浙江传媒学院的探索

基于缄默知识观的全媒体编辑出版教育模式探究　　　　　　　崔　波 / 129

影视类实验室承担专业见习模式的探索与研究
　　——以浙江传媒学院实训中心为例　　　　　　　　　　　章晓亮 / 137

高校适应文化产业发展培养创意人才的研究
　　——以浙江省为例　　　　　　　　　　　　　　　姚　争　项　雁 / 142

以性别意识建构与自我认同培养为目的的社会性别公选课
　　——以"媒介、社会与性别"课程的教学为例　　　　　　孟慧丽 / 155

英语播音主持人才培养与教学特色研究　　　　　　　　　　　苏日娜 / 173

应用型本科院校校外实践基地建设探讨与实践
　　——以浙江传媒学院·杭州文化广播电视集团校外实践基地为例
　　　　　　　　　　　　　　　　　　　　　　　　陈佩芬　项　雁 / 179

电视编辑与导播国家级实验教学示范中心建设的探索与实践
　　　　　　　　　　胡一梁　姚　争　贠　伍　刘新荣　王轶群 / 185

基于双核流转理念的文化产业管理人才培养　　　　　朱旭光　朱　觅 / 195

传媒视野下文学教育的现状与对策
　　——兼及"编剧强化班"与"未来作家班"的思考　　张邦卫　金　晶 / 202

全媒体时代卓越新闻传播人才的培养
　　——"中国传媒高等教育的现状与未来暨卓越传媒人才培养高峰论坛"综述
　　　　　　　　　　　　　　　　　　　　　　　　冯建超　李灵革 / 216

第一部分

理念、历史与比较

媒介融合背景下的卓越传媒人才培养
——浙江传媒学院的思考与实践

浙江传媒学院 彭少健

近年来,随着传媒技术的突飞猛进,媒介融合的洪流以不可阻挡之势快速推进,传媒业也经历着深刻的变革。传媒业的发展变化给传媒人才提出了什么样的新要求?传媒人才的培养需要什么样的新模式?这些问题都需要我们在理论上加以研究,在实践中进行探索。在此,本文就浙江传媒学院在媒介融合背景下对卓越传媒人才培养的探究和实践进行介绍。

一、背景

近年来,随着传媒技术和传媒产业的迅猛发展,媒介融合的趋势进一步加强,跨媒体传播使得传统的大众传媒由"单媒介"的独立采编经营方式,转向"多媒介"的联合运作经营方式,尤其是在新闻信息的采集和发布上,呈现出"全媒体"的特色。

在这样的形势下,我们认为,社会对传媒人才的需求表现出以下几个方面的特点:一是"ABC"型传媒人才需求呈增长趋势,其中的 A 是 Art,代表艺术;B 是 Business,代表商业;C 是 Computer,代表计算机技术,即既要具备一定的创意能力,又要有较强的新技术运用能力,同时兼具一定的媒体经营与管理能力。二是由单一岗位、单一媒体的技能型向多岗位、全媒体的全能型发展,由标准化通用型向个性化专才型发展。三是从"本土化"的人才需求向具有"国际化"视野的人才需求发展。媒介融合的发展趋势,对高校的人才培养提出了更高的要求,传统的"学校粗加工、企业深加工、社会精加工"的"粗略化"传媒人才培养模式显然已难以为继。如何为这个伟大的时代培养出一大批卓越的传媒人才,这是中国大学不容推卸的历史使命。

二、理念

时代呼唤卓越传媒人才的诞生,我们认为,所谓"卓越传媒人才",就是能主动适应当今媒体技术与传媒产业发展需要的优秀传媒人才。这样的人才,应具备以下几个方面的基本专业素质:(1)具有良好的职业素养和强烈的社会责任感;(2)具有扎实的专业基础知识和专业技能;(3)具有较强的创新意识和实践创新能力;(4)具有国际化的文化视野;(5)具有"个性化"成才的发展潜质。

媒介融合是各类传统媒介与各种新兴媒介彼此渗透、合作共生的过程,因此,与之相对应的"卓越传媒人才"不应该是千人一面的,而应该是多元化的。这就要求各高校根据自身的资源和优势,在"卓越传媒人才"的培养中因材施教,实施分层、分类培养。其一,就高等教育"大众化"的层面而言,需要着力培养基础实、素质高、能力强的应用型、复合型传媒人才,以满足当今媒体对传媒人才的一般要求;其二,就社会对传媒人才的"多样化"需求层面而言,需要积极联手传媒行业,探索供需对接的"订单式"人才培养模式,以满足社会对"个性化"传媒人才的特殊要求;其三,就社会发展对高端传媒人才需求层面而言,要积极推进拔尖人才的精英化教育,以双学位、专业硕士、专业博士等方式,培养具有国际视野的传媒领军人才。

基于对当前传媒发展趋势的研讨和把握,经过行业调研,结合学校的办学层次、学科特点,我们对传媒人才培养进行了顶层设计,将人才培养的总目标确定为:培养能主动适应现代社会经济、科技与文化艺术事业发展需要的,知识、能力、素质协调发展的,具有较强社会责任感、良好职业素养和一定国际视野的,基础实、素质高、能力强、有个性的应用型、复合型、创新型人才。其特征可概括为:基础性、专门性、实践性、适应性、创造性。"基础性"要求本科人才具有扎实的理论基础,与专科人才相区别;"专门性"强调在专门领域内培养专业性人才,与通识性人才相区别;"实践性"强调为行业一线培养应用型人才,与研究型人才相区别;"适应性"强调在行业内部多岗位的胜任度,与岗位性人才相区别;"创造性"强调所从事的工作并非简单重复的劳动,而要具备组织管理能力和创意能力,与操作型人才相区别。

在联合行业、产学一体的传媒人才培养模式中,我们突出职业素养、实践能力、创新精神和就业适应性等教育特色,增强专业人才培养的核心竞争力,坚持六大原则,即坚持通识教育与专业教育并重,更加突出专业教育的原则;坚持专业化与宽口径并重,更加注重宽口径的原则;坚持人才培养的统一性与多样性并重,更加强调多样性的原则;坚持教师主导地位与学生主体地位并重,更加凸显学生主体地位的原则;坚持知识传授与能力培养并重,更加突出能力培养的原则;坚持个性张扬与社会责任感培育并重,更加重视社会责任感培育的原则。

三、实施

我校正在全面修订本科专业人才培养方案,以专业能力培养为主线,第一课堂和第二课堂联动,构建理论教学体系、实践教学体系、创新创业教育体系三大培养体系。以"两个课堂、三个层次、两类修习类别"架构立体式培养方案布局,其中"两个课堂"是指第一课堂和第二课堂,"三个层次"是指通识课程教学、学科课程教学和专业课程教学,"两类修习类别"是指必修和选修。通过对三大培养体系的完善、优化和有机协调来科学利用高校和行业这两种资源和环境,优化培养环节;通过推进学分制和主辅修制,为学生的自我设计、自主学习、因材施教、个性发展保留开发空间。

在此基础上,我们依托国家高等教育改革质量工程立项的"联手行业产学合作培养广播影视人才创新实验区"和浙江省质量工程立项的"文化产业管理人才培养模式创新实验区",形成"学校顶层设计—二级学院自主创新—学校总结提升"的产学合作人才培养路径,与浙江广电集团、中国广播电视协会、浙江出版联合集团等机构合作办学,通过"多规格""多通道""个性化"的传媒人才培养方式,形成多个产学合作教育的培养模式。在此,本文重点介绍"未来主打星"模式、"实践即实战"模式和"创意精英班"模式。

1."未来主打星"模式

我校和浙江广电集团联合进行播音与主持艺术专业"未来主打星"合作教育试点,在全省本科院校二年级学生中通过电视选拔和专业考试,挑选出一批具有优良媒介素养和专业潜质的学生授予其"未来主打星"称号,与浙江广电集团签订意向书,进入我校完成三、四年级的学习,由学校和浙江广电集团共同研讨制定人才培养方案,配备双导师,共同提供学习和锻炼的平台,共同实施教学,共同考核,为浙江广电集团进行订单式人才培养。

"未来主打星"模式的主要内容为：(1)掐尖选材,改善生源结构,确立"因需选材、类型培养、无缝对接"的教学理念。(2)联手行业,搭建双轨教学平台,实行"双导师双课堂"。由校内优秀教师任校内导师,由浙江广电集团首席主播、著名主持人、资深导演、资深记者等媒体精英任媒体导师,在校内和媒体现场进行教学。(3)课程对接,复合性和类型性兼顾。根据浙江广电集团各频道的需求设置新闻评论类、社会服务类、综艺娱乐类三大方向性课程,为培养类型化人才做好课程对接。(4)注重能力,强化三大实践。校内专业实践、校外媒体实践和社会综合实践立体化推进。

"未来主打星"班自2006年开始,至今已举办了三届,毕业生在媒体一线迅速成长,成为业务骨干,有的毕业生工作短短三年时间就荣获了省级政府奖的一、二等奖,而这通常是工作了十几、二十年的播音员、主持人梦寐以求的荣誉。更多的"未来主打星"班毕业生在各自的舞台上展示风采,成为当地媒体的名人。经过数年实践检验,"未来主打星"的复合型个性化人才培养模式在播音主持艺术教育领域已形成了品牌效应。

2."实践即实战"模式

新闻与传播学院在多年实践的基础上,提炼出了"实践即实战"的人才培养模式。该模式于2010年被中国高等教育学会新闻学与传播学专业委员会、教育部高等学校新闻传播学类专业教学指导委员会联合授予"全国新闻学与传播学教学创新项目"奖。

"实践即实战"模式的主要内容为：(1)建立课内与课外实践教学体系。课内实践以校内各实验室、基地为平台,课外以实习实训基地为平台,最终以作品呈现实践成果。(2)构建融合媒体实验平台支持体系。由五个模块实验室构成"全媒体新闻采编与发布教学实验平台",依托这个实验平台,按实际业务流程环境搭建集广播、电视、报纸、期刊、互联网、移动媒体的内容采集、编辑、设计加工、审发于一体的媒介融合平台的立体课程体系。(3)打造以新闻世纪网为代表的学院融合媒体实训平台。在这个平台上覆盖了《新传播》杂志、新闻记者协会、微博、"浙传青梅"等平台,同时,这些媒体全由学生自己运营。(4)建立仿真传媒平台——华数传媒实习基地。学生在校利用课余时间体会媒体运作流程,掌握媒体实用技术,在基地学会团队合作方法,了解媒体管理模式,拥有自我管理的能力,基地正规的工作环境管理也让学生在学校中就实现了接触社会、接触企业、了解实际工作的目的,严格的考核、末位淘汰制度让学生体验了在一线工作的状态。

在该模式培养下,学生就业后进入状态快、发展势头好。毕业生邝晓宏等多人获得了"中国新闻奖",陈舜工作仅半年便获得当年的浙江省广电集团深度调查类一等奖,2008届学生陈俊已两次获得"浙江省好新闻"一等奖。在校生表现优秀,学生社团"新闻记者协会"获得2007年"全国高校优秀学生社团"称号,新闻专业的学生毕业时人人都有一部专题片、纪录片或深度报道,编辑出版专业的学生毕业时则人人都有一本自己编辑出版的书,2009级学生策划的15本图书中,有3本分别在浙江人民出版社、浙江教育出版社、希望出版社公开出版。

3. "创意精英班"模式

"创意精英班"由文化创意学院广告学、公共关系学、媒体创意三个本科专业中具有一定"培优"潜质的学生组成虚拟混合教学班,将校外的项目、导师、竞赛与校内的课堂、工作室、作品等资源整合起来,以提升学生的动手实践能力。

"创意精英班"培养模式体现出四大特点:(1)双导师培养。采用学院专业课教师和业界导师双导师制,第一年以专业教师辅导为主,侧重于将理论运用于实践,培养动手能力和专业技能;第二年重点发挥业界导师丰富的行业经验,以集中指导和在岗实践指导两种形式进行。(2)工作室项目主导。充分利用"广告创意工作室""媒体创意工作室""公关策划工作室"三个专门工作室的师资和项目,教师按照行业项目进程,组织相关工作室的学生同步模拟,遵照商业制作的完整流程分工实践。通过数次实践,发掘优秀的学生,然后重点培养,到一定水平后完全放手让学生团队承接行业项目。(3)竞赛扶持引导。学生在全国大学生广告大赛、ONESHOW(金铅笔)大赛、全国公关大赛等国内顶尖的专业赛事中屡获殊荣,精英班学员获奖比例接近了80%,几乎人人获奖,在实践能力上得到了极大的提升。(4)课堂内外同步。在各个项目运作期间,专业教师实时将项目任务穿插进课堂,直接在课堂上跟进项目,让其他学生也都有机会参与到项目中来。集中实践期间,采取封闭式训练,每天从早上8点到晚上9点,由专业老师带队进行集中培训、模拟演练、主题创作。

"创意精英班"里已诞生了众多优秀的广告和影视作品,先后承接了宝家洁喷雾健康拖产品广告片的摄制,参与了青春频道栏目的Logo策划、频道包装策划及宣传片的制作以及红星美凯龙纳斯卡沙发品牌广告的创意策划等。在这里诞生的每一个项目,都整合了校内外资源,精英班学员分层级进入各教师工作室,跟随专业教师和业界导师直接走向市场、走向企业、走向行业。

四、保障

为保证产学合作"多规格""多通道""个性化"的传媒人才培养,我们实施了专业结构优化工程、教学创新工程、课堂教学改革工程、大学生成才成长工程、教师发展工程、教学条件保障工程这"六大重点工程",多方位为教学工作提供保障。

专业结构优化工程根据"优化学科专业、类型、层次结构,促进多学科交叉和融合"的要求,通过校内专业评估、第三方专业评价、就业考核评价、生源质量评价这四个方面的评价,对全校各专业进行全面论证和优化,目前已完成了首批一个专业及三个专业方向的试点工作,即将分批分组铺开全校各专业的论证优化。

教学创新工程鼓励进入人才培养模式创新实验区的改革试点专业制定特色人才培养方案,大胆实践产学合作人才培养模式,在课程设置比例、教学内容、教学方法及考核评价等方面给予自主权。此外,通过跨国交流学习、双语课程教学、"2+2"、"3+1"、兴建国际交流学院等形式实现中外高校联合培养,拓宽学生的国际视野。

实施课堂教学改革工程,建立了校院二级"课程教学模式创新实验区",已分批立项27个校级项目、49个二级学院级项目,"紧贴国际前沿,构建实战体验式的演播棚影视教学模式的探索和实践"、"团队学习在市场调查课程中的推广应用"、"生命化、性情化的思想政治理论课课堂教学模式"等项目的实施,对增强学生的学习能力、实践能力和创新能力起到了积极的推动作用。

在教师发展工程方面,推进"学校来的送媒体一线、媒体来的送著名高校"的教师"双送"培养工作,每年选送十余名教师到中央电视台、浙江广播电视集团、华数数字电视传媒集团、湖南广播电视集团等行业一线挂职实践,每年都有教师取得高一级学位或到国内外知名院校访学。

在教学条件保障工程方面,通过对国家级实验教学示范中心"电视编辑与导播实验教学中心"和国家级大学生校外实践教育基地"浙江传媒学院—杭州文化广播电视集团文学实践教育基地"的建设,打造校内校外两个实践高地。

世界传媒发展的洪流浩浩荡荡、奔腾向前,在新媒体技术的进步与传媒产业的发展面前,高校传媒人才的培养挑战与机遇并存。让我们紧跟时代潮流,锐意改革,携手并进,培养适应社会需求的卓越传媒人才!

积极探索卓越传媒人才培养的新模式

浙江传媒学院　王渊明

为适应我国经济建设和社会发展的新要求,《国家长期教育改革和发展规划纲要(2010—2020)》提出了着力培养信念执着、品德优良、知识丰富、本领过硬的高素质专门人才和拔尖创新人才的任务,并部署实施作为学术研究型创新人才培养的基础学科拔尖学生培养试验计划和行业应用型高端人才培养的卓越工程师、卓越医师、卓越农林人才、卓越文科人才等的教育培养计划。从事传媒教育的院校应主动适应时代要求,努力探索卓越传媒人才的培养模式。

一、为何开展卓越传媒人才培养

开展卓越传媒人才的培养,是我国传媒产业发展的客观要求。近年来,随着传媒技术和传媒产业的迅猛发展,广电网、电信网、互联网三网融合的发展势头不断增强。以新一代数字技术、网络技术、信息技术为基础的新媒体业务正以锐不可当之势,给传统传媒产业带来巨大而深刻的变革,多媒体融合正在成为传媒产业发展的一种趋势。除了传媒技术发展的深刻影响,近年来我国传媒业的发展也是在传媒体制改革与市场化走向、传媒全球化趋势挑战的交织影响中进行的,这些因素都深刻地影响了当今的传媒业态。传媒产业这种新的发展,对传媒人才的质量提出了新的要求。从总体上看,传媒产业发展对人才需求的变化表现出以下几个方面的新趋势:一是从传统媒介向新媒介发展,从熟悉单一媒体向熟悉全媒体素质能力发展;二是从信息传播人才向服务与经营管理人才,特别是能够在多媒体环境中进行整合营销的高层次经营管理人才发展;三是从单一型向复合型发展;四是从普适型向个性化发展;五是从本土化的人才需求向具有国际化视野的人才需求发展。

然而,目前我国的传媒教育还不能很好地适应传媒业界的这种新要求。在前些年传媒教育一哄而上的情形下,不同传媒院校在办学条件和教育质量方面明显参差不齐,教育理念滞后、教学内容陈旧、培养模式单一、教学模式和方法落后的现象普遍存在,严重影响了教育质量的提高。高校传媒人才的培养与传媒产业发展的需求错位,一方面是高校培养的大量传媒人才不能顺利就业,另一方面是媒体招不到迫切需要的人才,特别是适应传媒行业数字化产业化发展和媒体融合发展的高端人才(或可称为卓越传媒人才)更是十分缺乏。因此,探索卓越传媒人才的培养模式,也是我国高等传媒教育改革的一种必然趋势。

二、何为卓越传媒人才

卓越传媒人才培养是国家卓越人才培养计划的一部分。卓越传媒人才培养计划的定位,是培养传媒行业在新的发展形势下需要的高端应用创新型人才。卓越传媒人才培养目标的确定,最根本的依据是当前传媒产业发展在人才需求方面的新变化,同时,也应该认真研究和借鉴国内外高等传媒教育新的发展成果。

虽然国内高等传媒教育与传媒产业发展之间互不适应的现象非常突出,但也应该看到,眼下我国传媒教育界已显露出开始注重特色发展的可喜现象,不同高校的传媒教育在人才培养的目标定位和培养类型上开始出现差异,大致上表现出三种取向:一是培养传媒研究型人才,以满足传媒学科建设和传媒高等教育发展所需的研究和教学人才。二是培养媒体行业的中坚力量,一些传媒行业特色高校致力于培养适应传媒行业要求的高素质行业专门人才。三是培养泛媒体行业人才,一些传媒教育历史不长的一般院校,适应当前非传媒机构对传媒人才的需求,培养进入国家机关、企事业单位从事宣传、策划、公关、广告、营销等方面的泛媒体行业人才。这三种取向各有优势和长处,各自构成了自己的核心竞争力,对卓越传媒人才培养目标的定位具有借鉴意义。[①]

国外尤其是一些发达国家的传媒教育,有着比我们更为久远的历史和更为丰富的经验,值得我们认真研究和参考借鉴。有学者将美国新闻传播学教育归纳为

---

① 参见孙宜君、刘进:《媒介融合环境下广播电视新闻专业人才培养的思考》,《现代传播》2010年第11期。

泛媒体教育模式、专一新闻教育模式、传播学框架下的教育模式、新专业主义教育模式四种，与国内高校传媒教育取向有不少相似之处。根据国内学者对欧美国家部分知名大学新闻传播教育权威人士的调查访谈，这些知名大学的新闻传播本科教育有三个重点层面：一是人文素质教育，在美国大学的新闻传播类本科教学中，新闻传播学院自身提供的专业课程只占总课程量的三分之一，其余三分之二的课程是其他学院开设的人文社科类等课程。二是专业技能训练，这些大学的新闻传播类本科教育都十分重视采写、编辑、制作、设计、策划等实务训练，重视实践动手能力的培养已经成为一些新闻传播教育界权威人士的共识。三是思维培养，这些权威人士多次谈到"新闻传播教育的重心应该放在思维训练而不是技巧训练"上，独立的思维习惯和思想能力是优秀传媒人所必备的素质。

那么，卓越传媒人才究竟应该是什么样的人才？顾名思义，卓越人才不仅是一般人才，而且高于优秀人才。必须承认，短短四五年的大学本科教育是很难培养出行业卓越人才的，但是，作为卓越传媒人才培养计划的合格学生，毕业后必定是能适应传媒行业发展最新要求的优秀人才，并且具备了成长为行业卓越人才的潜质。从这个意义上来说，培养卓越传媒人才应该是培养适应并最终能引领传媒行业各个领域、各个方面前沿发展的拔尖人才。针对不同的专业，这样的人才在培养目标和质量规格上不仅应具有多样性，而且在知识、能力、素质要求等方面也应该具有一定的共性。在知识层面上，卓越传媒人才应当具有广博的知识：除了具有宽广的本学科专业的知识外，还应具有跨学科的知识，具有全媒体的视野、市场化的视野、国际化的视野。在能力层面上，卓越传媒人才应该具有较强的沟通能力、学习能力、思维能力、实践能力和创新能力。在素质层面上，媒体的社会作用和传媒人的社会角色都要求卓越传媒人才具备良好的人文素养和传媒人的职业精神与职业素养。卓越传媒人才培养目标中还应该包含个性发展的要求，卓越传媒人才以自己个性化的方式聚合上述知识、能力、素质要素，只有形成自身个性化的复合型智能结构，才能适应传媒产业发展对高端人才的要求。可以说，卓越传媒人才就是以个性化特点体现出来的高素质应用型、复合型、创新型传媒人才。

三、如何培养卓越传媒人才

新的人才培养目标要求卓越传媒人才培养计划应在分层教育的环境中进行，

宜遴选部分优秀学生为施教对象,以优秀学生单独组建的实验班或者虚拟实验班的形式加以实施。开展卓越传媒人才培养的核心是构建并实施新的人才培养模式,全面推进传媒教育教学改革,切实提高人才培养质量。

注重顶层设计,优化培养方案。做好顶层设计,制定并实施先进科学的人才培养方案,是实现卓越传媒人才培养目标的关键。要做好卓越传媒人才培养方案的顶层设计,解放思想、更新教育思想观念是先导。新的教育思想观念是支撑新的培养方案的灵魂,没有思想观念的突破,不可能有培养方案的创新。解析培养目标,落实实现载体,丰富培养渠道,是做好顶层设计的关键。要根据卓越传媒人才培养目标中的知识、能力、素质等要求,大致设计理论课程、实践环节、创新项目、文化活动、行业和社会锻炼等主要载体,统筹建设和利用学校、行业和社会的各种教育资源,服务于人才培养目标的实现。完善人才培养体系架构是培养方案设计的归结点。实现卓越传媒人才培养目标的各种载体、渠道,最终都须纳入系统化的人才培养体系构架之内,方可实施。大致而言,人才培养体系大都包括由各类课程构成的理论教学体系和由课程实验、各种实践(如课外实践、专业实践、社会实践等)、实训实习、毕业论文(设计)等环节构成的实践教学体系两大体系。创新型人才的培养往往还在两大体系之外设置了由科研、创作、竞赛、展演等各种内容组成的创新教学体系。卓越传媒人才培养方案的制订,应当精心设计好这三大培养体系,因为这三大培养体系建构的先进性、科学性、可行性程度,决定着人才培养模式的成败。

改革课程体系,更新教学内容。理论课程体系是人才培养体系的基础。当代传媒业界的深刻变化凸显了改革高等传媒教育课程体系和教学内容的必要性和迫切性,要解决当今高校传媒人才培养与传媒行业人才需求错位的问题,就必须调整传媒各专业的课程体系,更新教学内容。从实现人才培养目标的要求看,卓越传媒人才培养的课程体系应该突出以下改革导向:其一,应加强人文素养和传媒人职业精神的培养。卓越传媒人才属于专业人才,但凡优秀专业人才的培养,都会强调做人与做事的统一,注意能力培养与品德养成的协调。在卓越传媒人才培养的课程体系中,应通过人文通识课程和相关专业课程的设置,加强对学生人文素养和传媒职业素养的培养。其二,应为学生复合型智能结构的形成拓宽通道。卓越传媒人才是复合型人才,在卓越传媒人才培养的课程体系中,社会科学和自然科学相关领域的课程,特别是经营管理类的课程应该居于重要的地位。其三,对学科专业课程应进行大力度的体系调整和内容更新,建立适应卓越传媒人才培养所需要的、科学的学科专业课程体系。这种课程体系一要努力适应传媒业态新的发展要求,二要反映相关传媒专业学科前沿发展最新的知识和理论。传媒学科专业课程调整的重点是课程整合和内容更新,特别是在媒体融合的视野下整合、合并相关课程,避免内容重复。通过这种课程整合,一方面保证一些学科专业核心主干课程通过相关课程的聚合和教学内容的更新,发挥其在专业教育中的主干地位和作用;另一方面为一些灵活小型、内容深化的专业拓展选修课程的开设开辟空间。

应当承认,课程体系的改革是一项复杂而困难的工作。长期以来,高校在课程体系改革问题上面临的难点之一是如何处理好做加法与做减法的关系。在卓越传媒人才培养方案中,课程体系的调整必须减法与加法并用。其一,控制学分结构。可以借鉴国外一些名校的做法,在学生本科全学程学分结构中专业性课程只占课程总学分的三分之一左右,其余三分之二学分让学生修读通识课程、人文素养课程和跨学科性课程。其二,增大选修课比例。扩大选修课范围和提高选修课结构比例,不仅可以优化课程结构,还能够增强学生自我设计、自主学习的意识,有利于培养复合型人才。其三,推进课程的小型化、现代化、模块化。小型化为课程"瘦身",现代化力推教学内容更新,模块化不仅推进了课程的整合,而且将内容紧密相关的课程、有机联系的理论教学和实验实践组合在一起,推动了教学模式的创新和教学效果的提高。

丰富培养载体,改变教学模式。课程是人才培养的重要载体,但人才培养的载体并不限于课程。对于卓越传媒人才培养,业务实践载体和创新训练载体都具有重要的作用。在开放的办学环境下,这样的载体很多,需要不断去挖掘、丰富和完善。譬如,针对进入卓越传媒人才培养计划的学生建立由浅入深、由简单到复杂、由分散到集成、由实践到实战的进阶式实验实践教学体系,由课程(项目)实验,到综合实践(实训),再到半年以上的业界实习,形成循序渐进、结合校内学习和媒体工作两种经历的工学结合的培养流程,让学生在学中做、做中学,既培养学生的实践能力,又增强学生的学习动力。

产学研合作教育是培养卓越传媒人才的一种有效模式,它将学(教学)、研(研究与创作)、产(媒体工作实践)有机结合起来,可以使教师教得有的放矢,学生学得自主自觉,实践锻炼系统完整,在实战中提高创新创作能力。这样的过程不仅可以使学生增长知识、提高能力,也是历练学生,形成良好的工作态度、职业精神、社会责任感、团结合作等优良品格的重要渠道,是提高学生素质的有效载体。

实现卓越传媒人才的培养目标,需要新的培养方法。必须改变传统的灌输式知识传授型课堂教学模式,积极采用启发式、探究式、开放式、情景式等新的教学方法,引导学生主动学习,使课堂成为学生主体实践活动的舞台。坚持学思结合的理念,在课程教学中着力推进学生的研究性学习,引导学生开展基于问题的探究式学习、基于案例的讨论式学习、基于项目的参与式学习,培养学生的自由探索精神、独立思维能力和自主学习能力。坚持知行合一、理论与实践结合,引导学生在学中做、在做中学,提高学习能力和实践能力。坚持因材施教,以学生为中心,注意关注学生的不同特点,努力满足学生的个体需求,通过教学活动促进学生的个性发展。

以学生为中心的理念呼唤着新的教学模式,新的教学模式不仅要求教师改进教学方法和教学组织方式,更倡导教师角色的变换和教师工作舞台的拓展。在新的教学模式下,教师不再单单是知识的传授者,还是学生学习的引导者、实践和创新的指导者,更是学生全面成长的导航者,教师的舞台不再局限于课堂,教师还要引领学生在社会实践和专业实践活动中学习,在网络中学习,在研究与开发中学习。

推进校企合作,创新培养机制。《国家中长期教育改革和发展规划纲要(2010—2020)》明确提出,要"构建并完善高校与行业企事业单位合作培养人才的新机制",这为完善人才培养环境,创新人才培养体制,提高高等教育质量指明了新路。高校与行业企事业单位合作共育人才,由高校和行业两方面的专家共同研制人才培养方案,可以更加科学地确立人才培养的目标和质量,有助于保证高校人才培养更加适应经济社会发展的要求。校企合作共育人才,可以把高校的教学环境与行业的实践环境、高校教师与行业专家、高校师生的研究(创作)课题与行业生产(创作)的实际有机地联系起来,结合高校与行业两种资源、两种环境,从而大大丰富人才培养的载体,形成更加全面的人才培养环境,收到在高校单一育人环境下所收不到的效果。

高等学校与媒体单位紧密合作,共同培养卓越传媒人才,关键是要调动媒体单位和高校两方面的积极性,在优势互补、合作共赢的基础上建立长效的产学合作机制。第一,要围绕卓越传媒人才培养计划的开展建立高校、行业单位、政府或行业主管部门相互联动的工作联络机制,建立各方联络、协调、共同推进计划实施的工作平台。第二,建立高等学校与媒体单位共同举办,或者高校举办、媒体单位协办的卓越传媒人才培养计划的联合举办机制,明确合作方式和各自的任务,明晰双方的权利和分别承担的责任与义务。第三,建立高校、媒体双方资源共享和成本共担的资源利用机制,在明确的制度约定基础上,充分实现卓越传媒人才培养计划对双方相关的人才资源(双方的导师配备)、物质条件资源、成果发表载体(如频道、栏目)等相关资源的共享共用。第四,建立卓越传媒人才培养计划合作成果(如人才、作品、荣誉等)的共享机制,以保护双方各自应得的权益。只有这样,高校媒体合作培养卓越传媒人才的探索与实践才会取得合作共赢的效果,合作才会有稳定性和可持续性。

澳大利亚高等教育发展特征及启示
——以科廷大学为例

浙江传媒学院　姚　争　黄晓琴

一、澳大利亚高等教育发展概况

1. 历史沿革

澳大利亚的高等教育初始于19世纪中叶,主要沿袭英国模式和脉系。1850年,澳大利亚按照牛津和剑桥的模式建立了第一所大学——悉尼大学。"二战"之后,澳大利亚政府开始意识到国家政治、经济的发展必须以高等教育为依托,发展高等教育刻不容缓。20世纪60年代,为了提高高等教育的质量,澳大利亚开始着手构建高等教育机构自我评估环境,通过自我评估提高自身绩效。

澳大利亚是一个自然资源相对丰富、人力资源相对贫乏的国家,非常重视人口的素质和人力资源在国家发展中的作用。从20世纪90年代开始,澳大利亚政府在国家战略中便明确了高等教育的优先发展地位,提出了高等教育国际化、产业化的发展目标,以应对经济全球化的发展态势。

澳大利亚高等教育史上经历过一场"合并风"。直至20世纪80年代末期,澳大利亚的高校办学还主要依赖政府的拨款,之后,政府的拨款逐年减少。20世纪90年代,澳大利亚政府的拨款政策发生了变动,一所大学只有招到一定数量的学生才能拿到政府提供的教学经费、科研经费和综合补贴。在此项政策的驱动下,澳大利亚的高校数量由原来的70多所合并成今天的39所。

进入21世纪,面对来自英美国家高等教育快速发展的挑战,澳大利亚政府开始加速改革的步伐。2002年2月,教育、科学和培训部部长尼尔松发表的《高等教育处于十字路口》一文引发了教育改革大讨论。之后,澳大利亚的校长委员会发布了两个重要的报告——《通过多样化保障质量》和《2020高等教育远景计划》,这两个报告开启了澳大利亚的高等教育质量保障体系构建之旅。

2. 澳大利亚大学的基本组织架构和管理体制

澳大利亚第一所大学(悉尼大学)成立于1850年,而澳大利亚的联邦政府成立于1901年。因此,澳大利亚现行教育体制保留了州一级政府享有设立大学的立法权的传统。澳大利亚现有39所大学,其中38所为公立大学,只有1所是由联邦政府立法设立的大学——澳大利亚国立大学。公立大学主要由联邦政府拨款和管理,州政府也有少量拨款。澳大利亚的大学分为三个层次:大学、科技学院、技术学校。

从澳大利亚目前的高等教育组织构架和管理体制来看,公立高等教育机构是大学的绝对主体。澳大利亚大学的经费主要来自联邦政府,而立法权在州政府,因而享有较大的自治权,联邦政府负责监管。近十年来,澳大利亚政府逐渐减少了对高等教育的投入,高等教育海外招生成为各高校的主要收入来源之一。

澳大利亚的公立大学实行"董事会领导下的校长负责制"。董事会是大学的最高决策机构,对于学校的发展战略、政策规定、财务预算、主要人事变动等涉及学校宏观方面的事务和重要事项都具有决定权。董事会成员包括:州议会指定的人选、校内管理者、行业专家和学生代表。以科廷大学为例,科廷大学的校董事会下设学术委员会,由36人组成,主要职责是向校董事会和校长提供重大决策信息,如学校战略规划等;同时,由董事会授权发布各种信息或者公告。尽管大学董事会是学校的最高权力组织,但董事会主席一职基本上是一种荣誉职位,学校的教学、科研及行政事务的运行管理全部由校长负责组织实施。除校长、副校长由董事会选举聘任外,科廷大学的其他高层管理人员如助理校长、各部门主任、四个学部的主任等都由校长聘任,各委员会、各部门、各学部工作都对校长负责。

大学校长下面一般分设负责教学、科研和国际化教育的副校长以及一名教务长,他们直接协助校长做好学校的常务管理工作。学校层面还设有财务部、信息部、学习支持部等管理部门以及负责教学和科研方面审核和监督工作的教学委员会、学术委员会等。有关教学、学术研究方面的具体决策权和管理权落实在各个学部。因此,澳大利亚大学管理的实质在于各个学部,学校一般只是负责顶层设计和行使监督权力。

3. 科廷大学学部管理体制和运行机制

科廷大学的前身是成立于1967年的西澳大利亚科技学院,1986年升格为大学,改名为科廷科技大学,2010年正式更名为科廷大学。至2013年,该校有注册学生62 000人,成为澳大利亚第六大高校,其中,网络注册学生25 000名,在校海外学生达到学生总数的23%。有来自200多个国家和地区的学生和教师在科廷大学学习、工作,国际学生人数在西大利亚州(下文简称"西澳")排名第一,在全国排名第三,其中以来自中国的海外学生人数最多。科廷大学共有教职员工4 000多人,其中专职教师1 000多人,还有1 000多名外聘教师。科廷大学共有五个校区,除了在西澳珀斯的主校区外,在西澳的金矿区卡尔古利(Kalgoorlie)、澳大利亚第一大城市悉尼、新加坡及马来西亚的砂拉越州(Sarawak)都设有校区。据QS世界大学排名,在办学历史50年内的世界大学中,科廷大学名列50强之内,是整个澳大利亚进入十强的高校之一。

在科廷大学,校长狄波拉·泰勒教授下面有三名分别管理教学、科研和国际化教育的副校长以及一名教务长,他们直接协助校长做好行政管理工作。学校层面还有负责教学运行、人事、财务、学科建设、教师中心、学生事务、国际合作、校园网络中心等工作的部门。大学的教学和科研工作的组织和管理基本依托学部。科廷大学有四个学部,各个学部自成一体,在教学、科研管理方面有很大的自主性和决策权。以人文学部为例,学部的负责人马吉拉(Majella)教授既是科廷大学的副校长,同时还兼任人文学部的主任,她的团队中有五员大将分别领导五个部门,这五个部门是:科研与研究生处、财务处、国际处、教学部、学生处。人文学部下设四个学院,分别为:建筑与环境学院、设计艺术学院、传媒文化与艺术创意学院、教育学院。以传媒文化与艺术创意学院为例,学院设置了传播与文化、影视艺术、信息研究、互联网研究、新闻、社会科学与国际研究六个系。学院每年制订一个计划,将教学、科研、财务、专业设置、招生等情况上报学部,由学部作出决策,同时向学校相关部门报备。学院的收入主要来自学生的学费,所有收入全部上缴人文学部,再由学部统一管理和使用。学部除了发放教师的工资之外,剩余部分的60%用于学部的建设,40%上缴学校。比如传媒文化与艺术创意学院的学生数量多,每年创利就大,学部返给学院用于实验室建设和科研资助的项目就多。二级学院在专业设置和学科建设上享有很大的自主权,自己制订招生计划,自己决定专业建设的相关事务,自己对各个专业的教学负责。

二、澳大利亚高等教育发展的主要特征

澳大利亚高等教育吸收了美国、英国、德国等国家的先进理念,教育质量和学术水平在国际上享有很高的声誉,教育现代化水平非常高,总体水平居世界前列。主要特征概括如下:

1.政府监管与高校个性发展双管齐下

澳大利亚高等教育的迅速发展引发了社会对办学质量的关注。为了进一步提升高校办学质量,20世纪90年代,澳大利亚开始监测高校办学风险和绩效,努力构建有效的教学质量保障体系。2000年,澳大利亚高等教育质量保障署(the Australian Universities Quality Agency)成立,开始对高校进行五年一次的质量评估,并向社会公布评估结果。2011年7月,澳大利亚议会通过了《2011年高等教育质量标准法案》,随后成立了澳大利亚高等教育质量和标准署(Tertiary Education Quality and Standards Agency,简称TEQSA)。从2012年起,TEQSA开始行使质量评估和监督职能。

作为一个独立的政府部门和非营利性的国家机构,TEQSA拥有的权力和义务包括:制定全国统一的评估标准规范;对注册的全国高等教育机构及海外分校进行统一监管;对符合条件的高等教育机构进行登记注册;根据法案对开设的课程进行认证;调查各高等教育机构是否按法案及相关规定组织教育教学活动,包括开展教育质量评价、课程评价等。这是一个集高等教育机构资格注册、评估、专业及课程认证等职能于一身的高等教育监管机构。

澳大利亚新的高等教育质量标准框架包含五个方面的内容:第一,高等教育机构标准,其中包括高等教育课程认证标准;第二,学历资格评定标准,对高等教育机构认证及学历资格评定等方面工作提出具体要求;第三,教学与学习成效标准,规定课程设计、教师教学水平、教学设施及对学生学习支持度等内容;第四,信息标准;第五,研究标准。在评估过程中,TEQSA不仅评估参评单位自己制定的目标及任务的完成情况,还要考察其在全国一致的最低标准指标上的达成情况,从而客观公正地反映参评单位的工作绩效,并得出评估结果,为政府优化资源配置提供科学的参考依据。据介绍,澳大利亚的所有大学每七年需再次注册,必须按照质量标准框架提供证明材料。

经过广泛的论证,澳大利亚政府和社会舆论在澳大利亚高等教育的未来发展方向上达成了共识。大家认为,高校的发展要以可持续性、公平、优质、多样化为基本原则,形成一个一体化政策框架,建立高校自主管理体系,体现自身价值。

在政府的统一监管下,澳大利亚高校办学坚持以服务社会、服务地方为宗旨,各高校在拓展优势学科和特色学科上作了很大的努力,提升了澳大利亚高校的国际竞争力。

2. 产业化发展和国际化教育两手齐抓

20世纪90年代,在经济全球化和科技信息化的大背景下,澳大利亚高等教育的发展进入了产业化发展时期。澳大利亚政府清晰地意识到了国民素质的提升和高层次专门人才的培养之于国家发展的重要意义,因而把高等教育视为头等重要的产业,主张培养有技能的民族,并于2002年出台了高等教育服务国际化、产业化的一揽子改革计划。澳大利亚政府认为,高等教育的重要性逐年提升,高等教育已经上升为仅次于采矿业的第二大经济支柱,高等教育的发展要充分发挥社会效益和经济效益,更要以增强和促进文化交流为根本。

目前,澳大利亚的国际化教育产业收入已经成为仅次于铁矿、煤炭之后的第三大产业。

澳大利亚的国际化教育起步于1951年澳大利亚政府推行的哥伦布计划(Colombo Plan)。该计划是推动国际化教育的强劲举措,从国家政策层面为各高校推行国际化教育提供了政策环境和条件基础。哥伦布计划向亚洲25个国家提供了2万名的留学生奖学金,中国学生也由此开始迈进了澳大利亚高等学校的校门。该政策一直持续到20世纪70年代初。1973年,澳大利亚政府重新评估了留学生政策,取消了高等学校的收费制度,对留学生同样无须收费,这个阶段澳大利亚的国际生人数激增。进入20世纪80年代,在经过激烈的辩论后,澳大利亚政府接受了这样的观点:教育应该视为另一种出口产业,要鼓励学校相互竞争,争取更多的生源和资金。这一时期也恰逢澳大利亚高等教育快速发展的时期,国际化教育继续快速发展。进入20世纪90年代,由于国际国内形势的变化,澳大利亚政府重新审视了留学生的教育政策,重新定位了国际教育的政策重点,开始关注教育价值和教育质量。接着,澳大利亚政府鼓励高校以亚太为中心,进一步拓展澳大利亚的国际教育活动。除了国际学生的流动之外,澳大利亚的高校也开始重视教职人员的国际流动、课程的国际化以及政府、机构间的国际连接。科廷大学的国际教育就是在这种形势下快速发展起来的。

科廷大学早在20世纪90年代就开始了国际化教育市场的开拓,他们在马来西亚和新加坡建立了分校,国际化教育走在了澳大利亚高校的前列,到目前已经形成多个国际校区、年学生数量达数千人的教育规模,形成了庞大的教育产业。

3. 办学模式多样性和灵活性双方兼顾

澳大利亚以学生为中心、以需求为核心的高等教育体制改革极大地提升了澳大利亚高等教育的办学质量和国际竞争力。澳大利亚高等院校以质量保障体系为办学的基准,努力在学科发展和专业建设两个方面拓展自身的特色和优势,拓宽个性化发展的路线。以地处西澳的科廷大学为例,科廷大学的办学主要有三个特点:第一,对接当地经济。西澳是个矿藏丰富的地区,采矿业发达。科廷大学的许多课程设置专门针对西澳的紧缺职业,如采矿和计算机(网络)、会计、工程等。其中,科廷大学采矿学院毕业生的起薪是澳大利亚最高的,就业率100%。第二,紧跟亚洲发展。由于西澳特殊的地理位置,亚洲的教育市场一直是科廷大学办学的针对性市场,他们采取多种招生和办学模式,努力吸引亚洲的生源,积极开拓与亚洲高校的多方位合作和联系。近几年,科廷大学为了满足亚洲学生特别是中国学生的学习需求,人文社科类专业的教学和科研发展力度大大加强。第三,网络课程资源丰富。科廷大学是澳大利亚"Open University"的五个签约方之一,这个开放性大学采用在线学习模式,向全澳大利亚招收在线学习的大学生。学生通过网络课程学习和考核,可以获取和在校生一样的学位和证书。这一模式通过公司运营,在澳大利亚颇有影响力,为科廷大学带来了良好的声誉和效益。

4. 管理科学化与服务人性化两者皆备

科廷大学的信息化服务不仅在管理上更加科学化,在服务上也凸显了人性化的特点。科廷大学目前已建有多达400个信息系统,涵盖财务、科研、招生、教务、人事、后勤等各个领域,各个系统应用目标明确,业务流程标准规范,建设富有成效。在科廷大学,信息技术部门不仅仅是业务系统建设的主角,职能部门也通过精心归纳、提炼业务流程,再通过校方认证实施,使线上的网络业务系统真正给学校的管理和师生服务带来价值。

科廷大学每间教室均配有多台投影仪,在环境设计和建设时已考虑到了如何满足未来灵活多变的教研需求。这种思想已融入了课桌椅的设计方案,使课桌椅的设计更加有利于师生的交流与互动。

科廷大学注重对新技术的应用,云计算桌面终端系统已在教学、科研交流活动中得到了普遍应用,为学校提供了统一的管理和技术服务。科廷大学的办公室设计和使用兼顾了行政办公与服务功能,在学生服务中心,工作人员在各自的工作间完成行政业务管理和接待服务工作。

另外,科廷大学还与IT公司合作,建有统一的教学软件平台(以一套开源的软件为基础开发的),广泛应用于教师教学和学生学习。浙江传媒学院与科廷大学一样,有课件录播系统,只是科廷大学的建设方案更加深入,课件录播系统已做到与教学平台无缝衔接,随堂录制的课件可即时进入教学平台,充分满足了学生课外学习的基本需求。简捷高效的信息化校园建设是科廷大学给我们留下的深刻印象。

科廷大学也非常重视教育资源的建设,在信息化资源服务教学方面成效斐然。科廷大学四个学部都有各自的IT支撑团队,大量的海内外学生通过互联网学习科廷大学的MOOCS课程,分享教育资源。在科廷大学,各类专家、学者和教师已普遍接受互联网应用对教学、科研及自身发展的影响,他们习惯于利用互联网从事教学、科研和学术交流。

科廷大学的学生事务中心也充分利用网络资源与学生沟通,其主要方式是通过在线网站、Facetime软件等,同时也提供电话以及线下面对面的交流和服务。在这里,除了在编的管理服务工作人员,还有大量的志愿者,他们非常敬业,同时也具有高超的服务技能。

三、启示与思考

"他山之石,可以攻玉。"澳大利亚大学多元文化并存的教育发展理念、高效的管理模式和有序的运行体系都为我们推行高等教育改革和发展带来了启示。

1. 国际化教育发展的启示

美国、英国、加拿大等国与澳大利亚形成了激烈的竞争势态,使得澳大利亚的国际化教育倍感压力;与此同时,现代化教学手段如MOOCs在线教育等又对国际教育提出了挑战。因此,科廷大学不断完善自己的招生体制和措施,更新教育理念,逐步扩大招生网络,积极探讨远程教学以推动国际教学的开展,通过各种努力来稳固科廷大学在国际教育市场的地位。科廷大学的做法在以下几个方面对我们有很多借鉴意义。

第一,除了在新加坡和马来西亚分别设立了海外分校之外,科廷大学还在东南亚和非洲等地区设有办事机构。在海外推广和宣传上采用多种渠道和形式,积极与海外高校建立各种模式的合作。

科廷大学在学校层面有一个国际招生处(International Students Admission),该部门有164名工作人员以及遍布世界各地的20多个办事处,主要目标地区为亚太地区,学校在北京和上海分别设有办事处。此外,每个学部也有专门的国际化办学机构,学部下面的二级学院也有国际化办学人员。目前,人文学部和中国多家大学合作,如复旦大学和深圳大学。

第二,充分利用网络,提高国际教育服务的效率。

科廷的国际招生工作有线上平台、邮件、电话咨询和现场活动等各种途径,主要分成信息传达(Reach)、兴趣吸引(Attract)、咨询参与(Engage)和目标达成(Convert)等操作环节。各个环节都有专人或外包公司来监理和实施,同时十分注重网络形象建设和流量目标达成。西蒙(Simon)先生在讲座中表示,网站和应用的开发设计是他所在部门的一个重要工作,同时他还把网站访问量作为工作目标中的关键指标。这些在国际化招生工作中的精细化、专门性举措,对于我们正处于起步阶段的国际化招生工作具有很好的学习意义。

第三,通过标准化工程,提升国际化教育质量。

澳大利亚大学在市场化、国际化过程中也出现了教育质量下降、各海外教育学院教学质量参差不齐等问题。为此,澳大利亚相继成立了澳大利亚高等教育质量保障署和澳大利亚国家教学委员会,特别是澳大利亚高等教育质量和标准署TEQSA的正式成立,TEQSA开始行使高等教育质量评估、监督等职能。

第四,完善的国际化办学考核体系。

从科廷大学相关部门负责人和专家介绍中我们获悉,学校对学部提出国际化办学考核指标,学部将指标进一步分解到二级学院,以此作为对部门负责人的考核要求。人文学部传媒文化和艺术创意学院在2013年国际化办学方面成绩显著,因此收益相当可观。为此,该学院也从各方面改善了办学条件,形成了良性循环。

2. 课堂教学模式改革的启示

灵活多样的教学方式是澳大利亚高等教育发展的一个显著特点,除了课外的Internship、Field Trip之外,课堂上知识的呈现方式也多种多样。Lecture、Seminar、

Tutorial、Workshop、Presentation 等都是澳大利亚高校课堂教学的基本模式。Lecture 相当于中国高校的大班上课,主要由教授、副教授等具有较高理论水平的教授讲授,学生以听课为主。Lecture 的学时很少,大部分内容需要学生通过课外阅读完成。与 Lecture 相辅相成的教学方式是 Tutorial,基本每上一节 Lecture 都有至少一节 Tutorial 与之相对应。一个 Lecture 班可以分成好几个 Tutorial 班,以小课的形式由助教带领学生针对上课内容和课外阅读材料展开讨论,气氛活跃。这种旨在开发学生创造性思维的讨论性课程往往是"教"与"学"相长的快乐过程。Workshop 和 Seminar 由老师指定主题,学生们结合兴趣,不受自然班级限制而进行的研讨课程,是课堂教学的补充和拓展,对内化知识和激发见解非常有帮助。

澳大利亚这种灵活的教学模式对国内的课堂教学模式创新和课程设置改革都有很好的借鉴意义。只有真正让学生成为课堂上的"主动者",才能让他们从学习过程中体验到学习的乐趣。

3. 学术团队合作的启示

现代高校研究机构如何组织学术研究,如何探索出一条学术创新的新途径,成为高校发展面临的新问题。科廷大学有 70 多个主要研究机构、13 个与行业合作的研究中心。这些学术机构的组织形式和管理经验有很多地方值得我们借鉴。

例如以澳大利亚媒介创意产业研究为核心的"CCI"团队,该团队集中了澳大利亚主要大学相关研究领域的重要人员,研究人员来源和学术背景都各有不同,研究机构具有一定的开放性和灵活性,人员来去自由。该机构常态化地开展学术讨论活动,每年定期出版研究期刊和年度研究报告。

科廷大学在研究机构方面实现了学术与行政管理的有机结合,研究学者以"项目为核心"自由组合研究团队,实现了人力资源的最大整合,充分发挥了科研团队的力量。

通过这次学习,我们系统地了解了科廷大学的办学理念和实施策略,在许多方面都有颇多感触。目前,中国高校发展已进入瓶颈阶段,如何突破关口、提升办学成效,我们应该在以下方面进行思考:

首先,目标高远,理念清晰。科廷大学校长德布拉·特瑞(Deborah Terry)教授在演讲开始时便提出了科廷大学的愿景:"成为全球认可的教育科研领导者"(A recognized international leader in research and education);办学目标是:"通过教育和研究的领导力、创新性和卓越成就来改变思想、改变生活和世界"(To change minds, lives and the world through leadership, innovation and excellence in teaching and research)。在之后的讲座中，我们不断听到不同部门的人在重复、阐述这一愿景和目标，令我们深刻地感受到科廷大学办学理念的影响力。我们还体会到各位演讲人在讲解部门工作重点时对学校2013—2017年工作目标的理解，他们还处处体现出科廷大学的核心价值观"诚实、尊重、勇气、卓越和影响力"，各部门都围绕着学校共同的目标开展卓有成效的努力。科廷大学通过对1 000多名员工进行问卷调查，并在此基础上对大学新一轮的发展改革作出科学的规划和设计，使得大学文化不断清晰并内化为师生员工的共识。由此可见，一个大学精神的塑造、办学理念的形成和政策的执行都离不开上下如一的信念和信心。

其次，制度规范，责任明晰。无论是在二级学院管理还是财务管理介绍的讲座中，我们经常听到的都是"制度"和"责任"，这让我们一次次感受到规范而科学的制度是社会、高校正常发展的基石。大学的真谛在于勇担责任、追求真理。以科廷大学为例，责任还体现在高校教师对教师工作的热爱，教师发自内心的对同事、同行的尊敬和信任、对学生的尊重和信任，这种信任也体现在我们与科廷大学老师的交流细节中。

再次，开放、创新、与时俱进。科廷大学在办学历史上也出现过丑闻，遭受过各种困难，克服困难、走出困境的秘诀来自于创新与灵活的政府与市场政策。在开放教育的同时，科廷大学不断引进新的技术手段和合作方法，通过改革创新来推动教育的进一步国际化。目前科廷大学已经在新加坡、马来西亚设立了分校，通过与当地高校的合作扩大生源、扩大影响力。随着网络教学的兴起，科廷大学也在积极探讨远程教学以推动国际教学的开展。

科廷大学的创新意识也体现在科研课题上，学部和研究中心的许多课题都有很好的创新意识，这些研究都很注意新时代对这些领域的影响，并结合新技术、新变化进行新的理论思考。

对澳大利亚高等教育的考察有助于我们增加感性认识，拓宽国际视野，了解、学习和借鉴西方国家的教育教学理念、管理理念和管理方法。这次学习的新理念和新视野将有助于我们探讨和解决教育改革过程中出现的新情况、新问题和新矛盾，有助于我们探索中国高等教育改革的新路径和新模式。

对我国传媒高等教育发展趋势的两点感想

吉林大学　程丽红

一、关于精品视频公开课

在全球化、全媒体这个时代背景下，我国传媒高等教育所面临的最直接、最现实的冲击与挑战莫过于大规模在线教育这一世界性浪潮。"大规模在线开放课程"是一种顺应时代需求、紧密结合现代传媒技术与教学活动的全新的知识传播模式和学习方式，俗称"慕课"，由英文缩写MOOCs音译而来，其全称为Massive Open Online Courses。2012年发端于美国，以麻省理工学院和哈佛大学共同创办的非营利在线教育平台edX为代表，在全球迅速扩张。2013年7月，北京大学、清华大学和上海交通大学等十几所中国高校也陆续加入"慕课"阵营。"慕课"打破了时空限制，以其无与伦比的开放程度，改变了以往教师"主授"，学生被动接纳的教学模式，转而以学生"学习"为主，学生自主选择课程，使个性化的学习成为可能。试想，当全世界一流大学最优秀的课程都可以在互联网上点播时，它不仅意味着大学围墙的倒塌，更意味着大量教学不过关的教师将失去课堂。作为国际高等教育发展一个不容忽视的趋势，"慕课"浪潮对我国传媒高等教育而言，既是挑战，又是机遇。一方面，从国家与社会文化发展的角度来看，建设精品视频公开课可以整合优质教育资源，实现全国名师名课共享，将大学课堂扩展至整个社会，进而提升在校大学生、新闻从业人员的专业水准以及民众的媒介素养。另一方面，单从高校自身的发展来看，精品视频公开课作为建构学校声誉、地位，提高教育竞争力的重要手段之一，能促进教育体制与教学模式的改革，扭转高校教师重科研、轻教学的风气。

鉴于视频公开课在世界范围内的迅速兴起,并产生了良好的效果,教育部积极推进我国高校视频公开课的建设。2013 年 6 月 26 日,中国首批 120 门"中国大学资源共享课"正式通过爱课程网向社会大众免费开放。教育部、财政部从 2011 年开始启动实施"十二五"期间"本科教学工程",并将"国家精品开放课程建设与共享项目"列为重点项目,"中国大学资源共享课"是继推出"中国大学视频公开课"之后,又一项贯彻教育规划纲要的重要举措。① 但无论如何,视频公开课在我国才刚刚起步,社会影响尚不大,尤其是未得到高校教师的普遍关注。从 2014 年 7 月第二批精品视频公开课的评审状况来看,报名参加公开课的主讲教师缺少教学精湛的名师,能称得上"国家精品"者极为有限;申报者认真对待的程度不够,有些课程明显准备仓促,连基本的技术水准都达不到,整个画面制作粗糙,话音不清晰;个别课程一目了然是截取的超星学术视频或者是为其他项目制作的视频课中的部分章节,甚至连编号都没改动,内容自然缺少连贯性;另外还存在课程设计追求时髦、缺少深思熟虑的现象。有些课程刻意模仿《百家讲坛》的内容构思与演讲方式,追求煽情和表演性;或者为了吸引眼球,在题目设计上煞费苦心,试图以突兀、炫奇取胜。在教育部对精品视频课所设定的基本原则中,"普及化""大众化"意味着要适应网络传播的特点,其接受对象显然不仅仅是在校学生,还包括有学习兴趣的社会大众,因而其内容应尽量避免内卷化、学术化,致使传播面受限。但即便如此,也不能过分地俯就低端受众,高校开设的课程还应保持高等教育的本色,追求"通俗化",但不能趋媚"流俗"。在缺乏对课程进行统筹规划的情况下,教师自主设计课题,势必造成同类课程申报集中的弊端,有些课程申报率较高,有的课程则根本无人问津,不利于视频教育学科体系的整体建设与发展。

对于如何推进我国精品视频课,本文提几点粗浅的建议:

其一,教育部要统筹课程规划,建构科学完整的网络视频教育学科体系。各校教师依据教育部规划课程有目标、有选择地申报与竞争,以规避课题设置的各自为政和盲目性,从而避免不必要的资源浪费。

其二,加大扶持力度,赋予入选精品视频公开课的教师较高的荣誉,鼓励富有教学经验和学术声誉的名家大师积极申报,同时严格把好上线关,真正按照"精品"的标准来筛选衡量,以提升我国视频公开课的水准。

---

① 参见杨靖:《让大批专业课走出名校"围墙"》,《科技日报》2013 年 8 月 8 日。

制作视频课程是一个非常繁琐的过程,需要团体协作,非个人一次所能完成,它不但对主讲教师的教学内容、形式有严格的要求,还需要学生的配合与互动才能达到良好的课堂效果。此外,完备的技术手段也很关键,画面配比、音响效果等都应在考虑之中,其中任何一个环节出现失误,都会影响整个课程效果。一个视频公开课做下来,多则需要数月,少则也要数周,它考验的是团队的耐力和精力。所以,如果没有相应的奖励政策,就很难吸引更多的名师大家参与,就无法全面展现我国高等教育战线人才的真实风貌。

其三,进一步的推广方案与反馈机制。目前,我国视频公开课的社会影响还相当有限,需要针对不同的接受群体制订相应的推广宣传方案,扩大其传播面,以实现应有的社会效益。据悉:"网络公开课在网上出现后,在我国曾一度出现热潮,可跟踪调查发现,这股热潮并没有持续多久,而所谓'网课热',也是少数几门热门课程热,对于一些系列课程,耐心听完的人,少之又少。目前,类似情景再次出现,6月,首批上线的120门中国大学资源共享课,尽管受到学习者的期待,但其互动和评价功能未能得以完全展现,还是令不少人失望。"①有鉴于此,精品视频课的建设不能只以上线为目的。上线的课程是否达到了预期目标,应及时跟踪调查,同时根据受众的反馈意见对课程设置等进行合理调整。

二、关于新时期卓越传媒人才培养模式

在信息技术日新月异的全媒体时代,多媒体融合成为传媒产业发展的重要趋势,传媒人才已远非我们通常所理解的报社、通讯社、广播电台与电视台等传统媒体的优秀新闻从业者。以新技术、新结构、新背景为基础的新媒体业务,在推动传媒业发展变革的同时,也对传媒人才提出了更高的要求,不仅要求他们具有扎实深厚的专业素养和过硬的现代传媒技术,而且要具备卓越的创新能力和国际视野。正如有研究者指出的:"卓越传媒人才培养计划的定位,是培养传媒行业新的发展形势下需要的高端应用创新型人才。"②针对新时期卓越传媒人才培养模式,本文主要有以下几点思考:

第一,卓越传媒人才培养基地的建设要突出特色。面向国家与社会需求的创

---

① 赵婀娜、闫星辰:《"慕课"来袭,中国大学如何应对》,《人民日报》2013年8月8日。
② 王渊明:《积极探索卓越传媒人才培养的新模式》,《中国广播电视学刊》2011年第11期。

新型、复合型传媒人才在知识底蕴、专业能力等综合素质方面当然具有一定的共性，但传媒产业的多元化与个性化发展，使得其人才需求必然呈现出多层次、多样化的特征。所以，卓越传媒人才的培养不必非要有统一的模式，各基地应结合本地的区域特点和资源优势，设定培养目标，创建别具一格的培养模式，形成自己的专业特色与个性，即在强化传媒学科基础教育、为学生发展提供宽厚的学科背景基础上，发展专业特色，实行个性化培养，树立人才培养基地品牌。比如，建立多媒体融合型技术人才培养基地、复合型传媒经营管理人才培养基地、专家学者型采编人才培养基地、新闻(传媒)策划型人才培养基地等。即便同为国际新闻人才培养基地，也要各有偏重与特色，比如吉林大学地处东北，拥有与东北亚多国的地缘与文化交流优势，可以依托本校外国语学院、国际交流学院成熟的师资、学科基础与国际关系资源，建设面向东北亚传播的国际传媒人才培养基地。

第二，学校与媒体的强强联合。传媒工作是一项专业性、实践性极强的社会行业，它要求传媒人才不仅要具备高超的专业技能与素质，还要具备良好的实践能力，而我国高校传媒教育的主要缺陷就是实践教学环节薄弱，学生缺少在职教育，实践能力差。传媒人才的成长离不开社会、媒体的合作环境。所以，卓越传媒人才的培养应重点采用校企联合的模式，努力寻求与知名媒体及研究机构的合作。一方面，实施双导师制度，聘请知名传媒人士和专家学者参与培养方案的制定和课程建设，尤其需要建构一个相对稳定的兼职教师队伍，面向社会、媒体及媒介管理机构聘请高水平或具有丰富实践经验的专家参加本科生的专业课程教学，指导学生毕业论文、媒体实习等，联合指导研究生的实习、学习和学位论文等。另一方面，要加强传媒实践教育方式和渠道的改造，在建设传媒实验教学中心的同时，以所在区域媒体为重点对象，进一步加强与国内外知名媒体的产学研合作关系，确定一批高水平媒体和科研院所作为学校"卓越传媒人才培养计划"的联合培养单位，为学生提供最佳的实践平台与研究环境，促进教学与科研、传媒业的良性互动。

第三，合理调整课程设置，更新教学内容，在强化专业基础教育的同时推动传媒教育向深度与广度发展。

（1）"术"与"学"的良好协调。课程设置既要关照新闻采访写作、报纸编辑等技能训练，又要重视新闻史、新闻理论、传播学等基础理论教育，为学生构建合理的知识体系。

（2）教学内容与时俱进。顺应时代发展与国家社会需求，跟踪现代传媒业发展动态,及时将一些新技术、新知识和新理念引入教学。

(3)新闻伦理教育是关键。新闻从业者的社会角色要求卓越传媒人才不仅具有过硬的专业技能与素质,更要具备专业精神与职业操守。伦理学课程的设置主要在于培养学生的职业道德、社会责任意识、正确的伦理观,进而造就德才兼备的卓越传媒人才。

(4)促进学科的交叉融合。我国现代传媒业的发展,要求卓越传媒人才应是专精于新闻传播学专业知识,同时融会贯通一门或多门其他学科知识的复合型人才。所以,应建立多学科复合教育的课程体系,以传媒专业课程为主体,辅以政治学、社会学、法学、历史学、经济学等课程,以培养一专多能的传媒人才。

第四,建立开放环境下的卓越传媒人才培养机制,充分借鉴世界先进国家高等传媒教育的成功经验,对学生进行国际化培养。

(1)按照国际传媒人才标准并利用国际传媒资源,培养高素质的传媒人才。在实施"卓越传媒人才培养计划"的过程中,加强与国际知名媒体的合作,通过短期考察、实习等方式,为学生创造接触、参与国际一流媒体传播实践的机会与平台,了解其传播规律,学习其传播技术、技巧、职业规范,培养学生的国际视野以及参与国际传播竞争的能力。

(2)与国际知名新闻传播院校和研究机构进行联合培养,为提升中国新闻传媒的整体国际传播能力提供人才保障。通过联合培养、暑期学校等方式,分期、分批将学生送到国外一流大学学习和交流。

(3)聘请国际著名大学、研究机构和知名媒体的学术大师、专家和传播业界精英,主持或参与教学,举办名家讲座或报告。

新闻教育须适度"超越"

浙江传媒学院　张　芹

近年来,新闻专业成了高考生的热门之选,这类专业点的设置呈井喷状态。以广播电视新闻学专业为例,20世纪末,全国设有专业教学点18个,而如今该专业在全国不同类别高校中已有200多个本科教学点。报考者趋之若鹜,但媒体对毕业生的评价却不那么中听,甚至干脆不聘用这类专业的学生。

出现这种尴尬局面的原因当然是多方面的,但相当重要的一点恐怕是新闻教育过于世俗!

高等教育历来存在"世俗性"与"超越性"之争。所谓高等教育的"世俗性",是指它的功利性,大学通过实用取向为社会直接服务或者屈从于外界因素,从而获得社会各界对高等教育的支持与认可,获得自己存在的理由;而高等教育的"超越性"则是指它的理想性,大学通过固守学术标准,尊重高等教育自身的逻辑,保持高等教育对社会的文化批判精神而获得自己存在的价值。高等教育的"世俗性"与"超越性"体现了高等教育理念的不同取向。

一、新闻传播教育的世俗性表征及其影响

本人从事新闻教育20多年,经历人才培养方案的数次调整更新,如传媒一线反映学生的经济意识不足,于是我们在培养方案里增设了"经济学原理""国际政治与经济"等课程;传媒一线说他们需要的人才不只是会写新闻,还要懂得经营管理,于是我们在教学计划里增设"媒介经营管理"。凡此种种,我们总能听到行业的各种呼声,我们也都在第一时间修订人才培养方案,但依然培养不出令行业满意

的人才。新闻媒体在招聘时常常更愿意接收经济、法律等专业的毕业生,究其原因,在于学校新闻教育被动适应社会需求,只注重所谓的专业技能的培育,而忽略了夯实其今后发展的基础。

在 20 世纪 80 年代,媒体选择人才的标准是招来即用。因此,当时高校在人才培养中强化了专业技能的培养,专业人才即便是专科生也很紧俏。但随着专业点越来越多,市场化程度越来越高,卖方市场转为买方市场,用人单位对人才的选择余地越来越大,对人才的要求除了招来即用外,还要求招来后能长期使用,即后劲足。而反观高校的新闻人才培养方案,虽不时调整,但跟随行业发展的步伐亦步亦趋,总存在时差,无法真正满足行业的需求。从某种意义上说,高校一心想趋俗而未能奉迎成功,计划赶不上变化。新闻教育过于世俗!

首先,新闻教育的世俗性表现在该学科各专业点设置的超常规发展。相当多的专业点在设置此类专业时,完全不理会这些专业与学校的定位是否吻合,也不考虑师资、教学设施配备等。虽然新专业上马需经各省市教育厅批准,但如今各高校"做材料"的能力普遍提高,同一教师在不同材料中的"专业、特长"可以应需要而不同,教学设施、实验条件甚至无中生有。在各种农林、理工科高校,新闻传播专业也轰轰烈烈地开办起来了。这样的专业教育缺乏明确的培养目标,即使有目标又如何实现?

其次,新闻教育的世俗性表现在人才培养目标纯粹以岗位需求为指向,将人才培养等同于简单的就业培训,教学重点放在专业技能上,培养的学生缺乏足够的专业精神、人文社科知识和分析问题的能力。

再次,新闻教育的世俗性表现为对高等教育大众化的误读。不少高等教育者认为,大众化教育即意味着生源素质不高。本着这样的认识,他们在培养学生的过程中自觉降低了对学生的预期与要求,面对学生,缺乏培养行业精英的信心和勇气,从而导致专业人才培养质量整体下滑。

高等教育的大众化只代表高等教育的普及,尽管我们可以对"精英"的内涵重新界定,但不应放弃"精英教育"时期的教育理想,我们依然需要力求使每一位学生都能成为全面发展的有用之才。

最后,新闻教育的世俗性还与考生及其家长的推动很有关系。家长对高等教育的认识越来越世俗,在孩子入学的同时就想到就业,纯粹将大学教育当作职业培训,完全不考虑孩子是否适合这个专业的学习与发展,以为大家趋之若鹜的专业一定是前景向好的专业。在笔者历年所做的新生不完全调查中,在回答"你为什么选择就读新闻专业"时,80%以上的学生认为读这个专业将来会有体面的职业、较高的社会地位、丰厚的收入,很少有学生是因为热爱这个专业而读的。

新闻教育过于"世俗"导致的后果是:毕业生普遍缺乏专业理想和追求,将所从事的职业作为谋生的手段,缺少"威武不能屈,富贵不能淫"的气节,教育者放弃了培养全面发展的人、立德树人的追求,对大学所应承担的社会责任认识不清而沦为社会"欲望"的迎合者,将传授"有用"的知识与技能作为评价教学的标准,放弃了大学追求卓越的勇气,压低了大学的内在价值,使大学最终沦为职业培训所。所以才有近些年频频出现的有偿新闻、有偿不闻的新闻界败类。

英国高等教育思想家艾瑞克·阿什比认为,大学正经历着进退维谷的困境:它们既要有所改变以适应社会的新形势,否则将遭受社会的抛弃;又要在改变中不破坏大学的完整性以承担社会的职责。

二、美国新闻传播教育的不断改革表明适度超越很必要

的确,高校教育不能躲在"象牙塔"里培养与世隔绝的人,"世俗论"的存在自有其土壤,高等教育必须适应社会的发展,否则就会落伍被淘汰。新闻教育通常被认为是应用性很强的专业,这类专业的教学与研究离不开相关行业,办学就应该满足行业需求。

"但大学不是风向标,不能什么流行就迎合什么。大学应不断满足社会的需求,而不是它的欲望。"美国哈佛大学客座教授丘成桐在中国科学院研究生院演讲时说,大学不能沦为任何力量的工具。

因此,新闻教育如何适应社会需要这个问题值得探讨。本文梳理了美国新闻教育历程中的几起重大事件,我们从中多少能汲取一些办学经验。

1892年,纽约《世界报》发行人约瑟夫·普利策先后向纽约哥伦比亚大学和哈佛大学致信表达捐建新闻学院的意愿,均被婉拒。原因大体是:新闻教育是职业教育,设立新闻学院将降低学校的品位。

1936年2月,《密尔沃基新闻报》发行人尼曼先生的遗孀艾格尼丝·尼曼向哈佛大学校方写信,准备将其遗产的大部分捐建哈佛学院新闻学专业。当时的校长柯南特明确拒绝,但提出设立由哈佛大学和捐赠者参与管理的奖学金项目,每年招

募一定数目的职业记者来哈佛大学进修,这便是今天声名卓著的尼曼新闻教育项目。①

1947年的哈钦斯委员会调查报告显示,在维护新闻业的职业化标准过程中,教育有极其重要的地位,而新闻学院几乎都未能达到专业标准,也没有训练出学生评判社会事务的能力,甚至连职业培训也没有取得应有的效果。报告提出:新闻学院应利用其所在大学的全部资源,让学生接受最广博的知识、最丰富的训练。新闻教育开始转向更广阔的领域,课程设置开始拓展,师资队伍从过去多来自传媒一线的记者、编辑到聘用拥有跨学科特别是社会科学背景的博士。②

在如今的新媒体时代,传统的新闻生产遭遇了巨大的挑战,新闻教育的质量受到质疑。2004年夏,麦肯锡咨询公司受卡耐基基金会的委托,对40位新闻业精英进行了一对一访谈,访谈报告认定美国新闻教育必须进行大幅度的调整和改革。2005年5月,卡耐基基金会与奈特基金会联合美国5所著名大学(后增加到12所)推出了新闻教育改革项目:卡耐基—奈特未来新闻教育计划,集中探讨了"培养新世纪新闻人才的新闻院校应该是怎样的院校"这一课题,强调新闻学院应该聘请新闻业精英担任教授,不仅传授给学生职业技巧,还要传授给学生职业精神,使学生感受到新闻业对公众和国家的重要性。③

今天我们了解到美国新闻专业课程设置中专业课通常只占全部学分的四分之一或三分之一,学生将更多的时间与精力用在各种通识课与选修课的学习上,有的传媒专业的学生甚至是在校修双学位,以真正掌握一门"专业",这就是我们常说的未来新闻教育的"厚基础"。

新闻传播永远在飞速发展,新闻理念在更新,技术在升级换代,不变的是新闻理想、职业操守、采写基础及广博而专深的知识。

美国的尼曼新闻教育项目、卡耐基—奈特未来新闻教育计划以及国内的卓越记者驻校计划④都表明,新闻教育不只是传授媒体知识与报道技巧,更需要讲授更宽厚的人文、社科知识;记者也不只是在大学阶段学习结束就一劳永逸,而需要终

---

① 转引自贾敏:《走出象牙塔:精英理念与新闻教育的互动和实践》,《新闻大学》2012年第3期。
② 参见陈昌凤:《美国新闻与传播教育的认证指标:设定价值取向和教育目标》,《国际新闻界》2006年第12期。
③ 参见黄瑚、励嘉:《面向未来的美国新闻教育改革尝试》,《新闻大学》2009年第2期。
④ 该计划由中山大学传播与设计学院主办,财新传媒战略支持,借鉴哈佛大学尼曼项目模式,为全国优秀编辑记者提供深造机会。

身学习；新闻教育不只是高校的职责，同时也是社会的责任。

三、新闻教育如何主动适应社会需要

潘懋元先生认为，高等教育要"主动适应"，"教育主动适应经济与社会的发展，指的是对积极面的适应，抓住积极因素，充分发挥它的积极作用，而不是不加判别地去适应一切"。①

说到底，大学有大学的办学规律，大学有大学的精神与追求，大学在积极适应社会的同时要有定力、有坚持。具体到新闻专业而言，高校积极适应社会需要，不是跟在传媒一线的后面转，而是前瞻性地预测新闻媒体的发展趋势，引领这个行业的发展。在培养人才时，应坚持对学生人文精神的培养、职业理念与职业道德的教育，将学生培养成完整的人和全面发展的人。除此之外，要培养学生终身学习的观念，传授学生治学的方法。

因此，单纯的"世俗性"教育理念未必能满足媒体的需要，"超越性"教育理念反倒可能会达成"以不变应万变"的结果。

2012年4月至7月，我们就广播电视人才培养方方面面的问题，对位于"长三角"地区的上海、南京、杭州、无锡、嘉兴、台州六个城市的省级和市级电视媒体做了问卷调查和深度访谈，共发放问卷600份，回收556份，经逻辑校对剔除废卷43份，有效问卷共513份。

问卷给出的一些基本信息超出了我们惯常的认识。比如，从业者大学时所学专业与其现在所从事的工作对口的比重不大，填写问卷的195名记者、编辑中，大学所学专业为新闻传播的只有67人，加上相关的广播电视艺术、播音主持专业，所占比例是54%；我们认为专业性很强的播音主持、摄像等岗位，科班出身的分别只占52%和36%。大学时学理工、文史哲、经济管理等专业的，也照样从事编辑记者的工作。这些现象表明广播电视类专业的专业性不够强，不具有排他性。

据电视媒体从业者及管理者反映，各类获奖者也多不是科班出身的。用人单位提出进人"不一定要进广播电视专业的"，因为"他们上手快，但潜力不足"。

---

① 黄宇智编：《潘懋元高等教育学文集》，汕头大学出版社1997年版。

近几年,全国地市广电局局长在浙江传媒学院接受培训,我们专门与局长们开展了座谈交流。他们普遍反映,目前单位招新时,基本模式是当地人事局首先组织笔试,通过笔试者再接受广电专业考试(笔试加面试)。这就意味着,要进入广电行业,首先要通过综合考试关,而综合考试反映的是人才的发展潜力。这种招聘方式警示我们:学生的综合素质培养很重要,人才培养方案首先要夯实基础、拓宽知识面,其次才是精通专业理论与技能。

新闻教育完全可以联手行业,培养既符合行业需要、上手快的人才,又具有理想与追求、全面发展的人才。浙江传媒学院与浙江广电集团合作,探索出"未来主打星"人才培养模式,即学校和集团共同遴选学生,教师与业界精英共同担任导师,学习与创作双向发展。如此培养出的人才避免了或偏重理论或偏重实践的弊端,个个都文武双全,未出校门即被预订一空。

据中国人民大学新闻学院副院长蔡雯教授介绍,他们为了拓宽、夯实学生的基础,鼓励学生充分利用学校法律、经济等专业学科的优势,修习第二专业,将学生培养成真正具有或"政治"或"经济"或"法律"等领域知识与能力的潜在专家,从而成为具有复合型素质的人才。浙江大学在"基础宽、专业深、学科交叉"的培养理念指导下,新生入学时就要进入大学科门类中培养,学习的是通识课程、学科门类课程,第二学年结束时才选择专业进入所属的学院学习,而新闻传播类的学生,在前两年中学习的甚至可能是农林学科的知识。如此大跨度的培养,相较过去而言,学生的眼界更开阔,观察社会的眼光更独特,分析问题更客观科学。也许新闻传播专业技能有所削弱,但学生从事新闻工作后,差不多一两个月时间就能在实践中弥补技能上的不足,而发展后劲却很强。

此外,无论是经常举办的"全球知名新闻传播学院院长论坛",还是2007年联合国邀请世界各国新闻传播教育专家学者撰写的《新闻学院课程模板》,都无不强调新闻教育的基本规范,包括新闻的选择标准、国际惯例;从事新闻所需的政治、经济、文化等领域的知识;新闻报道的国际视野与技术基础;学习新闻专业过程中的新闻从业经历。联合国教科文组织提供的课程模板把与业界的合作放到了非常重要的地位,规定新闻专业的学生必须在业界导师的指导下有新闻报道经历。

上述新闻教育实践改革案例及各层次的研讨表明:高校不能跟在社会需要之后跑,而要领跑社会需要;高等教育不是孤立的,人才培养是系统工程,从学生在校时的培养到就业后的再教育,超越"世俗性"是新闻传播学教育应该秉持的理念。

当然,无论是学生还是高校,都是分层次的,因此,应该存在相对世俗的学生及高校,纯粹以就业为指向;同时也应该存在相对超脱的学生及高校,以每个学生的发展为指向,甚至以社会发展为指向。但无论如何,作为学生及高校,都应该将高等教育作为个体全面发展的场所而不仅仅是职业培训所。

论民国时期的高校传媒教育

——以金陵大学为例

西北大学　曹小晶　李　蓉　张丝雨

20世纪20年代,正是中国现代大学教育的起步期,也是中国由传统农耕社会缓慢地向现代城市社会、大众媒介社会转变的转型期。这一时期,在我国文化向来比较发达的江南一带开始出现了现代传媒教育的萌芽。很明显,这种新兴的大众媒介方式与渠道及其相关媒介教育的兴起,对于拥有数千年传统文化氛围的中国是非常新鲜的事情,它的出现并不是偶然的,是受到西方现代大众媒介及其媒介教育深刻影响的中国知识分子在19世纪末20世纪初或去西方留学归国后或在国内研读吸纳西方现代文明成果后的必然选择与自觉参与,因为他们敏锐、深刻地意识到了大众媒介必将在中国由传统社会向现代社会转型的过程中发挥重大的、普遍的、不可替代的作用。

在这些重视媒介并试图传播、普及媒介知识的知识分子群体之中,20世纪初、中期中国现代高等教育初步形成与兴盛阶段的著名教会大学——金陵大学是其中的贡献卓著者,而金陵大学又以其理学院及其下设的影音部在该方面的开创与实绩最为突出。

金陵大学由美国基督教卫斯理会于1888年创办于中国南京,该校独特的办学背景与特点,使其在接纳利用电影、播音等这种来自欧美国家的现代大众传媒教育方面有着先天的亲和力和便利的物质基础以及相关人员、师资等方面具有诸多优势。[①] 因此,金陵大学成为当时中国开展大众媒介教育事业、大量拍摄非商业教育

---

① 曹小晶、赵立诺:《回望金陵大学对中国科教电影之传播与贡献》,《西北大学学报(哲学社会科学版)》2010年第6期。

电影、制作非商业教育播音节目、持续进行民众教育电影及播音传播实践的唯一一所综合性大学,并自然地成为了20世纪三四十年代中国高校知识分子发起的"教育电影运动"以及媒介普及文化思潮的中坚与核心力量,为我国高校的现代媒介教育、媒介人才培养奠定了良好的基础。

一、民国时期高校开创媒介教育事业的历史语境

(一)危机四伏的民国时期为中国现代媒介的迅猛发展及媒介教育的萌生提供了应运而生的"舞台"

中国当时正处于半殖民地半封建社会的贫弱状态,整个民族面临着生死存亡的危机。先进知识分子们纷纷探求救亡图存的途径与方法,并认为:对于积贫积弱的中国,最重要的是从教育入手改善和提高国民的素质。因此,尝试用广播、幻灯、电影等新的媒介来介绍推广科学、启发民智成为当时文化界非常热衷的新鲜事物之一。广播、电影自19世纪末诞生以来,以其独特的收听观看优势、大众亲和力及广远深入的传播交流效果迅速而成为独立于传统文字传媒之外的媒介形式,并很快成为普通平民大众的新宠。在中国也不例外,20世纪二三十年代,广播、电影作为西方舶来品在本土萌芽、扎根之后,正在经历第一个迅猛发展的阶段,它们在商业领域与非商业的官方与教育领域都开始有所尝试,民族广播、电影传媒产业的雏形初具。20世纪30年代以后,民族危亡形势加重,以广播、电影为媒介,进行民族危亡、民族意识的教育和传播也成为这一特定时代语境下中国现代大众传媒的必然发展趋势与走向,民国时期高校媒介教育的开拓与发展正是这一时代语境下的必然走势与选择。

(二)国际"视听教育"运动及其文化思潮的影响

20世纪头10年,在欧美国家,随着广播电影的产生和不断推广,视听媒介这一新生事物逐渐发展成为最具现代色彩的新行业,广播电影的直观易懂、感染力巨大等特点使其很快被当作进行教育的辅助性新媒介。"在欧洲各国,把广播电影看作是教学的工具成为一种运动,有很长的历史。"[①]欧美的"视听教育"运动及其具体

---

① 郭有守:《我国之教育电影运动》,中国教育电影协会1935年版,转引自虞吉:《民国教育电影运动教育思想研究》,西南大学博士论文(2008年)。

做法引起了我国教育界的关注,他们认识到了电影这一媒介的便捷优势,尤其在面对我国国民文盲人数大量存在的现实国情时,他们认定:广播电影教育一定会在推行"平民化教育"中发挥显著的作用并收到显著的成效。

二、金陵大学开创现代媒介教育的独特背景

金陵大学校长陈裕光是中国杰出的化学家、教育家,毕生致力于教育事业。留美期间,他深受"视听教育"运动的影响,回国后也极力倡导。1927年,陈裕光回到母校,成为该校的第一位中国人校长,金陵大学的媒介教育事业也由他率先开始倡导。在其积极倡导与引领下,金陵大学集结了一大批具有敏锐现代媒介意识的各学科精英知识分子,他们率先在全国高校中引进电影、广播与幻灯等媒介化教学方式。继1922年最早将电影等媒介运用于教学的农学院之后,其他各院系的教授们也纷纷响应,其中尤以留美物理学博士魏学仁领导的理学院最为突出。该学院后来成为金陵大学媒介教育事业的核心,在全国乃至国际上都产生了积极影响,魏学仁和他后来在该方面的助手孙明经都曾被联合国教科文组织委任为大众传媒组中国委员。①

三、金陵大学开创与发展媒介教育的基本历史脉络

1927年,陈裕光先生作为第一位在美国教会大学中被聘为校长的中国人,积极倡导"教育救国""科学救国"的理想,其下属的理学院院长魏学仁率先尝试以当时最时尚高端的媒介——电影、广播为核心内容的高校媒介教育。

1930年,理学院创建,开始引进美国的一些教育电影用于教学,并同时成立了电影教学委员会,在全院大力推广将电影媒介用于教学。1934年,理学院开始自己创作、摄制教育电影。1936年秋,理学院成立教育电影部,后改称"影音部",专门从事电影与播音的媒介教育及实践拍摄工作,该部的成立标志着金陵大学媒介教育的正式开始,他们将影音视作科学教学的辅助媒介和方式,将培养影音专业人才、规划完善高等教育的分支"影音教育"作为自觉和专业的目标定位与方向。影

---

① 孙明经、张同道:《一个时代的速写:孙明经的影像人生》,《中国摄影家》,2007年第4期。

音部由魏学仁任主任,孙明经任副主任,由孙专职负责,该部受教育部委托为全国代办电影化教育人员培训班(1936—1938年),分别在南京、重庆为全国各省市培养学员200余人,并向全国承担"教育影片"的供片业务;数位教授还将自己的专业稍做调整,专门针对电影与播音媒介方面做培训,着手媒介教育理论及媒介教材的撰写;在传播实践方面,他们既对本院系、本校学生讲映传播媒介知识,同时也面向社会大众摄制、流通、公映影片。"电化教育"(实际上也可以认为是现在我们所称的"媒介教育")这一名词及理念在全国开始流行,1936年、1937年成为其"黄金发展期",[1]该阶段全国流通的教育电影半数以上均为该院教育电影部提供,其中自拍80余部,有些非常优秀,如:1936年拍摄的《陶瓷》《烟台花边》《景德镇制陶》《灯泡制造》《电灯与气灯》《日蚀食》《健身运动》《防毒》,1937年拍摄的《防空》,1938年拍摄的《自贡井盐》等。由院长和孙明经等共同拍摄的《农人之春》曾获1935年比利时布鲁塞尔农村国际电影比赛会三等奖,这是我国第一部获国际电影比赛奖项的电影及科教片;[2]《日蚀食》是全中国第一部彩色科教片,也是全世界第一部记录日食的彩色影片[3]。

1937年抗战爆发后,金陵大学被迫迁往成都、重庆,在艰难流亡的办学条件下,金陵大学对于媒介教育仍然坚持如一,使其在抗战背景下更加彰显出媒介教育的重要价值和不可替代之作用。

1938年9月,理学院影音部经当时的教育部核准设立了中国最早的电化教育专修科,含电影与播音两组,修业期限两年,每年一班,共30人,面向全国招收学生。[4] 这可被视作中国高校最早的专业化、学历化媒介教育的开启。

1940—1941年,孙明经曾赴美考察影音媒介事业,"主要以纽约的美国影片中心社和中西部的明尼苏达大学视觉教育为基地"。

1942年,影音部还创办了杂志《电影与播音》(从1947年第六卷第1、2期改名为《影音》,1948年第七卷第5期正式休刊),成为我国大学最早出版的媒介教育学术月刊。[5]

1936—1943年,教育电影部还在孙明经的积极带领下,与民国教育部社教司、

---

[1] 孙明经:《中国文化大革命中的一个小实验:金陵大学影音事业概述》,《影音月刊》1947年第7—8期。
[2] 孙建三:《中国第一部国际获奖的电影〈农人之春〉》,《电影艺术》2004年第2期。
[3] 孙明经:《抗战前夕万里猎影记》,《电影与播音》1943年第9期—1945年第4期。战后出版单行本。
[4] 孙明经:《中国文化大革命中的一个小实验:金陵大学影音事业概述》,《影音月刊》1947年第7—8期。
[5] 孙明经、孙健三、冯克力、李晖:《中国传奇影像世家》,《文明》2009年第10期。

西康省、国家资源委员会、云南省等政府部门分别合作拍摄了大量"国情电影",将不同区域的民情及现代工业发展情况记录于影片之上,如《西康》《中兴煤矿》《故都北平》《防空电厂》《长寿水力发电》《电话制造》等,这些作品都成了我国科教电影、纪录电影的最早一批作品①;同时,这些重要作品生产的艰辛历程也开创了理论学习与制作传播实践相结合的媒介教育模式,该模式在高校的媒介教育及服务大众社会方面进行了极富社会责任感与时代感的尝试。

1946年5月,金陵大学师生回迁南京。此阶段,他们使影音教育进一步得到深入与普及,影音部甚至还为金陵大学影音媒介教育事业的未来发展设计了更为宏伟的蓝图。②但因政治局势的变迁,该计划暂时被搁浅。

1952年新中国高等院校调整,孙明经带领影音部部分师生携机器设备并入刚刚成立的中央电影学校(即后来的北京电影学院)。媒介教育在新中国以更加专业化、学院化的方式被承续。

应该指出的是,当时虽然我们可以把以北京电影学院、北京广播学院为核心的影音媒介教育称为媒介教育,实际上"小众化和贵族化"倾向还是比较明显的,这与当时中国的社会文化大环境紧密相关;中国媒介教育的真正大众化、普及化,还是在20世纪90年代以后。站在21世纪已然是后传媒时代的今天,我们回溯金陵大学影音部位于起点位置的诸多开拓与探索,重温他们的作品和论文,媒介教育先驱们的情怀与眼光、理念与方法仍然极富价值。

四、金陵大学媒介教育的基本理念与具体方式方法

1. 影音媒介是教育大众的有力媒介

孙明经作为金大影音部的核心人物、《影音》杂志的主笔和主编,常常将自己对于影音媒介教育的新鲜思考及访问美国期间对于影音事业及教育的所见所闻发表于杂志之上,这成为研究金大媒介教育的绝佳资料。

在1943年第二卷第10期的《电影八面观》中,他试图对电影的媒介特性做一次全面的总结,对电影集技术性、艺术性、娱乐性、商业性为一体的媒介特点进行了

---

① 张同道:《真实的风景》,同心出版社2009年版。
② 孙明经:《中国文化大革命中的一个小实验——金陵大学影音事业概述》,《影音》1947年第7—8期。

较为全面的论述:"电影是综合的艺术,电影是通讯工具中最有效的一种,可以给观众以直接印象,可以给观众刺激,可以打破文字语言的隔阂,化除空间的障碍,超出时间的限制;并能由具体的环境引到抽象的幻境,而领悟更多的事实和理论。"他还以书籍作为例,对比论证电影等新型媒介的特性:"文字仅能带给人以间接的印象,需要经过一个复杂的心理过程,而电影在这方面就大大超出了文字。"在《如何摄制电影》中,他详细解释了电影的运作原理,并对电影制作分阶段地进行介绍,他敏锐地意识到以电影为代表的媒介不仅是人文的,同时也是科学的和技术的;而他的金陵大学求学经历也是这一媒介教育理念的良好体现。① 在《电影是什么》一文中,他进一步概括道:"电影是记录和传播文化的媒介,是教育和建设的利器,是促进和平的桥梁,是促进世界大同的媒介。"并进一步指出:"在当下中国所面临的战时格局与形势之下,作为新型的大众媒介的电影对于民众应负起更巨大的传播使命,它既可以迅速地传递消息,又可以富有感染力地鼓舞民众。我国农民众多,电影的传播特性能在教化农民观众中起到立竿见影的功效。"

2. 对于影音媒介教育事业未来发展的远见卓识及其具体设想

影音部的媒介观念是建立在对电影等媒介独特性的认识之上的,在此基础上,他们的媒介教育思路又逐渐演变、升级,不断地走向立体化、全面化、理论化。

一开始,他们主要推行的是"教育的影音媒介化"。他们拍摄教育电影、制作校园广播的主要目的是配合学校的各专业教育,注重在教学学习过程中充分发挥影音媒介的巨大作用;他们还积极倡导在学校建立电影图书馆,以发挥影音教学的最高效率,并将电影媒介化教学分为映前、映期、映后三个大的教学阶段详加追踪分析。随着影音部媒介教学实践的不断展开,他们又逐渐拓展媒介教育范围,并在理念上不断完善。这时,他们开始更加关注"媒介的教育化"的问题。孙明经认为:"一般说来,人们都会把电影与播音看作是娱乐的工具,认为它们无足轻重。但是,人们很快发现可以用它来作为辅助教育的工具,它可以在初级、中级、高等教育之中均发挥巨大作用;而且更重要的是,在整个民族意识的培养、国民道德素养的

---

① 孙明经 1927 年考入金陵大学学习,由校长陈裕光亲自为其针对以后即将从事的"电影教育"事业设计了长达七年的本科教育课程,他先后主修了化工、物理、电机、国文、神学、戏剧、音乐等多门文理课程,以优异成绩毕业,留校任教于理学院,并担任院长魏学仁的电影拍摄及电影教育助手。在长期实践锻炼的基础上,1936 年他被任命为教育电影部专职负责人;1940—1941 年孙明经接受美国资助赴明尼苏达州大学及其他电影机构考察媒介事业,并加入了美国电影工程师协会;1942 年回国后,正式担任金陵大学影音部主任、电化教育专修科主任,全面负责金陵大学电影及电影教育工作。

培养方面它都具有不可替代的作用。它所带来的不光是由文化所带来的传播技术与媒介的改变，更应该关注和重视的，是由影音媒介所引发的对于整个文化的改变，而且这一巨大的改变也是我们今天所不敢预料，也不能预料的。对于它的将来，我们目前可以肯定的是，它的前途一定光明，一定有惊人的成就。这一改变，相较于用白话文代替文言文、八股文带来的改变而言更具革命性。"①他极力主张：在社会教育层面，每个人与电影、广播都是息息相关的，电影、广播是社会补充教育的必要媒介。对于那些能忠实描写社会、传授忠义爱国理念、介绍民主政治的积极影片与广播，他们将身体力行地进行传播与推广。他们不仅仅满足于将影音媒介教育运用于学校教育，更希望将影音教育拓展至全社会教化训政的层面。孙明经曾设想：我们自己的摄制影片机构能制作出如欧美水准，甚至超越他们的教育教学影片，最终的目的在于：使其"确能陶冶国民品性，帮助民众树立起统一的价值观和信仰"，以求利于抗战及抗战结束之后的救国与建国大业。与之紧密相关的是，在实际的影片放映与传播过程中，他们非常注重针对不同传播对象的分层放映方式，有针对文化人士的，也有针对普通底层民众的。② 他们还效仿国外影音媒介教育思路，提出设立影片库和无线电修理服务部的想法，特别强调影片档案馆对于记录国家历史的重要价值和意义，倡导应该像管理图书一般将影音媒介素材分门别类地进行管理以便查阅。

1945 年，孙明经及其同仁撰文《中国战后电影事业建设方案》等数篇，赋予电影媒介以"负担中国文化建设先锋"的时代使命。

3. 理论教学与实践创作的紧密结合

他们对于"如何培养合格的影音人才"的思考一直紧紧围绕着媒介教育教学实践，并不断地积累与完善。1943 年，孙明经撰文对培养影音化人才的基本素质与能力进行了明确定位，突出强调三大方面：第一，学生对于影音事业要服务于人类进步事业的坚定信仰。"人生以服务为目的，工作从检讨求进步。"第二，注重学生人文艺术素质的综合培养，要求人才具有扎实综合的知识体系，其入学考试的基本科目涵盖公民、国文、英文、数理化、中外史地、生物等诸多文理基础课程。第三，注重培养学生实际操作影音技术的实践能力与相关理论知识素养，其主干专业课

---

① 孙明经：《中国文化大革命中的一个小实验：金陵大学影音事业概述》，《影音月刊》1947 年第 7—8 期。
② 管恒之：《电影教育配合国民教育实施记》，《电影与播音》1942 年第 6 期。

程围绕电影媒介和制片流程来设置,初步具备了完备的影音教育教学体系,而这些课程的设置很显然都是建立在对电影与播音媒介特性、手段的充分理解和认识之上的。很明显,他们在人才培养上注重艺术品性和技术水准两方面的培养,这也是媒介教育本性中最为突出的属性。孙明经认为"电影在表现方面是艺术,但它的制作却大部分是科学,所以我们要把电影当科学来研究才好"[①]。在影音学科的课程设置中,始终把培养技术操作和提高实践综合能力作为目标,开设了光学、摄影学、内燃机、化学、无线电工程、金工、暗室技术、电影摄制、电影洗印、声音收录等相关科学课程。1946年以后,孙明经又颇为敏锐地认识到电视新媒介的重要价值,开设了电视原理的新课程。金陵大学的课程设置中还有一部分是配合实践开设的实习课程和配合官方教育影音机构开设的文献课程,如收音实习、播音实习、放映实习、录音实习、无线电文献、电影文献等课程。尽管比例很小,但是作为实习课程的指导,还是很有意义的。同时,为了缩小与美国等先进媒介教育推行国家的差距,他们还安排了英文课程。在实践拍摄与放映方面,孙明经从1934年便开始摄制生涯,在其长期的教育教学实践中,他带领同仁、学生拍摄了具有教学功用和社会教育作用的影片百余部。在拍摄制作实践之余,他们还开展了广泛的电影放映和播音工作。学校主要由课堂教学和规定日播出放映两种形式组成;社会放映对于深入普及西南地区的媒介教育是最有效的,其受众规模和社会影响力是以往商业电影和学校教学电影放映无法企及的,这在将大众媒介普及于民间方面作出了开拓性贡献。

4. 重视学术交流,积极搭建学术文化共享平台

1942年3月15日金陵大学创办《电影与播音》,从民国三十一年3月到民国三十七年9月(1942年3月到1948年9月)共出版了7卷,63期,1 600多页。期刊《电影与播音》是民国抗战期间最具学术性的高校媒介及媒介教育期刊,也是我国大学最早出版的媒介教育综合性学术刊物。该刊十分突出影音文化与技术教育的学术内容,专业性十足。由于金陵大学的美国背景、主编孙明经等人本身的留美背景以及当时国民政府与美国政府在政治、经济、文化上的密切联系,该刊对美国媒介教育以及媒介产业的报道与介绍十分积极,其开阔的国际视野是当时国内其他刊物所不能企及的;同时,由于孙明经等知识分子对国家民族的赤诚情怀以及务

[①] 孙明经:《如何摄制电影》,《电影与播音》1946年第10期。

实科学的敬业精神,该刊在对本校以及本土影音实绩及影音媒介教育的实务方面报道及时全面,而且不遗余力地在每期都有关于相关技术、具体操作、放映片目的具体探讨和报告。① 1946 年,影音部还发起组织了约有 30 个机构联合的每两周一次的"影音座谈会",进行学术和理论方面的讨论与研究,前后活动 60 余次。②

5. 短期教育集训与长远教育规划的有机结合

金陵大学非常注重人才计划的长远性与当下性的有机结合。所谓"长远性",就是金陵大学意识到:影音媒介必将在未来的现代社会发挥越来越大的传播效力与作用,因此必须从现在起培养相关精英人才和国民意识。他们创办影音部、引进西方国家先进的影音教育影片资料、培养专门的影音人才等都是在这一长远计划之下的具体举措;同时,他们也很注重将诸多长远规划与诸多短期实施的具体任务及目标有机地结合起来,比如 1936—1938 年该部先后与教育部合办了四期全国电化教育人员培训班,为各地输送了大批电教人才。截至 1949 年前后,金陵大学影音部为国家培养了近 200 名专业的媒介人才。

五、金陵大学媒介教育业绩对当代的积极启示

金陵大学依靠教会大学和综合性大学的优势创建影音媒介教育专业,虽然不一定是最早开办的,但却是"时间最长、人才与软件资源最多、成果最优、应用最多、影响最大、效益最高的"③。其课程结构安排的综合多样性、文理工交融的跨学科性、课程目标定位的明确性、教学注重理论更强调技术实践的结合性等先进的教学教育理念都是非常具有媒介教育特点的。

反观我国当代高校媒介教育现状,在物质、文化环境大为改善的条件下,在具体的媒介教学思路及具体实施方面却不如先驱者 70 年前的拓荒之业绩,实在令后辈汗颜。目前在我国的大部分高校影音媒介教育还是被作为艺术教育来看待的,在中学文、理分科的整体教育体系之下,影音艺术与技术两方教育难以结合施教;影音媒介课程安排作为理论探讨的多、实践操作的少,相对忽略影音媒介语言本体

---

① 赵琴、刘晓静:《论〈电影与播音〉的编辑传播特征》,《西北大学学报(哲学社会科学版)》2011 年第 1 期。
② 孙明经:《我国在大学培养电影和电教专业人才的先例》,《南大百年实录·中卷》南京大学出版社 2002 年版。
③ 《辛显铭先生谈南大电化教育历史》,录像资料,2005 年。

问题的研究探讨;不少院校培养目标不清,只为扩大建校规模、吸引生源开设影音媒介专业,师资力量、硬件设施和教学水平等条件均不足。这些问题和现状不是孤立存在的,它们暴露出了我国高校媒介教育整体理念的不健全和结构性不平衡的问题,应该加以重视与反思。

我们应充分借鉴西方当代先进的媒介教育观念,效法金陵大学的办学理念及具体模式,打破仅把高校媒介教育作为人文艺术素质教育的陈旧模式,而把和媒介制作紧密相关的科学、技术操作等课程也列入媒介学科的教学规划之中,在媒介学科中尝试文理工科的融合。我们应完善办学设施,尤其注重培养本专业学生实践拍摄与操作的能力,注重媒介产业化的发展,在课程设置上考虑社会发展现状与需求,与时俱进地培养复合型的多面性媒介专业人才。此外,在专业师资的培养、教学方式的改进、对外专业学习访问与交流方面也都还有很大的空间可以不断改进和完善。

让我们期待在这个传媒影响一切生活的后传媒时代,媒介教育在历史与未来的反思和前瞻中不断进步完善,最终为人类社会进步、大众文化提升作出更多更大的贡献!

中英两国播音主持专业教育教学的异同

浙江传媒学院　周悦娜

中国和英国，两个国家，两个民族，两种体制，存在着显著的差异，然而中英两国分属传统意义上的东西方文化圈的文化代表，都有着悠久的历史与文明，这就使得两者的比较具有很大的意义。同时，笔者作为长期工作在播音主持教育教学战线上的一员，加之有两年多的英国留学经历，中英两国在播音主持专业教育教学方式、方法上存在着"大不同"与"小类似"。

什么是"播音主持"呢？姚喜双在《播音学概论》中指出："广义上讲，播音主持是指电台、电视台等电子传媒所进行的一切有声语言和副语言传播信息的活动（包括各种声音、音响、音乐、语言、文字、图像等所进行的传播信息的活动）。狭义上讲，是指播音员和节目主持人运用有声语言和副语言，通过广播、电视传媒所进行的传播信息的创造性的活动。"

英国广播公司（British Broadcasting Corporation，简称BBC）成立于1922年11月14日，是世界上第一家公共广播机构，直至如今依然是全球最大且公认的最有实力的国际广播电视机构。

在中国，如果从1940年年底延安新华广播电台的建立开始算起的话，中国的播音主持事业已经有了70多年的历史。在这70多年的发展中，广播电视人才不断涌现，播音主持人才队伍不断壮大，播音主持的理念建设也更为系统化、专业化，播音主持教育教学"由最初借鉴学习苏联的经验，发展到现在有专门的系科、专业，有一支包括教授、专家在内的师资队伍，能培养本科生、研究生等不同层次的播音主持专业人才"①。

笔者通过文献检索、深度访问、实地观察等方法,通过横向对比中英两国对播音主持专业学生的招生、培养、输送以及社会对播音主持专业人才的定位等,发现了其中的不同点和相同点,旨在给目前我国播音主持专业人才的教育教学带来一些思考。

一、明显的不同之处

1. 中国开设播音主持专业的高校层出不穷,英国没有一所院校开设这一专业

在早期的英国,没有一个社会普遍认可的称谓来指代"广播电视节目主持人",如 BBC 最早的三位主持人莱斯利·米切尔(Leslie Michell)、杰斯明·布莱(Jasmine Bligh)和伊丽莎白·考埃尔(Elizebeth Cowell),在当时就被分别称为"Commentator"、"Announcer"和"Hostess",而英国现在对"主持人"这一角色最为广泛的称谓则是"Presenter",即陈述者。笔者翻阅了英国院校的专业设置名录,没有发现"Presenter"这一专业,通过调查走访英国贝德福特大学(University of Bedfordshire)媒体学院院长阿列克斯·威敦(Alexis Weedon)教授,证实了英国大部分开设传媒类课程的院校都没有"播音主持"及其相关专业,所谓的播音主持内容都包含在传媒专业中。它们有如下特点:第一,以课程的形式开设在新闻传播专业(Journalism and Communications)中,以贝德福特大学为例,课程名为"镜前表演"(Performing Before the Camera)。第二,以章节的方式涵盖在广播新闻课程(Broadcasting Journalism)中,以贝德福特大学为例,课程内容为"语音和表达训练"(Voice and Presentation Training)。

而在中国,从北京广播学院(今中国传媒大学)的"独领风骚",到"北有北广,南有浙广"的半壁江山,再到现在的"百花齐放",播音主持专业的井喷式发展是有目共睹的。据不完全统计,截至 2012 年年底,全国有综合类、艺术类、师范类等共 300 多所本科院校开设了这一专业。

---

① 栾洪金:《我国播音主持专业教育现状思考》,《当代传播》2008 年第 4 期。

2. 中英两国播音主持专业入学和入行的标准、考察侧重点明显不同

播音主持专业的艺术性决定了考生无论最终报考哪所综合类、师范类或非艺术类院校,都无法改变其艺术类专业的性质。在中国,所有的艺术类专业都必须经过各级各类的艺术类考试,省考、联考、校考,考生会面临若干的初试、复试、加试。

据中国最大的教育门户网站中国教育在线统计,"2013 年中国传媒大学播音主持专业考录比达 89∶1",①而据浙江传媒学院招生办统计,2013 年该校最热门的播音主持专业考录比已超 100∶1,竞争的激烈程度可见一斑。

就报考条件而言,笔者综合了几大院校的招生简章,发现报名"门槛"并不高,除了基本的身体条件外,额外增加了五官端正、男女身高等要求。但因报考人数增加,这些要求也随之水涨船高。就报考内容而言,都有指定稿件或自备稿件的朗诵、播读、评述,考官主要考察的是考生的形象气质、语音面貌、语言表达及评述能力。所以,如要能在中传、浙传两所老牌传媒院校的众多考生中脱颖而出,必定要内外兼修,要有面子、有嗓子、有脑子。而对于其他院校来说,有限的可供挑选的生源和相对较弱的就业优势使其在招生过程中往往面临"鱼和熊掌"的问题。

在英国,虽然院校没有播音主持专业,但社会培训机构会有类似的"兴趣班",包括专业的电台、电视台会面向社会不定期地开设培训班,人人都有入行的机会,这和我国将"普通话水平等级证书"或"播音员主持人资格证书"列为行业的敲门砖明显不同。据调查,英国对主持人的期望更多地侧重于实践经验和个人魅力。根据 BBC 官网于 2013 年 3 月发布的电视主持人招聘启事,其中对"主持人资格"一栏表述如下:"……没有特定入职资格,有传播学学位或从事传媒研究经历的可能会对今后的工作有所帮助。同样重要的是你的个性、工作热情和决心,更必不可缺的是跟踪报道的能力。"②对"主持人的一般要求"一栏表述如下:"播音员和主持人要求语音清晰、音质迷人、自信、人缘好、反应敏捷、善于处理突发事件。知识结构上有某方面专长,表达流畅自然,能与观众建立良好关系并有较强团队合作精神者从优,同时要有强烈的表演意识,善于把握时间,有组织协调能力。这些都是必

---

① 中国教育在线,《2013 年中国传媒大学播音主持专业考录比达 89∶1》,http://gaokao.eol.cn/zui_xin_dong_tai_2933/20130220/t20130220_904025.shtml。
② BBC 官网招聘。

不可少的。"①说是"零要求",事实上该招聘启事中的要求岂是应聘者一朝一夕所能达到的?

3. 中英课程/培训内容设置不同,中国重播音业务,英国重传播能力

中国的播音主持专业虽然有传播学、新闻学概论、新闻采写等课程,但最基础的专业课仍是普通话语音发声、播音创作基础、语言表达艺术等播音业务课,大课学习理论,小课分组训练,教师在学生的备稿、对稿件的理解、二度创作、播报时情绪掌控、语音收放等方面进行训练和纠正。在我国,播音主持专业学生给人视觉和听觉的识别度很高,形象好,声音条件好,播读有技巧,字正腔圆。

在英国则不然,英国主持人的专业构成中排名第一的是新闻传播专业,现任主持人曾经从事过的职业中排名第一的也是记者。以传媒专业著称的威斯敏斯特大学(University of Westminster)为例,广播电视媒体专业学生从最简单的广播采访和60秒电视新闻做起,一直到近半小时的广播/电视纪录片,没有专门的语音发声理论课程,只在实践环节、实践过程中教师会给予类似国内的吐字发音指导,但比重不大。

4. 中英播音主持专业教育教学的终端需求明显不同

在中国,一提到播音员主持人,我们常常会和以下表述产生联系:俊男靓女、年轻、活力、青春饭、年纪大了转幕后等等。不是因为播音员主持人的这些特点不好,而是我们教育的终端需求过分拔高了这部分特质——行业和受众的审美需求。不可否认,我们的教育教学和行业之间相互影响,行业需求是我们教育教学的指挥棒。具体地说,广电传媒需要年轻靓丽的主持人队伍,电台的招聘还曾一度"重外表轻声音",为了保持高就业率,高等院校相应地就从生源上进行把关,在招生时就挑美女帅哥,如前所述,其中的无奈也不难理解。

据辽宁广播电视局对省、市两级广播电台、电视台节目主持人现状的调查,阅历不足、缺乏经验的问题最为突出,其中主持人 35 岁以下的占 86%,25 岁以下的占 25%,新闻龄 5 年以下的占 33.3%。②

而在英国,一毕业就直接从事主持人工作的现象是不存在的,至少要有若干年的记者经历,甚至在他们成为主持人之后依然身兼记者一职。对大众而言,电视新

---

① BBC 官网招聘。
② 汪碧芬:《中外新闻节目主持人成长环境比较》,《中国广播》2003 年第 3 期。

闻节目主持人只不过是一个在电视上露面的新闻记者而已。当然,娱乐或少儿节目主持人另当别论。总之,实践经验和人生阅历在英国主持人行业中是首当其冲的,因为它们被看成是个人魅力的重要来源,而不仅仅是有姣好的面容、火爆的身材。个人魅力还包括经由时间历练和沉淀之后的从容、庄重、得体,甚至沧桑,从这个角度来看,年长倒是一种资本。

二、相同之处

从教育教学的角度来看,我们还是能在中英两国播音主持专业明显的差异中发现一些相同之处。

1. 教学硬件设施差距不大,皆能满足教学或培训的需求

笔者参观了贝德福特大学新闻传播学院的实验室配置,发现其与国内同类院校实验室的基本配置大体相同,甚至有些实验室的数量或设备的先进程度还不及国内的很多播音主持专业院校,但因其招生人数不多,基本能满足日常教学,且学生人均拥有量高于国内。常见的配置有广播电视演播室、数字视频编辑室、新闻直播室、模拟工作室等等。

2. 重视学生的实践实习环节

播音主持专业本身具有很强的实践性,综合了几大专业院校的人才培养方案,发现该专业的理论课与实践课的比例几近1∶1,当然其中的实践包括课程内的上镜和录像环节,课程外的实训、实践,还有假期实习和毕业实习等等,同时学校将实践实习环节纳入到学生的学习考核中。

3. 注重职业道德和工作态度的培养

无论是中国的播音主持专业教学还是英国的主持人培训,都在教学过程中渗透着职业素养的培养,如遵纪守法、客观及时、吃苦守时、不断学习、追求真相、换位思考、弘扬正义、公共服务等等。

在国内的播音主持专业教材《播音学概论》中,对节目主持人的角色定位做出了清楚的表述:"节目主持人是在广播电视中以个体行为出现,代表着群体观念,用有声语言、形态来操作和把握节目进程,直接、平等地进行大众传播活动的人。"

而在之前提到的BBC招聘一例中,BBC对主持人所期望的品质中很多与主持

业务无关,如自信、团队合作等。无独有偶,浙江传媒学院就要求教师在播音主持小课教学中渗透育人工作,当然因为社会体制的不同,在教书育人过程中会更具中国特色。比如关于代表"谁"的问题,明确了我国的广播电视播音员主持人是党的新闻宣传工作者,在代表"我"的同时,更多的是在代表"我们",代表党和国家。

三、对我国播音主持专业教育教学的几点思考

第一,记者型新闻节目主持人在我国不断涌现,是今后主持人行业的一大发展趋势,也是播音主持专业人才培养的一大方向。

白岩松、敬一丹、水均益、柴静,在当主持人之前都有着辉煌的记者生涯,也是国内优秀的记者型主持人。《焦点访谈》《新闻调查》都是中国调查性新闻报道节目的典范。

因此作为专业院校,要在课程设置上进行改革,调整专业课和基础课之间的比例,适当增加新闻类课程和人文社科类课程,发挥学科之间的互补优势,保证学科之间的平衡,给学生开出一张营养全面的课程菜单。

第二,进一步增加实践训练的比重,提高学生的动手能力,尤其是数字音视频的操作。

在保证播音业务能力培养的基础上,要重视培养学生新闻传播能力,增加在采访、报道和评论方面的训练。对于其他类型的广播电视节目,如娱乐节目、综艺节目、少儿节目等,同样尽可能地增加实践机会,充分利用现有的实验教学设备,提高学生的动手能力和团体合作能力。

第三,教导学生不要局限于主持人的年龄、长相、身材等外部特征,避免急功近利,克服浮躁心理,要摆正心态,终身学习,厚积薄发。

让学生明白"主持人行业并非一个注定要吃青春饭的职业,年龄对主持人而言绝不是负担,相反倒是某种资源……年轻人在进入电视行业以后也没有必要急着当主持人,急着进入公众视野,而是能够沉下去,能够从一线的记者做起,为将来走上主持人工作打好坚实基础"[①]。

---

① 高贵武:《中美电视节目主持人群体特征比较》,《电视研究》2008 年第 2 期。

结　语

通过对比,我们发现了中国和英国在播音主持专业教育教学上的异同,这些异同没有优劣之分,因为两种文化、体制、发展程度本身就存在着差异。通过对比,也促使我们对我国现阶段的播音主持专业教育教学改革进行思考。取其精华,去其糟粕,在向西方学习的同时,更应结合中国教育的实际情况进行改革,不能过于模式化、程序化。教育不是以就业为目的,但作为专业性极强的播音主持专业,其教育也不能与行业脱轨,也要适应现阶段社会发展对人才的需求。

只有将本土的与外来的更好地有机结合,将专业教育与行业需求保持适当的距离,我们的播音专业教育教学才能更好地发展,并成为一种具有影响力的生产力,进而促进传媒事业积极健康地发展。

第二部分

实践研究

全媒体背景下应用型网络编辑人才培养模式研究

浙江越秀外国语学院　高　虹

党的十八大报告提出要"促进文化和科技融合,发展新型文化业态,提高文化产业规模化、集约化、专业化水平,构建和发展现代传播体系,提高传播能力"。随着卫星技术、数字化技术和网络技术的进步与应用,传统媒介的界限渐渐模糊,媒介终端可实现的功能逐步强大,已突破跨载体、跨媒体、跨视听、跨终端、跨符号的障碍,带来了媒体的巨大变革,出现了全媒体的经济新业态。

在全传媒的背景下,媒介组织进一步走向联合,"媒介融合"已经成为一个无处不在、影响巨大的现象。它不仅包括媒介形态的融合,还包括媒介功能、传播手段、所有权、组织结构等要素的融合,也就是说,"媒介融合"已成为信息传输通道多元化下新的作业模式,它把图书、报纸、电视台、电台等传统媒体,与互联网、手机、手持智能终端等新兴媒体传播通道有效地结合起来,资源共享,集中处理,衍生出不同形式的信息产品,然后通过不同的平台传播给受众。内容融合、网络融合、终端融合,使媒介融合逐步形成大传媒产业生态。为了促进新闻出版广播影视业的繁荣发展,2013 年 3 月国务院组建了国家新闻出版广播电影电视总局。传媒格局和传媒环境的改变以及媒介融合带来的变化,对传媒产业提出了更高的要求,传媒产业的快速发展,需要大批高素质、应用型的网络编辑人力资源的支撑。如何培养高素质、应用型的网络编辑人才,成为传媒教育必须面对的崭新课题。

本文正是针对这一崭新课题进行如下研究的。

一、全媒体背景下传媒产业对网络编辑人才的素质与职业要求

作为与科学技术联系非常紧密的当代传媒领域正在飞速发展,进入全媒体的时代。

我们先来界定全媒体的概念和特征。全媒体是在传播界应用层面上流行的一个概念,它是综合运用文字、声像、网络、通信等各种传播手段,全方位传播内容的一种新的传播形态,它有以下几个方面的表现特征:(1)全媒体是承载形式、内容和技术平台的集成体,其讯息传播渠道除了纸质和音像外,更多地表现为互联网、电信WAP、GSM、CDMA、3G、4G及流媒体技术;(2)全媒体全面体现和包含了个性特征;(3)全媒体体现了对受众的全面覆盖;(4)全媒体体现为以受众需求为导向的超细分服务。

之所以称之为"全媒体",是因为它是采用文字、图像、动画、声音和视频等多种媒体表现手段传播媒介信息,是报纸、杂志、电视、广播、网络、手机等传统媒体与新媒体相互融合而形成的一种全新的传播形态。相对于新媒体而言,传统媒体也被称作旧媒体。那么,何谓新媒体呢?

新媒体是在数字技术和网络技术基础上衍生出来的各种媒体形式,其"新"主要体现在技术上和形式上。新媒体有两种形式:一种是通过技术革命而出现的全新媒体,如互联网;另一种是在旧媒体基础上通过技术引进和改良后,新旧媒体结合所产生的新形式,如电子报。新媒体的特点表现在以下四个方面:一是新媒体消解了传统媒体之间、国家与国家之间、群体与群体之间、产业与产业之间、信息接收者与传播者之间的边界。二是新媒体可以与受众建立一种交互性和跨时空的联系。三是新媒体改变了传播的形态,即由一点对多点变成了多点对多点的传播,受众的主动性大大增强。四是新媒体的传播费用大大降低,对传统媒体制品提出了巨大的挑战。

那么,在全媒体背景下,媒体产业的新业态对网络编辑人才提出了怎样的职业要求呢?下面我们来分析一下。因为全媒体是传统媒体与新媒体的融合,所以,它对人才的职业要求既有传统媒体编辑的职业素质,又有掌握网络传播和新媒体应用的相关技能。

1. 传统媒体编辑的职业素质要求

第一,具有诚实守信的品质和社会责任感;第二,具有较强的阅读能力和学习能力,知识结构合理,思维敏捷、逻辑清晰,耐心细致;第三,具有资讯专业性和敏感性,思维活跃,判断力强,并具有较强的信息采编能力;第四,具有良好的文字功底、表达能力和撰稿能力,能独立完成选题策划、内容编辑、专题制作等工作;第五,具有摄影、摄像和图片编辑及视频剪辑能力;第六,具有创新能力和较强的应变能力,能积极主动开拓市场;第七,具有良好的沟通表达能力和团队合作精神。

网络是一种新媒体,与传统媒体(报刊、广播、电视等)相比,具有时效性强、传播范围广、超链接、海量信息、快速检索、信息数据库化、资源共享、多媒体效果、互动性强等特点。这些特点决定了网络编辑工作较传统媒体的编辑工作更具不同的特点。因此,从事网络编辑工作又有着它的职业要求。

2. 新媒体网络编辑的职业技能要求

第一,能熟练使用常用办公软件及 PhotoShop、Flash、ID 等软件;熟悉互联网操作及网络编辑、网络推广、网络策划、搜索引擎等相关知识;能够利用相关专业知识及计算机、网络等现代信息技术,从事互联网内容建设与内容运营日常管理,负责网站信息及资料的建设更新,负责网站相关栏目/频道的信息搜集、编辑、审校等工作。第二,能承担网页频道的发展规划以及对外合作内容的洽谈,网站论坛策划及管理工作,能配合撰写网站专题策划及各类专题活动策划方案。第三,能承担网站信息采集,能对行业人士进行采访,并组织、编写访谈文章,完成专题制作、内容编辑、内容更新等工作。第四,具有网络社交能力,网站的竞争拼的往往不是专业技术,而是资源。掌握资源不仅要依靠网站的品牌优势、历史积累,同样还需要编辑的交际能力。交际能力强的编辑更容易掌握额外的资源,也就能抢先得到更多的第一手内容。第五,具有分析和使用大数据的能力,能够撰写数据新闻和深度报道。第六,具有营销和管理能力,负责内容营销和社区及虚拟团队的管理以及网站整体运营维护工作和宣传推广工作,努力提升各板块的人气,保持论坛人气持续增长。

在全媒体背景下,传媒产业对网络编辑人才的素质与职业要求应该是传统媒体编辑的职业素质要求+新媒体网络编辑的职业技能要求。

二、国内外传媒专业教育理念和教育模式研究综述

面对媒介融合与行业的转型,传媒专业本科教育和编辑人才培养模式滞后的问题也凸显了出来,成为业界与学界共同关心的研究课题。本文就国内外传媒专业的教育理念和教育模式进行比较研究,综述如下。

蔡雯教授在《整合相关学科资源 调整人才培养模式——对美国新闻教育改革的调查及思考》一文中指出,在我国的新闻教育改革还处在新建、扩招、在本学科圈中相互挖人、"跑马圈地"的初级阶段时,美国新闻教育改革已经在整合相关学科资源、调整人才培养模式的层面上有所突破。在传媒产业处于世界领先水平的美国,对新闻人才的需求正在发生变化。在对美国多所新闻传播学院和多家新闻媒体进行了实地调研后发现,新闻机构对新闻人才的素质与能力要求在两个方面有所提高,那就是更加强调专业报道领域中的知识水平和研究能力,更加重视对各类型媒介传播技术的融合。

从整体上说,国内外传媒专业教育都是在现代传媒业面临新的产业形势和新的市场形势下展开的,是在现代传媒实践面临新的理论要求和理论指导的情况下展开的,是在现代传媒人面临新的学习要求和自我发展要求的情形下展开的。但是,国内外传媒专业教育又有很大的不同,主要表现如下:

1. 国外传媒业多偏重实用理论研究,我国多偏重基础理论研究

从国内外传媒专业的课程设置来看,国外多围绕传媒业本身来设置课程,而基础课程如语言类、科技类、文化类、文学类则很少开设。我国由于传媒专业多是在中文系或者文学院下设置的,所以不可避免地开设了中文专业的基础课。此外,我国传统上一直重视文史教育对编辑工作的重要性,也特别重视提高编辑出版人员的整体素质,要求出版编辑人员既要成为专家,又要成为杂家。所以,这些课程的设置也是中国特色的体现。

2. 国外重传媒产品市场营销研究,我国重编辑学理论研究

由于西方发达国家的传媒产业形成较早,市场竞争激烈,所以国外大学传媒教育自然偏向媒体的经营研究,一些大学专门聘请媒体高级营销专家授课,引用大量媒体销售案例来说明问题,以增强教学的针对性。如纽约大学编辑出版专业的教

授大多由当地出版界富有经验的高级主管兼任。纽约大学的编辑出版专业已经建立了一支既精通出版业务,又能完全投身于教学与研究的出版教育队伍,形成了自身的教育特点。他们的专业课程安排既包括全面系统的出版专业知识,又注重研究现代出版新科技与当今出版国际化的发展趋势。该专业的课程特别强调出版业的商业特点,诸如金融、销售、统计、企业法等都是必修课。近年来,他们还把编辑出版专业学生直接送到商学院选修有关现代企业管理、国际国内市场、金融会计、商业法、市场营销等各种基础理论课程。此外,他们还对专门的课程进行研讨,如"传播技术革命""数字出版物""版权与国际合作出版""出版国际化研究""出版社的兼并及转让""美国书业经济趋势"等专题,培养了大批现代出版传媒人才。

我国的大学传媒教育是在计划经济向市场经济转轨的过程中开设的,计划经济时期,媒体营销处于次要地位,而编辑则处于主要地位,所以专业课的设置也不免带有计划经济的影子,那就是重视编辑学理的研究,而不重市场调查和市场营销。随着市场经济体制的建立,这种不重市场营销的教育设置必须得到相应的改变。

3. 国外传媒教育与媒体的用人机制直接对接,我国传媒教育与媒体的用人机制衔接不紧

这里面既有办学机制的问题,也有用人机制的问题。国外传媒教育很有针对性,招收的学生既有那些希望进入传媒业的学生,也有媒体的从业人员,人才的培养方向明确,从传媒专业毕业的学生到媒体也很容易找到工作。在我国,大学办传媒教育首先面临的是师资力量不够、研究资料不足、与媒体实务相脱节等不利因素。虽然名目上是与媒体相关的专业,但因学生的实践能力差,因而不能受到传媒业用人单位的欢迎。当然,传媒业用人单位也存在着用人机制不畅的问题,这些问题对国内大学的传媒教育已经构成了阻力,需要认真应对。

总之,正规的大学传媒教育是培养现代传媒专业人才的权威途径。通过在大学里系统地学习,现代传媒人将以更理性、更智慧的面貌投身于传媒业,以更科学的经营管理方法来开拓、创造现代传媒产业的新面貌。

4. 国内外传媒业职业教育与从业人员的职业培训

除了大学传媒专业教育之外,世界上许多国家为了不断提高从业人员的素质和技能,还举办了各种各样的职业培训班。培训班有高等院校开设的,也有传媒业组织及大型传媒集团开设的,还有传媒职业学校及专业进修教育机构开办的。

在美国,许多大学开设有短期培训班,培训时间从两周到四个月不等。芝加哥大学及加州大学伯克利分校多采取夜校形式,其他的培训班都设在暑假期间。参加培训班的学员主要是传媒业在职人员以及正在考虑改行的非传媒界人士。学员在合格完成作业并达到全部学时要求后取得结业证书。这类职业教育合格证书,尤其是由雷德克里夫、丹佛、斯坦福以及加州大学伯克利分校签发的证书,对学员日后的晋级或求职会起到很大的作用。

由美国马萨诸塞州雷德克利夫学院举办的出版培训班历史悠久、成果显著,培训时间一般为六周,培训目标是让学员全面了解出版流程,熟悉各出版环节的基本技巧,同时让学员有充分的机会接触来自出版界的各类专家。学员们参加书稿判断、编辑加工、广告策划、市场营销等有关出版的系统课程。培训班还安排一周时间让学员到"模拟出版社"中担任各种具体职务,并与相应专家结成对子,进行出版演习,从而锻炼了学员的实践能力。

美国、英国、德国、法国、日本等国家的出版行业组织和一些大型出版公司每年都要举办各种形式的出版培训班。法国制定了专门的出版职业培训法规,对培训机构、内容、计划、时间、经费等一系列问题作出了明确的规定,法国出版联合会负责具体的培训工作。

一些大型出版公司经常举办一些出版培训班,如美国的麦格劳·希尔公司,英国的朗曼出版集团公司、企鹅图书公司,日本的讲谈社等,它们都会根据自身的业务需要举办各种出版专业培训班或出版知识讲座。

在欧美,还有各种形式的出版进修教育机构,如美国纽约大型出版教育中心、纽约进修教育学校、法国出版人员培训中心、加拿大的西蒙·弗雷萨大型出版研究中心、邦夫出版培训中心以及英国由斯坦利·昂温基金会资助的图书出版社培训中心等。加拿大邦夫中心的出版培训部开设了加拿大图书出版简介、编辑业务、出版物印刷、图书设计、版权与合同等课程。

从总体上说,职业培训一般学期短、针对性强,可以解决在实际工作中遇到的新问题,不断提高学员的出版素质和业务水平。职业培训一方面是大学正规传媒教育的延伸,另一方面也是终身教育的继续。对竞争日趋激烈的现代传媒产业来讲,职业培训和大学正规专业教育共同为培养高素质创新型的传媒人才作出了巨大的贡献。在这方面,国内明显做得不够。

国内学者余俊峰、黎梦怡在《网络编辑人才的特点及培养初探》一文中探讨了网络编辑人才的三种培养模式,即专业化教育、职业化教育和大众化教育。国内在专业化教育、职业化教育方面也做了一些尝试,如中国编辑学会成立了全国电子与网络编辑教育委员会,定期召开全国电子与网络编辑理论年会,中国编辑学会还定期组织网络编辑师的培训与考试,但是与国外相比在培训内容上还有一定的距离。

三、以全媒体理论来探索网络编辑人才培养模式的创新路径

媒介融合打破了传播世界延续已久的秩序,网络技术的发展推动了传媒行业的转型。行业的发展对人才的要求也越来越高,目前传媒行业最缺乏的是"纸""网"两栖编辑策划人才和跨媒体传播的网络编辑人才。媒介融合对原有的传媒教育提出了挑战,因而我们必须更新教育观念,密切追踪媒体发展的新趋势并积极探索人才培养的新模式。通过与媒体进行互动,了解媒体的新动向,及时扩充必要的课程,完全按传媒新业态的要求制定人才培养方案,与传媒市场紧密接轨,与社会实践"无缝"链接,以提高人才的核心竞争力。

1. 确立全媒体背景下的网络编辑人才培养目标

联合国教科文组织将高等教育分为 Academic(学术型)、Professional(应用型)、Vocational(职业性)三种类型。在我国高等教育大众化阶段,国家和教育部关于分类指导、特色发展的高等教育政策有利于高等教育结构和大学模式的多样化,为地方本科院校应用型人才培养目标的定位提供了一个宏观的背景。

在高等教育大众化阶段,行业发展与社会需求以及社会适应性需求是社会评价高等教育质量的重要砝码。因为,地方本科院校处于大众化教育阶段,办学模式必须定位于应用型大学,我们制定人才培养方案时首先要考虑社会适应性,学校的教育质量观应该从学术质量观转变为社会适应性质量观,以满足学生个人成长和个人发展的需要。

作为民办本科院校,我们的人才培养目标是培养出基础实、素质高、能力强、重个性的应用型网络编辑人才,以满足全媒体背景下各级各类网站、机关团体、企事业单位和新闻媒体对网络传播人才的迫切需求。

2. 创新适应全媒体新业态的网络编辑人才培养模式

在数字化、网络化、国际化的今天,在媒介融合的趋势下,正在形成全媒体产业

生态以及综合用于多种媒介和终端,全天候、全方位、立体化的展示传播内容。全媒体产业经济形态的形成需要与之相配合的行业理念,需要媒体人顺势而为、有所创新,国家新闻出版广播电影电视总局的成立便是一个重要的标志。

行业的转型对传媒专业教育本科人才的培养模式提出了更高的要求,要求编辑出版人才必须具备对海量信息的分析、整合能力,拥有对多种媒介技术的操作运用能力,以及对跨媒体传播的策划与管理能力。因此,传媒专业教育必须应时而变,进行知识更新与整合,调整课程结构,强化开放性与兼容性;构建实践教学体系,突出实用性;改进教学方式,重视案例教学法等措施,以培养高素质的应用型专业人才,促进学科发展和产业进步。具体思路如下:

一是把握传媒行业全媒体发展进程,确立全媒体人才培养的理念和目标。二是在人才培养方案中融入全媒体教学内容,调整学科结构,建立新的课程体系及媒介融合的成功案例,探讨案例教学计划。三是根据业界全媒体数字平台和全媒体运营流程的发展态势,依托浙江越秀外国语学院与中国互联网新闻中心合办的中国互联网新闻信息管理人才培养基地,建立学校全媒体教学实验平台,建设全媒体资源库。四是与国内拥有全媒体采编系统的媒体机构建立教学实践关系,帮助学生了解和掌握"全媒体新闻中心""报网合一""台网互动""移动多媒体广播电视"等全媒体运营模式。五是利用浙江越秀外国语学院网络传播研究所的文献资源和人力资源,进一步与中国外文局对外传播研究中心主办的专业性期刊《网络传播》合作,并参与编辑工作,为学院师生创建全媒体实践应用平台。六是以双师创新工作室为龙头,组建一批大学生专业实践工作室。

通过以上一系列措施构建新的学科架构、师资队伍、课程体系和教学平台,建设拥有跨学科知识、跨文化思维、跨媒体技能的师资队伍,建设宽口径、厚基础、跨媒体、精专业的课程体系,建设多功能、跨媒体、可扩展的教学平台创新人才培养模式。

3. 制定网络编辑人才培养模式创新方案

中共中央国务院《关于加强出版工作的决定》指出:"编辑工作是整个出版工作的中心环节,是政治性、思想性、专业性很强的工作,又是艰苦、细致的创造性劳动。编辑人员的政治思想水平、知识水平和业务能力的高低直接影响出版物的质量。"《2012年中国互联网舆情分析报告》指出,截至2012年6月底,我国网民规模达到5.38亿人,手机网民规模达到3.88亿人,手机微博用户也达到1.7亿人。

2012年的网络民意表达已经正式进入移动互联时代,这表明互联网已经成为覆盖率仅次于电视的大众传媒。中国互联网普及率的不断攀升,增加了中国网络舆论场的强度,从而使网络编辑的素养也有了全新的内涵。

(1) 网络编辑的政治素养与道德修养的培养

全媒体时代对网络编辑的各种素养提出了全新的要求,其中,网络编辑的政治素养除了传统所要求的马克思主义立场和政治理论素质等方面外,还应具备与现代法治社会、市场经济和信息社会相适应的做一个合格公民的意识、社会公平正义的意识以及尊重社会公众的意识。社会责任意识、学术规范意识、法治意识和环保意识是网络编辑道德修养中应该特别强调的方面。在这方面,我们主要通过马克思主义基本原理概论、毛泽东思想和中国特色社会主义理论体系概论、思想道德修养与法律基础和社区义工课程的理论教学与社会实践进行培养。

(2) 网络编辑的心理素质、思维特征和审美取向的培养

网络编辑作为数字时代知识共享(取代过去的知识传播)的中介(涵盖但不局限于过去的把关人)、出版资源整合者、知识生产组织者、数字内容提供者,在新的历史时期应该站在信息社会的高度,对编辑角色定位进行重新审视和全球视野的重构。在全媒体时代,网络编辑人员的虚拟空间认知和适应能力、风险认知和应急能力、复杂关系的认知和协调能力等心理素质就显得尤为重要,必须加以重点培养。网络编辑人员的数字化思维、批判精神和人文关怀也同样重要,特别是在全媒体时代,多元文化的碰撞和融合带来了全新的审美视野,新兴网络文化投射出的平民化和通俗化等倾向日益明显。因此,网络编辑人员必须为人类审美体验的新开掘作出自己的独特贡献。

如何培养网络编辑的心理素质、思维特征和审美取向呢?一方面,我们拟通过几个模块课来实现,如综合素质模块课"大学生心理健康教育""逻辑学基础",公共限选课的艺术类课程和文史综合模块课,如"文学经典研读""中国文化概论""西方哲学"等;另一方面,我们通过专题学术讲座、艺术沙龙、各类展览和大赛进行引导和培养。

(3) 网络编辑综合能力的培养

第一,基础能力的培养,包括阅读能力、思维能力、理解能力等。

在内容编辑层面,首先要培养学生的科学阅读能力,特别是网络阅读能力,学习能力和思考能力,以提高学生对海量信息资源的阅读、分析及整合能力。

第二，综合能力的培养，包括发现问题的能力、获取信息和处理信息的能力、系统分析和决策的能力、抓住机遇的能力、操作能力、解决实际问题的能力以及人际交往能力等。

第三，创新能力的培养。培养学生的创新人格、创新思维和创新能力。

在核心竞争力层面，运用脑科学理论及相关训练，开发学生的潜能，培养学生的创新思维和策划能力。

第四，专业能力的培养。掌握新媒体技术，学会跨媒体策划和设计；熟悉数据挖掘和数据新闻写作等，即从策划、编导、摄像、后期剪辑、节目包装到发布，熟悉整个流程，并能够通过数字影视设备加以实现。

在技术编辑层面，通过实训教材和实践基地的培训以及双师创新工作室的培养，让学生将所学的理论运用到实践中去，提高学生的专业素养和动手能力，使其掌握多种媒介技术的操作运用能力。

4. 资源共享，产学研一体化为两个文明建设服务

《2012年中国互联网舆情分析报告》对2013年我国互联网舆论进行了展望和预测，报告根据当前互联网发展形势和舆论动态，提出政府要加强互联网治理，并继续拓展网络言论空间。有学者已经认识到，我国公民的公民意识正随着中国社会日益成长为网络社会而得到彰显；与此同时，网络舆论已日益成为培养公民意识的重要途径。报告提出，在当今这样的网络社会环境中，"统筹巨大的网络力量，善用网络资源构建和谐，推进公民意识进一步升华，促进政治与经济的进一步改革，是宝贵的历史契机，更是无可回避的历史责任"。

由此可见，全媒体的经济新业态，需要大批高素质、应用型的网络编辑人才，在人数上远远超过传统媒体；在未来的十年内，网络编辑人数将呈需求上升趋势，比其他各类职位的平均增长量要高。网络编辑从业人员素质的高低，直接影响到网络编辑人才队伍的整体水平及媒介内容的质量。仅以浙江省为例，目前，全省有新闻网站118家、社会网络3.2万家，大批从业人员急需专业化培训，急需提高业务能力。我们将发挥地方高校产学研一体化的优势，肩负起社会责任，依托浙江越秀外国语学院与中国互联网新闻中心合办的中国互联网新闻信息管理人才培养基地，有计划地为社会培训网站从业人员。通过系统训练，培养出一支既具备较高技术素质和专业知识，掌握数字文化服务的基本理念，又能熟练运用数字文化服务技能的网络编辑人才队伍，为建设数字浙江和文化共享工程提供人力资源支持，为地

方两个文明建设服务。

（本论文为 2013 年浙江越秀外国语学院校级教育教改课题"全媒体背景下应用型网络编辑人才培养模式研究"的最终成果。）

参考文献

［1］夏德元：《数字出版与传播》，上海人民出版社 2012 年版。

［2］祝华新、刘鹏飞、单学刚：《2012 年中国互联网舆情分析报告》，人民网舆情频道，http://yuqing.people.com.cn。

［3］章红雨：《数字环境下出版人才培养模式亟待创新》，《中国新闻出版报》2010 年第 6 期。

［4］乔新玉：《媒介融合背景下的传媒本科人才培养模式探讨》，《河南教育（高校版）》2011 年第 2 期。

［5］罗紫初：《论数字时代出版人才能力之培养》，载于黄先蓉、罗紫初主编：《数字出版与出版教育》，高等教育出版社 2009 年版。

［6］戴益民：《网络舆论与公民意识的培育》，《传媒观察》2008 年第 2 期。

［7］蒋海升：《网络：公民意识崛起的重要平台》，《政工研究动态》2008 年第 13 期。

［8］滕跃民等：《为中国出版培养创新型人才》，《编辑学刊》2008 年第 3 期。

［9］裴永刚：《媒介融合时代新闻编辑人才培养探讨》，《青年记者》2013 年第 8 期。

［10］张涵、苗遂奇：《现代出版学导论》，中国书籍出版社 2009 年版。

教学相长、教研互促：
网络传播与新媒体实践的教研模式探索

浙江理工大学　廖卫民

网络传播与新媒体实践是一级学科新闻传播学学科建设和学术研究当中最活跃、最前沿的领域之一，同时也是当代大学生最感兴趣、最富个人体验和创意实践的一个舞台。如何进行网络传播与新媒体领域的教学活动并从中开拓出新的思路，一直是我们新闻传播学教师思考的问题。

在不断的理论探索和实践总结过程中，我们根据当代大学生的特点，找到了一种模式，即通过建立一种教学相长、教研互促的模式，共同发掘教师和学生的创新能力和学术精神，在师生互动的过程中引领学生学习理论和积极实践，有效地提升了浙江理工大学文化传播学院传播系在网络传播与新媒体实践领域的教研水平。笔者所在的浙江理工大学传播系主讲网络传播或新媒体课程的教师仅有3位，然而3年来，这个小小的群体出版专著1部，发表学术论文16篇（其中CSSCI论文6篇），参加多次学术会议并获论文宣读机会，获得科研资金支持超过26万元，培养的学生所撰写的文章中有优秀毕业论文6篇、网络舆情报告19篇、具备一定水平的网络传播研究论文和新媒体设计作品10多篇（件）。这些成果的取得表明浙江理工大学在这一领域的教研水平开始呈现一定的特色，并呈现出良好的发展态势。

一、教育思想来源及其解决的关键问题

"教学相长"一语出自《礼记·学记》："是故学然后知不足，教然后知困。知不足，然后能自反也。知困，然后能自强也。故曰：教学相长也。"从此典故的来源可以

看出,在教与学的过程中,总存在着某种局限或不足。作为教师,在当今这个知识爆炸的信息时代,最为困惑的是找不到更新的知识和材料来教学生,因为学生往往能通过网络媒体和传播技术获取大量的新鲜信息。但是,如果能做到"教学相长",发挥学生主动学习的积极性,则能在师生的良性互动中使教和学两方面互相促进,得到长足的提高。这一教育思想启发我们在网络传播与新媒体实践课程教学中要更多地采取开放性、分享性的教学方式,从而获得教学双方互相提升的实效。

这一教学模式主要解决的问题是大多数学生被动学习、教师灌输式上课的弊病。该模式通过追踪网络传播与新媒体实践领域的新问题、新现象,把学术研究与课堂教学结合起来,把学生的积极性、主动性调动出来,将学术探求的精神带入当今社会最具活力的网络世界当中,让学生在相关课程中不仅能学到理论知识,还能激发出求索的兴趣,锻炼实践能力,提升综合素养。同时,该模式还促进了教师的学术研究,协助教师完成相关科研课题的数据收集和统计分析等工作,使教师在与学生的教学互动中获得新的灵感和信息反馈,从而提升学术研究的水平。

二、体现"教学相长"的主要方式与基本方法

在浙江理工大学传播系的教学大纲中,网络传播与新媒体实践的相关课程主要有"网络传播实务"和"网络媒体实践"两门课程,其他的课程中有的也或多或少涉及这一领域的教学内容,同样可采取"教学相长"的方法。为了促进"教学相长",提高教学效果,我们采取的主要方法有:

第一,典型案例分析。

网络传播与新媒体实践领域当中经常出现热点问题引发的各种现象,在教学过程中,可以选择一个共同的典型案例,让全班同学从不同角度进行分析研究,共同搜集资料和网络数据。例如,在2010年秋的"网络媒体实践"课程中,廖卫民老师指导2008级传播学专业的选课学生对上海"11·15"特大火灾案例进行了专门的舆情监测。教师要求学生在规定的时间内独立完成对该事件的信息收集工作,从获取的信息中寻找最打动人心或最有传播价值的内容,并进行分析。教师在学生选取信息的基础上进行二次信息的统计分析处理,完成了有实证数据的研究报

告《上海"11·15"特大火灾舆论波研究——基于大学生网络舆情实测的分析报告》①。对典型案例的分析有助于师生就具体案例交换最新信息,有助于形成学生自主学习热点和研究热点的氛围,从而达到以案例为突破口,获得教学相长的结合点的效果。

第二,分组研究讨论。

网络传播与新媒体实践涉及的理论议题或最新案例,都能够以小组的形式让组员集中讨论,让学生之间相互学习,并接受教师的专门指点。例如,在 2011 年秋开设的"网络传播实务"课程中,廖卫民老师指导 2009 级传播学专业学生,分组对当前舆论热点事件进行了舆情分析,在他的指导下,两个班级 68 名学生共分成了 19 个小组,每组平均 3 到 4 人,分别完成了各组的网络舆情专题报告。经过精心准备,每组成员都拿出足够充分的数据在台上讲解他们通过传播学方法研究得到的分析结果。在学生们的分组讨论过程中,教师随时进行提问,点拨其中的问题和隐秘的奥妙症结,启发学生共同思考。学生的回答也会启发教师获得研究灵感,正是在这些分组讨论中,教师可以发现具有学术研究价值的观察视角和选题方向。例如,廖卫民老师的一篇研究论文《新闻舆论监督医患纠纷事件的效度、深度与限度——以佛山"活婴当死婴处置"案为例的理论思考》②中的一部分思考火花就来自课堂讨论。

第三,研究报告写作。

浙江理工大学传播系廖卫民老师已获批关于网络传播的教育部人文社科课题,在教学过程中,他把自己的研究成果和报告内容直接作为课堂内容进行讲解,并引领学生自己写作完成类似的小课题研究报告。廖卫民老师的研究论文《新闻舆论监督医患纠纷事件的效度、深度与限度——以佛山"活婴当死婴处置"案为例的理论思考》引用了 2009 级学生胡怡闻、顾晓燕、高兴梅、黄林波合作完成的有关佛山"活婴当死婴处置"案舆情分析报告中的数据表和示意图。

第四,媒体实践体验。

对于网络传播与新媒体实践领域中新的传播技术手段和方式,老师鼓励同学

---

① 廖卫民:《上海"11·15"特大火灾舆论波研究——基于大学生网络舆情实测的分析报告》,《当代传播》2011 年第 1 期。
② 廖卫民:《新闻舆论监督医患纠纷事件的效度、深度与限度——以佛山"活婴当死婴处置"案为例的理论思考》,《新闻记者》2012 年第 4 期。

们积极实践并进行记录分析,分享其中的心得和感受,同时让有兴趣的学生自己动手制作网页、微视频等内容,并将其发布、展开交流互动,获得最新媒体体验,在课堂上与大家分享。2010年秋开设的"网络传播实务"课程的主讲教师何淑燕要求学生自己策划设计网站、制作网页,提高了学生的动手能力和学习兴趣,有相当多的学生作品具有较强的创意性和新颖性。2012年秋和2013年秋,"网络传播实务"课程主讲教师廖卫民布置学生独立分析网络舆情事件,并在实验室内指导学生采取可视化手段呈现舆情的复杂性和多侧面性,积极调动起学生的学习兴趣和热情,一些学生的习作达到了较高的分析水平和实用价值。

第五,社会实践实习。

网络传播与新媒体实践课程有大量的社会实践实习机会,通过课程的学习和引导,一些学生利用所学的知识技能,在更广阔的社会实践实习岗位上获得锻炼机会,例如,他们到浙江在线、淘宝网、19楼网站、浙江农业信息网等网站实习锻炼,并把实习体会带到课堂上与大家分享。有的学生在理论学习之余,不断进行实践锻炼,学以致用,从而成为某些新媒体工具运用的高手。例如,2008级学生陈准亮已经在其家乡的春天集团公司担当官方微博的主管工作,他对于微博的实践体验远远超过普通人,他可以根据微博的传播效果掌控数百万元的广告投放额度。2008级学生姜曼婷自己创业,在开始执行公司项目时就运用新媒体技术和方法进行广告宣传和项目网站设计,同时利用网络营销方式进行项目包装和整体运作,取得了较好的实践效果和创业经验,最终成为文化传播学院传播系第一个成功自主创业的案例。

第六,学术论文指导。

对于有志于或感兴趣于学术研究的学生,教师还进行了有针对性的个别辅导,从选题、构思、写作到文献注释都悉心指点。有的学生的本科毕业论文也来自于对网络传播与新媒体实践领域的问题研究。例如,2008级学生冯宣植非常关注微博打拐事件,很想用传播学研究方法来研究、探索其中的传播规律。廖卫民老师根据冯宣植理科基础较好的特点,引导冯宣植采取社会网络分析方法,并指点他应用Ucinet整体网分析软件。在老师的指导下,冯宣植完成了一篇有重要实证数据支撑的论文:《网络舆论环境中的社会网络分析研究——以Sina微博打拐为例》,达到了一定的学术水准。另外,在毕业论文写作中,有相当多的论文选题出自网络传播与新媒体研究领域,这与该课程的教学实践中培养与发掘学生研究兴趣有重要的关系。例如,廖卫民老师指导的 2007 级学生毕业论文中有五篇是对网络传播与新媒体实践领域的研究,所获的成绩均为优秀或良好;廖卫民老师指导的 2008 级学生毕业论文中有两篇网络传播和新媒体实践方向的论文获得优秀;徐佳老师指导的 2009 级学生毕业论文中有两篇网络传播和新媒体实践方向的论文获得优秀;何淑燕老师指导的 2009 级学生毕业论文中有一篇网络传播和新媒体实践方向的论文获得优秀。

三、体现"教研互促"的主要成果

浙江理工大学文化传播学院传播系教师近年来在网络传播与新媒体实践研究领域获得了相关的课题支持,发表了一系列研究论文。这些研究论文被多次引用,并在国内国际学术会议上被宣读,产生了一定的影响。这些学术成果的取得,能够有力地提升教学内容的新颖性、前沿性和学术内涵,使得本科学生在课堂上能够吸收到最新的知识和成果。

据初步统计,文化传播学院传播系中主讲网络传播或新媒体课程的三位教师在网络传播与新媒体实践研究领域所获得的教育部人文社科研究青年基金、中国博士后基金、民政部重点课题、浙江省社科联民生课题、浙江理工大学校级科研启动基金等项目的科研资金支持累计超过 26 万元。浙江大学传播研究所发布的《2009—2011 年度中国传播学发展报告》中"网络传播与新媒体研究进展"部分由廖卫民老师负责撰稿,由此可以说明他在这一领域研究的前沿性和学术影响。

2012 年 12 月 12 日,由浙江理工大学校学生会发起、全校学生热情参与的第三届"我心目中的好老师"评选活动结果揭晓,徐佳老师被评为"我心目中的好老师",这与徐佳老师在 2011—2012 年度担任了"网络媒体实践"课程的教学工作有着密切的关系。

除此之外,这些课题研究与教学活动密切结合,在帮助学生就业、创业方面也发挥了重要作用。例如,2007 级毕业生吴振宇在浙江在线新互动网络电视有限公司工作,主要从事舆情监测和网络调研及浙江省政府网站维护建设工作。他感谢学院给他提供了锻炼机会和技能训练,使他能在激烈的就业竞争中脱颖而出,胜过其他院校同类专业的学生。

四、教研模式探索的创新点与经验总结

　　浙江理工大学文化传播学院此项教学模式探索的创新点或者说其成功之处在于把教学与科研结合起来,让学生在积极主动的学习过程中,汲取社会实践当中的新信息,同时也有助于教师的科研工作,整个过程实现了教学相长,教学与科研之间互相促进,形成一种良性循环和互动机制。要达成这样的良性循环,需要具备以下条件:

　　第一,教师要具有扎实的理论研究积淀和开阔的学术视野,乃至国际前沿的学术眼光。此项教学模式探索的主要完成人廖卫民老师、徐佳老师分别为浙江大学、清华大学的传播学博士,均为在职博士后,均有海外学习的经历;另一位完成人何淑燕老师是中国传媒大学在读博士。廖卫民、徐佳、何淑燕三位老师都曾在英文学术期刊或国际会议上发表英文论文,这也是这一组合具备国际前沿学术研究能力的一个实力条件。此外,这三位老师还从自己的导师那里获得源源不断的新资讯,他们站在学术前沿的研究可以为课堂教学增光添彩。何淑燕在 2012 年 9 月曾赴韩国讲学一年。

　　第二,教师要关注现实,贴近当今"网络一代"的心理需求,充分调动各种教学资源。教师除了需要在网络传播与新媒体研究领域有一定造诣之外,还需要密切关注社会现实,贴近当今"网络一代"学生的心理需求,协调好各种教学资源,调动各种教学方法,为解决和回答当下网络传播研究中的问题服务。这一教研模式探索的关键并不是为教学而教学,而是要建立一种新型的、与时俱进的教学相长的模式。

　　第三,教师要鼓励学生参与、创新、创造,鼓励学生敢于超越教师、"反哺"教师。教师在教学过程中,要不断鼓励学生,增强学生信心,把他们带到学术前沿,让他们自己去摸索探求未知领域,让他们阅读外文文献。在这个过程中,教师起到引路人的作用,却并不一定是某一知识的第一获取者。这一模式适合其他类似"网络传播与新媒体实践"这样具有较强时代感和学术前沿性领域的课程教学,其成立的基础在于老师和学生在新的传播技术手段面前处于同一起跑线上,这样才使得学生有机会"反哺"教师。这恐怕是其最大的创新点。

　　第四,教学和科研要互相促进,科研项目要起到龙头引领与资金支撑的作用。

在此项教研模式探索取得一定的成果背后,还必须提到科研资金的支撑和保障作用。网络传播与新媒体研究的开展,可以获得多方面的科研资助,主要有教育部人文社会科学研究青年基金项目、民政部重点课题、博士后基金项目、本校的科研启动基金、浙江省社科联课题基金,另外加上其他可以用于本领域研究的横向、纵向资金,这些资金的投入有力地促进和保障了"网络传播与新媒体"领域的学术研究。事实上,除了主讲网络传播或新媒体课程的三位教师之外,传播系的其他老师也有涉及这一领域的课题,例如,2013年,闻娱老师获批国家社科基金青年项目"社会化媒体语境中的传媒伦理问题研究",这对于文化传播学院的网络传播与新媒体教学研究是一个巨大的推动和促进。

总体来看,文化传播学院传播系"网络传播与新媒体实践"教学中探索出的"教学相长、教研互促"模式适合于创新的、前沿的学科领域,在其他学科也同样具有一定的推广应用效果。当然,此项教学模式探索还存在着诸多不足之处,因此笔者特别希望得到教育界同行和业界专家的指导帮助。该模式探索实行的时间较为短暂,一些非常具备发表实力的学生论文与作品还没有发表或被业界认可,还需要花费更多的时间和心血加以培育,以利于其茁壮成长。未来的发展培育方向是向国际前沿性靠拢,突出浙江理工大学的学科背景优势,发挥文理结合的特点,争取在国内打造出理工院校在新媒体领域的学科建设和学术研究特色与品牌来。目前,在2012年之后所用的教学大纲中已经另开设了一门双语特色课程"新媒体研究前沿",这将会促使这一领域的教研水平向国际一流水平看齐。

我国体育新闻专业本科培养思路探析

首都体育学院　黄若涛

一、国内外体育新闻专业的开设情况

1. 国内体育新闻专业（课程）的开设情况

从 1985 年上海体育学院开设体育新闻专业算起，迄今为止，我国体育新闻专业教育研究已经走过了 28 年的历程，目前开办体育新闻专业的院校已超过 20 所。回顾近 30 年的发展历程，我国体育新闻专业的发展可分为三个阶段：第一阶段是从 1985 年到 1999 年。1985 年，上海体育学院为适应新闻媒体的需求，经专家论证，拟在全国率先试办体育新闻专业。1989 年教育部批准上海体育学院在全国率先设立体育新闻专业。1994 年，上海体育学院正式成立体育新闻系，1999 年教育部进行专业调整时，改体育新闻专业为新闻学专业（体育新闻方向）。第二阶段是从 1999 年到 2003 年，这一阶段的体育新闻专业逐步发展，打破了上海体育学院一枝独秀的局面，并突破了体育院校办体育新闻专业的固有模式。这一时期开办体育新闻专业的院校有南京师范大学、北京体育大学、成都体育学院、广州体育学院、吉林大学、武汉体育学院、天津体育学院、河南大学、西安体育学院、南京体育学院、北京联合大学等高校。第三阶段是从 2004 年至今，这一阶段体育新闻专业全面发展，几乎涵盖了所有的体育院校，如首都体育学院、沈阳体育学院、内蒙古体育职业学院、郑州大学等院校都纷纷开设体育新闻专业。[1]

---

[1]　周根红:《我国体育新闻专业培养模式的探索与思考》,《东南传播》2008 年第 9 期。

目前国内开设体育新闻专业(课程)的高校(机构)有三种类型:体育类高校、综合性大学和专门性培训机构(班),其中体育类高校为体育新闻专业(课程)的开设主力。

体育类高校中开设体育新闻专业具有的优势是能为学生提供有利的体育项目学习环境,与体育行业有较为紧密的联系,但面对的挑战是学科相对单一,缺乏综合性人文学科教学环境和实验条件。综合性大学有较好的人文氛围和多学科交流的环境,对学生综合素养的提升具有一定的促进作用,但在众多学科中对体育学科的重视程度相对较弱,体育新闻的专业化特点体现不足。而专门性培训机构(班)提供"订单式"培养方案,与媒体和赛事结合,"点对点"授课,针对性强,但多为专门性培训,短期性、暂时性的特征制约了其长线发展。

2. 国外体育新闻专业培养状况

在国外体育新闻专业的培养中,比较典型的是美国、英国、加拿大和日本。它们在体育新闻的专业培养中各具特色。美国4000多所高校中开设体育新闻专业的高校不足20所,且全部开设于综合性大学的体育院系或新闻传播院系。其体育新闻的课程设置依托于社会科学的平台,重视实践操作能力、实际业务能力和社会科学理论素质的培养,其体育新闻的采、写、编、评等基础业务课程非常充实,社会科学与应用实务性课程学分比一般为1:1。[1] 融合多学科的新闻传播学成为美国传媒教育的主流。而在加拿大70多所综合性大学中有一半以上开设新闻或传播学课程,体育新闻专业作为新兴细化小专业,是这些大学中的方向课。在英国,新闻专业的教学仍以学徒制为主,侧重职业训练,大学设置体育新闻专业的不多,主要依靠国家和新闻界的在职职业训练。在日本,体育新闻人才培养主要通过媒体培训完成,普通高校的新闻专业主要讲授一般意义的新闻与传播学课程。

由此,体育新闻专业在国外高等教育中的专业化和普及化程度是不尽相同的,对体育新闻人才的培养渠道和模式也不太一致。但总的来说,体育新闻被作为实践性非常强的内容受到高等教育和新闻界的重视,但把体育新闻作为专业来设置并着力培养的还是少数,大多数院校仍然以人文科学或新闻传播的基本原则作为培养的基础,体育新闻则更多地作为新闻媒体的专业报道分类加以职业化训练。

---

[1] 万晓红、付晓静、田智会、刘晓丽:《体育新闻专业课程体系构建原则的初步研究》,《武汉体育学院学报》2005年第4期。

二、我国体育新闻专业的学科背景不同

在教育部颁布的《普通高等学校本科专业目录(2012年)》中,体育新闻本科专业属于新闻传播类(0503)下的新闻学专业(050301)中的子类,毕业生将被授予文学学士学位。但按照我国 2011 年颁布的《专业学位授予和人才培养目录》的规定,目前体育新闻学的硕士培养有两个路径的学科定位:一是在教育学门类(04)下体育学(0403)中的体育人文社会学(040301)下的体育新闻专业;二是在文学门类(05)下新闻传播学(0503)中新闻学(050301)下的体育新闻专业,这两个专业的定位在学科背景中有所不同,见表 1:

表 1 国内体育新闻硕士学科的定位差异

学科门类	教育学 04	文学 05
一级学科	体育学 0403	新闻传播学 0503
二级学科 专业	体育人文社会学 040301 新闻学专业(体育新闻方向)	新闻学 050301 体育新闻学专业

这两种硕士学位定位的不同路径体现出我国体育新闻在不同类型的院校中设置的不同。目前以教育学背景来设置的大多是体育类院校,如首都体育学院的体育新闻作为新闻专业的方向设置在体育人文社会学下,属于体育学的大学科门类。而大多数综合性大学和部分发展得比较成熟的体育院校如上海体育学院和武汉体育学院,已经获得了新闻传播学的一级学科授予权,大多会把体育新闻学设置在新闻学二级学科下,并属于文学门类。

两大路径的不同,对体育新闻专业的本科教学设置而言,影响并不太大,产生影响的是该学科研究生招录的学科考试科目设置的差异和硕士学位的授予不同,另外,不同路径的学科在科研申报中也会产生不同的影响。

三、我国体育新闻本科专业面临的机遇与挑战

不论学科背景的差异如何,体育新闻本科专业在目前的发展中都面临着大致相同的机遇和挑战。这些机遇和挑战主要来自于我们外部的媒体产业和体育产业的发

展。作为直接为这两大产业提供专业信息服务的体育新闻业,需要随时关注外部环境的发展和变化,并有效地调整自己的专业教学重点,以适应行业的人才需求。

1. 面临的机遇

体育新闻专业发展所面临的机遇主要来自于体育赛事和体育文化的蓬勃发展。随着越来越多国际性比赛在不同国家的推广,体育赛事播报和传播的国际标准逐渐建立起来。以国际奥林匹克运动会为例,国际奥委会为每一项赛事的转播和节目信号的制作设定了明确的标准。在 2008 年北京奥运会中,中国共有 10 个电视台、15 个技术团队参与了 7 个单项的电视信号制作与转播工作,这样的参与带动了国内电视台对体育新闻人才专业性要求的提高,也推动了国内体育新闻教育的发展。但据不完全统计,我国当前体育编辑记者中,接受过体育、新闻或体育新闻专业教育的人所占比例不足四分之一,[①]体育新闻的专业性教育和体育新闻人才的培养也面临着更大的机遇。

从专业发展角度,国际体育赛事转播标准的建立,不仅推动了体育新闻的技术化发展,还推动了体育新闻专业很多延伸性方向的专业化发展,如对体育赛事的媒体服务工作的重视,对体育赛事评论的多样化要求,对体育赛事的文化和技术层面的深入研究,这都为体育新闻专业的多样化发展提供了更加广阔的空间。

2. 面临的挑战

新媒体时代急速发展的体育文化和体育赛事给体育新闻专业的自身建设也带来了压力。行业对人才的专业化和实践经验要求的提高,对学校的课堂教育提出了更高的要求。另外,体育是一项大众参与度较高的社会活动,有很多体育爱好者成为体育新闻的从业者,他们虽然没有经过专业的体育新闻学习和训练,却有着对某种项目或特定领域的深入了解,对体育新闻专业学生的就业带来了一定的竞争压力。同时,众多体育院校体育新闻专业人才招生规模的不断扩大也给学生就业带来了压力,这些都是目前体育新闻专业人才培养所需要面对的。

面对强手如林的综合性大学体育新闻专业的挑战,如何在体育院校中办好体育新闻专业,彰显其自身的专业特色,提高体育新闻人的起点素养,已成为每一个体育新闻专业教育者关注的热点。

---

① 张江南:《新时代体育新闻专业课程设置探析——以武汉体育学院新闻专业课程设置整合为例》,《山东体育学院学报》2010 年第 11 期。

四、国内体育新闻专业在课程设置中的两种模式

体育新闻专业培养的课程体系按照课程的功能划分,可以分为三大板块:新闻学的基本理论知识和业务知识、体育运动的基本理论和体育运动事业各领域的知识、体育新闻报道中的特殊规律和专业知识。不同类型的培养院校(机构)依据其生源情况、师资情况和在人才市场中的定位,在培养方案中对这三大块课程的设计比重和课程选择存在一定的差异,我们根据"围绕体育或体育新闻报道的特殊规律和专业知识的课程比例"的不同,可以将目前针对体育新闻人才培养的课程模式划分为两种类型。

1. 以理论知识和专业实践教学为主的"复合—应用型"课程模式

新闻专业具有的通识性和专业性在最近几年发生了很大的变化,特别是新媒体的出现,对新闻专业人才的技能和理论要求都有了较大提升。目前,不论传统媒体还是网络媒体,无一例外地都在使用新的媒体技术开展传播活动,这就对新闻专业人才的技术能力和实践能力提出了更高的要求。

体育新闻专业人才培养院校也越来越着力于新闻专业人才的复合性培养,强调"一专多能",为学生提供多学科学习环境和较为强大的实验室条件。在体育新闻专业的课程设置中,复合—应用型课程模式以人才的多层面培养和重视实践技能为主要特点,在课程设置中注重跨文化和新媒体的研究,注重新闻理论与实践的结合,重视新闻学的基本理论知识和业务知识,同时提供在人文社会学中多学科的基础理论性课程的覆盖。在实践课程设计中投入较多课时,特别是在新媒体环境下对新闻技能型课程的加强,为培养人才多渠道就业提供了可能。

2. 以体育专项为依托侧重体育新闻报道的"体育专才+新闻型"课程模式

在目前体育媒体行业对人才需求越来越专业的要求下,不少院校体育新闻专业课程设置也越来越多地采用依托一定的体育专项来实现拓展性训练的设计模式,如有体育高校在体育新闻课程设置中,从大一开始连续两年为体育新闻专业学生提供一定的体育专项学习。从较为普及的大众体育项目到逐渐兴起的极限或休闲项目,要求体育新闻专业的学生实践、体验这些项目,并对一两项体育项目有较为深入的研究,成为以该项目为主攻方向的体育新闻人才。还有的院校专门针对

体育新闻人才市场中的体育解说员需求,培养有解说基础和专项特长的体育解说员,甚至是方言性的(如粤语、上海话)体育解说员。这些培养模式在课程设置中具有鲜明的体育专才的特点。

"体育专才+新闻型"的培养模式强调体育新闻的专业技术特点,突出体育新闻的专业性和专项性,在课程设置中突破了传统新闻学与传播学课程体系的局限性,设计出以体育新闻为核心的系列课程,同时强调对体育项目的学习,在新闻型人才中突出了体育专才的特点。

五、首都体育学院体育新闻专业本科培养方案修订的基本设想

1. 专业定位和课程分析

为了适应媒介融合发展带来的人才需求情况的变化,国内高校新闻专业必须调整既有的办学思路,确立人才培养新定位。[①] 一方面,要由培养适用于单一类别媒体的采编人才向培养适用于融合媒体的采编人才转型。过去,我国高校新闻院系都是围绕单一形态的媒体进行专业设置的。从媒介融合发展的视角来看,我国高校传媒类专业课程设置最明显的症结就是新闻实务类课程过分细分,人为割裂了报纸、广电、网络等不同媒体业务技能的培养。这种按媒介种类设置的专业方向和课程体系已经不能适应媒介发展的现实需要。相对于单一媒体,媒介融合发展意味着媒体从业人员的采编意识、知识架构、职业技能等方面要向"全媒体"拓展。"在媒介融合情况下,文字记者与摄影记者、记者与编辑、报纸媒体的从业人员与网络媒体的从业人员等等这些概念将会被淡化,因为新闻从业人员将同时具备多项职能、扮演多种角色。"[②]因此,培养具备采、写、摄、录、编能力的综合性人才将是首都体育学院体育新闻人才培养的主要方向。

对体育新闻的专业定位来自于对体育新闻内涵的认识,我们认为,体育新闻传播实践以理论指导和解决应用性问题为主,学科具有专业性、应用性、可操作性的特征,在教学中需要强化实践环节、提高动手能力,重视人文基础知识和专业体育英语基础。专业的具体定位分析如表2所示:

[①②] 张庭:《媒介融合发展下高校新闻专业人才培养模式》,《四川理工学院学报》(社会科学版)2013年第1期。

表 2　首都体育学院的专业定位要素分析

要　素	定　位
培养模式	EPS 模式(精英性 + 大众型 + 专业化)
课程模式	专业性、交际性的体育新闻专业课程(体育 + 新闻 + 英文)
实践模式	系列性、多媒体性、专业性、考核性

在定位分析的指导下,首都体育学院体育新闻专业培养方案的总体框架就可以按照培养目标、人才定位、培养定位、课程模式、实践管理和实验设施六大要素确定下来,具体方案如表 3 所示:

表 3　首都体育学院体育新闻专业 2013 版培养方案总体框架

培养目标	人才定位	培养定位	课程模式	实践管理	实验设施
四会	应用型人才	"四三二一"	37 门专业课	8 类实践	6 个实验室
系统掌握新闻学、传播学和体育学的理论知识及专业技能	在新闻、出版、宣传领域	四个结合(理论与实践结合、前沿与核心结合、体育与媒体结合、多平台结合)	24 门必修课 13 门选修课	社会调查 志愿服务 宣传报道	演播厅 摄影室
具有体育人文社会学的专业素养	从事策划采编、媒介经营管理及文化传播工作	三个板块(新闻理论、体育新闻、电子与新媒体)	三个模块: 平面媒体 电视媒体 新媒体	创新(创业)计划 学生科研	模拟主持室(录音实验室)
熟悉我国新闻、宣传的政策法规	高素质、应用型	两个重点(课程建设与专业实践)		新闻采编实训 演播厅实训	平面排版实验室 电视节目编辑实验室
了解新闻与体育行业的发展变化	体育新闻专门人才	一个坚持(坚持正确的政治方向)		专业学术讲座	新媒体实验室(拟建)

在培养方案中需要落实的是在课程设计中如何体现我们的设计思路,在必修课的设计上,我们按照课程功能和衔接关系,设计出 37 门专业课程,分为学科理论课程和技术性实务课程,每一类课程都落实到一定的实践平台上,将课程和实践很好地整合起来。

如果专业必修课更多地体现出学科的特点和要求，选修课的设计则有更多的学院特色。我们考虑到学生专业发展的不同需要，对专业选修课以模块的形式，提供了三个模块，学生需要选择其中两个模块。具体安排如表4所示：

表4　首都体育学院体育新闻专业2013版培养方案选修课模块设计

平面媒体模块	电视媒体模块	新媒体模块
体育报道编译	电视节目制作	图片编辑与版面设计
体育新闻作品赏析	纪录片理论与实践	新媒体技术与应用
新闻策划实务	体育电影	网页设计与制作
公共关系学	演讲与口才	体育短片制作
出版概论	播音主持艺术	新媒体营销

2. 培养方案主要的创新点

首都体育学院体育新闻专业2013版培养方案的课程设计相比以前的方案有两点创新：

其一，设立了以新闻专业教师为主讲人的"运动项目分析"课程，课程有6个学分，分布在学生入校后的第一、二、三学期，共108个学时。课程以讲授运动项目的历史、文化、赛制、战术特点及报道策略为主，所涉及的运动项目包含了一些新近出现的小众项目，如马术、职业拳击、海钓等，这些课程的加入能为体育专业学生的体育项目学习提供更广阔的平台。

其二，为适应行业发展的需要，在多媒体融合背景下，确定了体育新闻专业的5门核心课程，明确了8类实践活动和6个实验室与课程的结合，划分了3个模块的核心课程群，其中新媒体方向的模块课程也为同学们学习和使用新媒体提供了方便。

地方高校广播电视学专业传播学教学中的项目制方法探析*

淮阴师范学院 蔡月亮 陈长松

传播学是国内各高校广播电视学专业的必修课程之一,作为前沿学科,传播学在广播电视学专业中的地位举足轻重,对学生的专业学习和职业生涯有着较大的影响。在当今社会,信息化和媒介融合时代的到来、学生主体意识的提升、社会对复合型应用型人才的培养要求都给传播学教学带来了前所未有的挑战,要求传播学教学必须适应这种变迁,适应学生的学习兴趣和需求,与时代和社会发展对接。

一、传播学教学实施项目制训练的背景

首先是信息化时代和媒介融合的挑战。在信息社会,大众传媒特别是新媒体让高校学生置身于信息海洋之中。在网络时代,课堂上人人都可以用手机上网,有时候教师还没讲完,学生已用手机通过搜索平台查找到答案了,这是对老师的巨大挑战。因而教师上课前必须做好功课,要了解清楚所要讲授的命题在互联网上有多少相关的资讯存在,在讲课的时候不仅要讲资讯,更要对资讯进行整合,通过实施项目制教学向学生展现分析问题的视角,提供分析问题的框架。

---

* 本文系淮阴师范学院 2011 年人才培养模式创新实验项目《项目制全方位训练》、2013 年江苏省高等教育教改研究立项课题《媒介融合背景下地方高校新闻传播类专业课程体系改革研究》(项目编号:2013JSJG131)阶段性成果。

其次是学生主体意识的提升和教学改革的需要。近年来由于 90 后大学生的个性意识、自我表达意识的凸显,学生对理论课的教学有了更高的期待,使得传统理论课的讲授面临挑战。基于这种背景,笔者所在学校在 2013 版《人才培养方案改革》中,立足学生的主体意识,强调提升学生的动手能力。一方面压缩理论课时数,进一步提升实践课时的比重;另一方面强化理论与实践课程的互动性,在理论课程中也设定一定的实践课时。因而传播学课程面临着转型,即要给学生创造讨论、表达和展示的平台,提升学生的学习兴趣,让学生全面参与到课堂学习中去。

再次是复合型应用型人才培养的需要。作为地方高校,广播电视学专业教学应立足于"分层次、厚基础、宽口径、开放式"的要求,培养服务地方经济和社会发展需要的应用型人才。广播电视行业作为一个集体事业,要求从业者具备团队意识和素质,在工作中具有凝聚力、执行力和生产力。为适应这种需要,在专业课程教学中要实施团队合作训练,让学生学会调动团队力量完成项目作业,能够有效地培养学生的团队意识和合作能力。

二、项目制训练在传播学教学中的实施

项目制教学法是根据美国大中小学倡导的"基于项目的学习"的学习模式提出的一种教学方法。"基于项目的学习",是"以学科的概念和原理为中心,以制作作品并将作品推销给客户为目的,在真实世界中借助多种资源开展探究活动,并在一定时间内解决一系列相关联问题的一种新型的探究性学习模式"[1]。它最早起源于 20 世纪 50 年代的美国,在中小学中被广泛运用,后来在大学的建筑、工程、商业、法律等专业教育中也普遍推行这一模式。从学习活动方面看,"基于项目的学习活动由三大要素构成:问题的选取和设计、团队的合作以及学生的反思"[2]。

笔者所在学院承担了学校人才培养模式创新实验项目"项目制全方位训练",基于此,笔者在"传播学概论"课程教学中实施了项目制教学,在学生中产生了较好的反响。笔者以林志颖的"小旋风"符号分析为例,在传播学教学中实施项目制训练,大体的过程如下:

首先是项目课题的选择和评审。在传播学课程学习之初,教师对近两年来国

---

[1] 刘景福、钟志贤:《基于项目的学习(PBL)模式研究》,《外国教育研究》2002 年第 11 期。
[2] 王济华:《"基于问题的学习"(PBL)模式研究》,《当代教育理论与实践》2010 年第 3 期。

内新闻传播热点事件进行梳理,对照传播学的实务研究领域,结合课程的学习重点,确立了如下选题由学生选择作为项目课题:受众分析(陈欧体现象)、内容分析(港台明星报道、扬州城市形象宣传片)、效果分析("喜羊羊"与"灰太狼"现象、央视新春走基层报道)。项目课题确定之后,每组派一名代表在课上说明选题内容,阐述选题价值,陈述选题的实施细则、存在的困难等,并请同学们对选题逐一论证、评审,根据论证结果确定项目的最终实施方案。如此,项目选题可以有效实施,也能确保项目方案的如期完成。

其次是项目方案的实施。项目方案的实施是项目制训练的核心环节。林志颖的"逆生长"现象引发媒体关注,也成为学生讨论的热点。其中一个小组对此抱有极大的兴趣,就此展开讨论他们所关注的港台明星,发现媒体的报道总是冠以固定的称谓,这些称谓在某种程度上反映了明星的特定风格,成为这些明星的符号,"小旋风"就是林志颖的媒体符号。该小组经过讨论决定以符号学理论(象征性文化与现代社会)来解读此选题。小组成员回顾了符号学相关理论,分工搜集了林志颖的相关作品(MTV《十七岁的雨季》、电影《旋风小子》片段、"亲亲果冻"广告)、新闻报道(《"高富帅"林志颖20年未老 曝逆生长秘诀》《林志颖——疯狂赛车手》《林志颖获旧金山市长颁国际杰出青年奖》)。通过对上述资料的整理和分析,得出林志颖的媒体标签:偶像歌手、逆生长、赛车手、职业经理人、杰出青年、公益大使。同时,小组成员采访了同学们对林志颖的印象,受访同学给出了答案:很棒的歌手、很高的人气、不老的神话、著名的赛车手、很出色的企业家等。上述资料分析和采访印证了鲍德里亚的论断:"现代社会的消费实际上已经超出实际需求的满足,变成了符号化的物品、符号化的服务中所蕴含的'意义'的消费"[①],由此,小组成员对林志颖的符号意象进行了全面的解读。

再次是项目汇报、总结与成果提交。在资料整理分析和采访的基础上,学生形成一份系统的PPT方案,选择表达能力出众的同学在课堂上汇报展示。项目图片、文字和视频材料引发了同学们的极大兴趣和热烈讨论。项目汇报后,教师向项目组同学提出问题:林志颖的身上有哪些象征意义?由此引导学生进行思考,分析林志颖的符号意义:青春、活力、智慧、欲望、慈善,对"小旋风"这个娱乐符号有了一个比较系统的认知。到此项目告一段落,但是讨论并没有结束,教师继续引导学生

---

① 引自郭庆光:《传播学教程》,中国人民大学出版社2011年版。

思考2013年华语乐坛热门歌手和乐队组合,如林志炫、张国荣、凤凰传奇、Beyond等明星的符号意义,符号学理论在潜移默化中被学生理解和掌握。汇报结束之后,要求学生根据上课的讨论和建议,继续修改和完善项目报告,最终提交总结报告,同时上交相关的项目材料。

三、对传播学教学实施项目制训练的思考

(一)项目选题应指向实务领域,贴近学生生活,能引发学生兴趣

一般而言,实践性课程采用项目制方法更能引发学生的兴趣,而理论课程则面临着操作困难、学生参与不足等诸多困难。因此,在传播学课程导入项目制方案,首先要把好选题关,要挑选贴近学生生活、能引发学生兴趣的实务选题。在笔者2013年的项目教学中,扬州城市形象宣传片的符号学解读专题引起学生的极大关注。对江苏的学生而言,扬州是再熟悉不过的城市,烟花三月、二十四桥明月夜、瘦西湖、淮扬菜都是耳熟能详的,当汇报展示《2013扬州城市旅游形象宣传片》时,大家细数扬州的山水、历史典故、人情风貌,通过讨论加深了对扬州"品质扬州、精致扬州"城市名片的理解。这样的选题贴近学生生活,指向传播学的现实应用领域,学生在舒服的感觉中讨论交流,每个同学都有话要说、有话可说,在互相应答、循环不休的学习过程中,课堂学习效果达到了最大化。

(二)项目方案切口要小,具有可操作性

对于本科教学而言,学生的理论知识有限,分析和动手能力也相对薄弱,因而在传播学课程中实施项目制训练,选题切口一定要小,让学生能够做得下去。如央视新春走基层是春节期间一个特别的传播现象,以此作为一个项目,在项目启动之前,教师要求学生在央视官网查找"路人丢失钱物"这个现象的报道:《打工青年万余工钱当街失落之后》《新春走基层:四万多元钱街头散落之后》《凡人善举:浙江,九万现金路人捡拾全归还》。学生分析新闻,揭示出拾金不昧的主题,认为这些新闻从深层次反映了社会主义核心价值观念:诚信、友善,这正是培养理论关于社会传播的基本观念:大众传媒是"故事讲解员"和"熔炉",可以在全社会建立共识,构建社会共同体。选择这样一个特定现象,要求学生分析走基层报道的主题,让学生有了操作的可能性。

(三)项目团队需要优化组合,突出学生多种能力的培养

作为团体作业,传播学项目团队应由分别精于资料检索与整理、调查采访、思考分析、课堂表达等不同能力的同学组成,通过项目训练提高学生课堂学习的主体意识,培养学生的综合能力。以"喜羊羊与灰太狼"专题为例,该小组实施了科学的团队分工,分别搜集了"喜羊羊与灰太狼"系列电影、新闻报道,在人人网上发起对江苏省内外数十所高校学生关于"喜羊羊与灰太狼"现象的讨论,在街头采访了小学生、商贩、出租车司机对"喜羊羊与灰太狼"现象的认知,项目汇报以视频剪辑的形式呈现,从信息环境的环境化视角解读了"喜羊羊与灰太狼"在社会中的流行与风靡:大众传媒的报道和传播,让"喜羊羊与灰太狼"成为社会热点,其中突出的影响是儿童的模仿和白领的推崇。更为可喜的是,学生通过采访搜集到一些有意思的结论,如"灰太狼也算是狼中的一条汉子,有房有地有家产,骂不还口打不还手,新好男人典范"(南师,女);"女生越来越懒惰了呗,自己不想努力只想嫁大叔被照顾"(复旦,女);"也不能完全失去原则地妥协,男人嘛,尊严跟底线还是蛮重要的"(苏大,男),这些结论拓展和加深了大家对"喜羊羊与灰太狼"现象的理解,展现了一定的创新意识。该小组通过项目训练锻炼了资料搜集、分析和总结的能力、调查意识与采访技能、对项目选题的驾驭与控制能力、团队合作与思维创新能力,对广播电视学的后续专业课程如"社会调查与统计分析""新闻采访与写作""电视摄影与剪辑"等的学习也是一个很好的铺垫。

(四)教师要强化对项目的管理、驾驭和评价,确保课堂教学高效和精彩

项目制训练的目标在于培养学生的主体意识、团队意识、创新意识,促进学生知识、能力和素质的协调发展。这对教师提出了较高要求,教师要成为一个管理者、裁判员和驾驭者,要以项目为驱动激发学生学习的积极性,使学生有收获、有成就感。为此教师要加强对项目的管理,通过谈话、小组抽查等形式了解项目推进动态,及时沟通和交流,督促学生实施好项目的每个环节。教师通过学生的项目汇报能够有效驾驭和控制节奏与进度,对学生的汇报有较高的概括与评价能力。同时要将项目成果纳入期末成绩的考评中,加大权重比例,调动学生的积极性和参与热情。总之,通过项目教学,激发学生展露自己的个性,让学生在自我发现中云表达、讨论,在这个过程中不断有新的观点被激发出来,思维和智慧得以碰撞交流,课堂教学也就会变得高效和精彩。

媒介融合背景下地方高校卓越传媒人才培养模式探析

武汉纺织大学　荣建华

一、背景和意义

（一）研究背景

自20世纪90年代起，中国新闻教育进入了一个高速度、大规模、多元化发展的时期。截至2011年，全国开办传媒类本科专业的高校有736所，传媒类专业教学点1977个，在校学生超过15万。但是，新闻专业的超常规发展也带来了师资力量薄弱、教学投入不足、学生动手能力弱、供需存在矛盾等诸多问题，尤其是20世纪90年代后期以来媒介融合的出现，使得新闻教育滞后于时代要求的矛盾日益凸显。由于多媒体技术和互联网的发展，传统的传播方式和媒体格局发生了巨大变化。为了能在数字化时代生存下去，各种媒体开始取长补短，进行融合，走上媒体融合之路。在媒介融合时代，对从业人员从技能到知识结构直至各方面素养，均有较高的要求。而我国当前各高校的新闻传播教育，主要是面向传统媒体培养新闻人才，因此新闻教育必须从教育理念、教学内容及教学手段等方面进行改革。

各个高校在开办新闻传播学专业时，都力图办出自己的品牌和差异性的特色。厦门大学新闻学院的陈培爱教授认为："一个学生就是一个品牌。"在我国高校的新闻传媒院系，因为办学条件不同、生源层次不同、学校定位不同、办学资源不同、教师学源不同，客观上存在着差异性，存在着各自的专业特点。正确把握自己的特点和优势，尝试特色专业建设方式和发展模式，是各个高校新闻传播专业的必由之路。武汉纺织大学作为一所地方高校,其新闻传播类专业是立足纺织服装背景和传统的工科平台创建起来的,至今已有近15年历史。

长期以来,我国新闻传播学专业设置的整体框架是以传统媒体的人才需要为基础的,比如传统的新闻学专业主要为报刊、通讯社培养记者编辑,而广播电视新闻专业主要为广播电视机构培养人才。随着新媒体的兴起以及传统媒体的数字化转型,传媒间的介质差异正在被打破,这种按媒介种类设置的专业方向和课程体系已经不能适应媒介发展的现实需要。在媒介融合导致传媒业日益与通讯业融为一体,新闻与公关、宣传、广告越来越难以泾渭分明的今天,新闻传播教育的"大传播化"趋势已不可避免。从国家人才需求来看,媒体对人才的要求更加"复合化",要求从业者不仅要懂新闻与传播,还要懂技术和艺术。媒介融合时代,学科之间的壁垒和樊篱必须拆除,致力于学科间的融合和共同发展。我国传统的新闻传播教育,招收的都是文科学生,普遍缺乏理工方面的科学知识,这显然不适应现实的需要。因此新闻传播教育要调整人才培养计划,进行课程改革。本课题研究的目的,就是要对专业的培养目标、模式进行定位,对课程教学的内容和方法进行创新,对毕业设计模式进行探索,由此培养跨媒体、跨学科的"文、理、艺"交叉融合的新闻传播人才。新闻专业不仅仅是学新闻,还要学习其他学科的专业知识,这种做法已成为国际上的一种趋势。美国历史最悠久的新闻教育机构密苏里新闻学院早已有类似改革,其新闻学士学位要求毕业生的新闻专业课学分仅占总学分的33%,其余70%左右的学分必须从文、史、哲、商、法等其他学科内选择。2006年美国哥伦比亚大学新闻学院开始实施一个新的课程计划,学生可以用更多时间获得其他领域的专业知识和经验,比如科技、经济、环境、管理工程以及艺术,也可以专攻一些领域如城市社会学和国际事务等,并可以获得双学位。

基于此,本课题力图达到如下目的:

第一,解决人才培养定位与特色的问题。

笔者所在的武汉纺织大学新闻传媒类专业是在以纺织服装为背景的工科院校中创立的,其学科资源有自己鲜明的工科特点。一是有纺织机械、工业设计等工科专业,有优良的师资和充足的设施设备;二是学校原有的拳头专业是服装艺术设计专业,学校有浓厚的校园艺术氛围和一大批专业化的师资,各类艺术作品展、服装表演经常在学校举行。作为一所工科院校,要想后来居上、办出有自己特色的高水平新闻传播专业,就必须正确把握自己的特点和优势。本研究就是力图依据本校办学资源对自己的新闻传播专业的培养目标、内容、方法进行发现、定位与创新,找到一条适合自己的专业发展道路。

第二,解决人文、技术与艺术割裂的问题。

从国家人才需求来看,媒体的人才要求更加"复合化",媒介融合时代,学科之间应致力于融合和共同发展。华中科技大学在全国首开理工科学校创办新闻专业的先河,该校的特长就是"交叉",一直坚持人文学科的交叉教学与人才培养。[①] 该校早期依托华中科技大学的工科资源发展文工交叉,后进一步发展人文交叉,在学生们大一、大二开设共计24个学分的文科课程,涉及社会学、历史学、文学、哲学等科目,提升学生的人文素养。现在更是进行专业课程交叉,从教学方法和教学实验上加以创新,增加学生的复合能力和多媒体就业的适应能力。

第三,解决新闻传播专业设置过窄、知识结构单一的问题。

开展专业教学创新,探索媒介融合背景下的新闻传播专业人才培养模式。我国传统新闻教育的培养目标简单而又明确:主要是为了报纸、广播、电视等传统媒体的采、写、编、播工作的需要,通过专业知识的讲授、职业技能的训练,培养新闻传播的专业人才。随着信息社会的到来和传播科技的进步,传播媒体的科技含量增大,光靠一张嘴和一支笔当不了记者和编辑;同时,现代社会信息传播活动更加丰富多彩,传统的纯新闻专业已不适应形势的需要,促使我国新闻传播教育理念的重新认定:以大传播的视野,将人文、社科与电信、计算机等信息学科进行大跨度交叉,营造一种独特的文理交融氛围。我国传统的新闻传媒教育,招收的都是文科学生,学习的也都是人文的课程,普遍缺乏理工方面的科学知识,这显然不适应现实的需要。据调查,北京、上海、广州等经济发达地区的传媒产生紧缺的是复合型新闻人才。中国国际广播电台台长王庚年指出:"媒体之间的竞争,归根结底是人才的竞争,既然我们形成了向国际现代综合传媒发展的思路和共识,我们就需要优秀复合人才的支撑。为了适应事业的发展,急需门类齐全、数量充足、结构合理的优秀人才队伍。于是,从2006年开始,我们积极拓展国内和国际人才渠道,着力引进外语水平高、能适应全球媒体竞争的国际人才,精通新闻业务、熟练掌握新兴技术的复合型人才,能够比较全面地了解和把握对象国的政治、经济、文化和社会发展的高端型人才,并通过积极引进、大胆使用、深度开发、严格考核、有效激励等系列

---

① 荣建华:《中国媒介素养教育论》,中国社会科学出版社2011年版。

手段,使人才队伍规模得以壮大,结构得到优化。"①

第四,解决本专业教学领域理论与实践"脱节"的问题。

新闻传播是应用型的学科,实践性极强。新闻传媒业又是一个快速发展变化的行业,行业需要的是能将理论运用于实践,并且能为社会创造价值的人。从全国来看,专业与学生数量膨胀,教学与实践脱节、学生实践技能不强,理论与实践兼备的师资短缺等问题较为突出。新闻事业蓬勃发展,而新闻理论教材却一直变化很少,传统体例、内容以及案例仍然占有相当比重。由于种种原因,构成理论新闻学、历史新闻学和实务新闻学的核心课程未能将快速发展的业界实践成果和日益深入的学界探索成果及时充实到课程体系之中。目前,新闻理论明显滞后于千变万化的社会现实。在媒介融合的环境下,新闻教育不仅需要从教育理念、教学内容等方面进行改革,还需要在教学实践方面进行革新,加强实践教学。

(二)研究意义

本研究解决了在新媒体时代,地方院校新闻传媒类专业的培养模式和专业定位的难题。在理论上,解决新闻传播专业设置过窄,人文、技术与艺术割裂的问题,探索地方纺织院校新闻传媒专业人才培养的教学理念和教学方法的创新;在实践上,解决理论与实践脱节的问题,进行卓有成效的改革和创新,提高学生的实践技能和适应社会的就业能力,取得了一些有价值的、值得借鉴的成果,其效益是明显的。

二、关键措施和特点

(一)人才培养定位体现特色,强调融合性

专业的培养目标定位是人才培养的指南针,它涉及课程体系的开发方向、教学方法的改革与创新方向以及毕业设计模式的探索方向。前几年,我们模仿的是重点大学文科新闻与传播专业的模式,经过几年的发展以后,我们应该找出自己的特色和优势来,分流发展。我校的新闻传媒类专业是在以纺织服装为背景的工科院校中创办的,为发挥出我们的工科特色和后发优势,我们将这个新的专业培养目标

---

① 辛欣、雷跃捷等:《中外新闻传播教育发展研究》,中国传媒大学出版社2009年版。

定位为"文、理、艺交叉融合","一主多元"的复合型新闻传媒人才培养模式,即以新闻传播学为主体,人文艺术与科技并重,多个培养方向,如广播电视方向、网络传播方向、广告方向等,突出时尚文化与视觉传播。

(二)培养方式重应用,突出实践性

建构以发展新闻传播学科能力为主的复合型人才培养模式研究。在"文、理、艺交叉融合""一主多元"的复合型新闻传媒人才培养模式下,新闻传播专业在教学改革与创新中去实践这种定位理念,开发出"实践式、参与式、竞赛式、互动式、参赛式"教学设计模式与创新方案,即借用新闻传媒单位的模式组建4~5人的工作室,模拟实战运作方式进行学习。每位同学承担一个职位,负责一门专业课程设计的组织,通过组间竞争、发挥学生的求胜心充分调动每一个学生的学习积极性;课堂上开展学生与老师、学生与学生之间的提问与答辩;支持与指导学生参加国内各种赛事,提升学生的专业能力。

(三)课程设置体现"一主多元",强调跨媒体

伴随着数字技术与网络传播的发展,新闻传播在媒介融合的基础上正在发生一场深刻的变革,"融合新闻"(Convergence Journalism)就是这场变革的关键词。在媒介融合的背景下,未来的传媒工作者应掌握全面的多媒体技能,能够同时承担文字、图片、音频、视频等报道任务,为多种不同媒体提供新闻作品。因此我们重视数字媒体技术类课程的教学改革与创新,进行文理交叉与渗透;加强非线性编辑、网页设计、新闻摄影与摄像等课程的建设,提高学生运用信息技术的水平和能力,充分发挥我们拥有的工程技术优势;增加新闻信息传播中的信息技术含量,进行专业教学创新。由此,将技术类课程与新闻传播专业结合起来,让学生拥有一个复合型的知识结构。打破传统的文理工分野的局限,建立信息技术类、人文艺术类和新闻传播类三大模块合理配置的格局,培养跨媒体、跨学科的"文、工、艺"交叉融合的新闻传媒人才。

(四)按大类招生,强调跨学科

按大类招生的目的是让学生具有更好的跨学科的视野和思维,是对媒介融合型人才需求的回应。"一主多元"的专业培养方向定位要求生源的多样化。从2009年开始,我校新闻传媒类专业在招生中实行文、理兼收,按大类招生。根据我

们"一主多元"的专业培养方向定位,让学生在学习到一定阶段以后进行方向分流,如分为广播电视方向、广告方向、网络传播方向等。学生在一年级学习基础课,强调宽口径、厚基础;到二年级以后,可根据个人兴趣、学习专长和从业意愿选择专业方向进行分流。

(五)实行"1+1+1"毕业设计模式,强调理论与实践的紧密结合

新闻传播专业对于复合型人才的培养,除了制订科学的教学计划、设置合理的课程体系和教学内容外,还必须狠抓大学生毕业论文和毕业设计。大学生毕业论文和设计是专业教育的重要环节,是对学生大学四年学习的总检验,是学生步入社会之前的综合考核与能力培养,其目的在于培养和锻炼学生运用基础理论、基础知识和基本技能解决实际问题以及进行科学研究和综合设计的能力。我们在毕业设计的改革与创新中摸索出了"1+1+1"的模式,即1篇专业理论毕业论文,1个策划方案,1个作品。这种方法既沿袭了文科专业毕业论文的模式,又采纳了工科专业的课题式毕业设计模式,同时还借鉴了艺术类专业作品式毕业设计模式,并且将它们组合成一个相互渗透有机联系的整体。这种"1+1+1"的毕业设计模式既训练和考核了学生的理论研究水平,又培养和锻炼了学生的策划与创意表现水平,坚持了大学专业教育与市场需求的结合、理论与实践的结合、知识与技能的结合、动脑与动手的结合。

三、成果推广应用效果

我们的研究是为解决目前新闻传播专业发展中存在的问题,具有理论研究与实践操作的双重意义与价值。我校新闻传媒专业是在工科背景的院校中创办的,为发挥出我们的工科特色和后发优势,本课题从新闻学和教育学的基本原理出发,以我校新闻传播类专业为典型案例,把传统的新闻传播学科—工程技术—艺术设计结合起来。以大传播的视野,将人文社科、艺术与电信、计算机等信息学科进行大跨度交叉,营造一种独特的文理交融氛围;以新闻传播学的理论和方法,用现代传播手段,建构一种良好的学理教育与技能训练学习环境,培养复合型的新闻传播人才。

(一)进一步完善了卓越应用型人才的培养体系

为进一步完善卓越应用型人才的培养体系,学校成立了由校内外专家学者和

业界精英组成的专业建设专家委员会,共同研究制定人才培养方案、课程体系并探索教学内容和方法、改革手段,共同担任专业课程和实践环节的教学任务。学校先后实施了"传媒人才培养模式创新实验区"和"卓越传媒人才试点班"。我们在课程改革上贯彻大跨度及学科交叉的理念,打破传统的文理艺分野的局限,建立信息技术类、人文艺术类和新闻传播类三大模块合理配置的格局。在选修课方面,根据学生兴趣爱好进行课程模块组合,将不同专业类的课程进行打包,学生可以根据需求进行自助餐式"点菜"。此外,加大实践教学的比重,推进实践教学的基地化,与湖北日报传媒集团等媒体共建实践教学基地。

(二) 培养了学生的创新精神和实践能力,提升了人才培养质量

跨媒体、跨学科,人文、科技与艺术"三合一"和"一主多元"的融合型新闻传播人才培养模式有利于培养出适应市场和职业需要的应用型新闻传播类人才。近年来,学生在媒体实习由原来的媒体勉强接收实习变为实习后直接被媒体录用。新闻传播类专业建设了具有稳定协作关系的实践教学基地包括湖北电视台、湖北日报传媒集团、新华社湖北新闻信息中心等媒体,建有校外实习基地15个。2011年4月至2013年9月,学院分三批共选派近60人前往湖北日报传媒集团、人民网湖北频道、武汉电视台等多家媒体实习,学生专业素质受到好评,并有多人被录用。2007届毕业生崔鸿生在恩施电视台工作仅半年即成为业务骨干。时任湖北日报集团董事长江作苏来我校考察时高度赞许,他说:"培养具有人文底蕴、科技含量、艺术素养、国际视野的复合型传媒人才,武汉纺织大学传媒学院作出了有益的探索和创新。"

传媒专业学生实践能力增强,成为校内宣传的中坚骨干力量。新闻传播专业学生以其扎实的专业功底成为校内广播台、校报、网站等媒体的骨干力量,武汉纺织大学一系列宣传片:党员标兵宣传片、50年校庆宣传片、科学发展观宣传片、校更名宣传片等都全部由我校传媒学院学生拍摄制作完成。广播电视新闻学专业2005级学生彭阳慈航获全国校园DV摄影作品展摄影组一等奖;2006级学生余鹏于2009年在《光明日报》《科技日报》《中国纺织报》、光明网、新华网、中国教育新闻网、《中国纺织》杂志等中央、省级媒体发表新闻稿件近90篇,成为校园优秀"新闻人"。较好的综合素质和专业功底为学生们创造了进一步深造的机会。学生研究生报考率为78%,上线率为21%;2008年至2013年,有40多名学生考

取重点大学研究生,其中 6 名学生分别考取了中国人民大学、北京大学、中国传媒大学的研究生。

(三)形成了一批产学研合作教研成果

2012 年 5 月,武汉纺织大学与湖北日报传媒集团签署战略合作协议,此次合作内容不仅涉及湖北纺织业发展、文化发展、跨媒体转型发展三个方面的发展战略研究,还包括以指导学生参与办报办网办刊、为学生专业实习提供条件、开展业务骨干互聘和挂职锻炼等形式培养高层次人才。双方还将发挥各自优势共同成立跨媒体数字传播创意研发中心,开展新技术、新业务合作。武汉纺织大学传媒学院还与湖北日报传媒集团联合创办"传媒论坛",聘请资深编辑、记者轮流举办讲座。近几年来,课题组成员主持或参与完成了与该项课题内容相关的教学研究项目 4 项,其中,武汉纺织大学教研课题 2 项:"文理交叉培养复合型新闻人才模式研究""研究型教学在融合新闻人才培养中的应用";湖北省教研课题 2 项:"跨媒体、跨学科视野下的融合型新闻传媒人才培养模式研究""新闻传播类课程改革与教育信息化研究"。其中,省级教研项目"跨媒体、跨学科视野下的融合型新闻传媒人才培养模式研究"获 2013 年中国纺织工业联合会纺织教育教学成果奖三等奖。近几年来,课题组成员还出版了《中国媒介素养教育论》《战后美国新闻与大众传播教育研究》等 4 部相关著作,发表了相关教研论文 18 篇,其中,《中国媒介素养教育论》获得 2012 年湖北省第七届优秀高等教育研究成果三等奖。

武汉纺织大学新闻传播教育创办十几年来,根据学校自身特色和教育基本规律,不断创新人才培养模式,把传统的新闻传播学科—工程技术—艺术设计结合起来,构建地方工科院校新闻传播类专业"文、理、艺"交叉的复合型人才培养模式。该成果得到了教育部新闻学教学指导委员会副主任、中国传媒大学传播研究院院长雷跃捷教授的充分肯定,并多次对外推介。法国巴黎第八大学超级媒体系主任阿泽玛教授高度评价我院的教学创新与研究成果,并签订了长期战略合作协议。我院先后接待上海理工大学等多批校外同行来院学习交流,其社会影响正在不断扩大。今后我们将在实践中不断总结,以丰富和完善我们的改革成果。

高校文化创意人才培养质量保障体系的构建

浙江传媒学院　史　征

文化创意产业有着知识密集、技术密集、信息密集、人才密集的特点。在当前传播技术不断进步、新兴文化创意业态不断出现、产业结构不断调整、各种知识不断更新的情况下,文化创意产业人才显得尤其重要。当前,文化创意产业人才奇缺,已经成为制约我国文化创意产业发展的最大瓶颈。文化创意产业的发展离不开文化创意产业人才的支撑,培养具有认识、开发、经营文化资源的眼光、魄力和能力的人才是关键。要振兴文化创意产业,必须尽快着手文化产业教育体系建设,建立符合文化创意人才培养特质的教学质量保障体系。

一、文化创意人才培养与文化创意产业发展

文化创意产业是从事精神产品生产的产业。因此,同其他行业相比,它不是单纯固定资产的积累和原材料的投入,而是更注重于人力资本的投入及人力资源的开发。目前,一些高校也已经意识到设立文化产业专业和相应研究机构对社会急需人才培养的重要意义。北京大学、上海交通大学建立了文化产业研究基地,北京师范大学、云南大学、上海社会科学院成立了文化产业研究中心,教育部还首次批准了山东大学、云南大学等四所高校创办文化产业管理类本科专业。但一方面,在我国文化创意产业人才培养体系中,整体数量不足,学历教育与非学历教育相结合、素质培训与技能培养相结合、专业培养与短期培训相结合等方面还存在一定欠

缺,特别是复合型的人才培养不足。① 由于我国文化创意产业将直接应对国际挑战所面临的技术、产品、市场压力,更凸显了专业性人才短缺和不足。既懂文化又懂经济,既懂开发又懂市场,既懂产业又懂法律,既懂国际贸易又懂市场运作的外向型、创新型、复合型、协作型人才在文化创意人才领域难得一见。另一方面,发展速度过快导致教育质量下降。随着开设文化创意产业专业的院校不断增加,文化创意产业管理专业在综合类、理工类、艺术类、师范类、财经类、政法类院校遍地开花。我国文化创意类专业的扩张,一定程度上适应了文化创意产业迅速扩张的需要,但一些高校缺乏质量和效益意识,盲目追求数量目标和经济利益,甚至影响到我国文化创意人才培养现有的基础。

二、教学质量保障体系建设是文化创意人才培养的必要条件

越来越多的人士开始接受"高等教育是一种特殊的服务性行业"这一观点。从这个意义上分析,高校文化创意人才的培养质量管理与一般的产品质量管理相比,既有共性的一面,也有其自身的规律。科学、合理地运用质量标准的基本理念对高等学校创意人才培养的教学质量管理有极为特殊的借鉴作用。高校的主要功能就是向顾客提供优质的产品和服务,高校的顾客一般包括学生、家长和社会用人单位。因此,可以把学校开展的一切创意人才培养教育活动视为一种服务活动,使师生关系变为服务与被服务者的平等关系,把学校的各项工作看成一个服务链,以学生为服务中心,一环紧扣一环,以严格的标准和高度的执行力保障教学和人才培养质量,最终将优质的创意人才教育教学服务提供给学生。对内,学校与学生通过一定的渠道相互传递信息,了解学生的学习需求和期望,从而有针对性地满足学生多样化和多层次的需求;对外,高校要了解家长和社会用人单位对人才培养模式、规格及类型的需求,在学科专业等方面采取合理的有针对性的构建和改造,从而满足社会各界对创意人才培养质量的需求。

根据 ISO 9000 系列标准 从文化创意培养教育所提供的知识形态的产品来看,它们在内容上,具有专业性、系统性、联系性、动态性的特点;在提供的形式上,主要通过授课、实验、实习、讨论等体现,具有多样性;在课程策划、设计、安排、教学

---

① 汪振军:《高校文化产业学科定位与学科创新》,《深圳大学学报》(人文社会科学版)2010 年第 5 期。

等过程中提供的组织形式上既有团队合作,又有个人独立作战,具有不确定性;在学生创意能力和创意水平提高的组织管理上,具有多部门或人员的介入性;在学生创意素质和质量评价上可以从企业、专家、教师、学生等不同方面进行,具有多角度性。总之,高校文化创意人才知识的形成是一种比较分散的、非程序化的生产方式;其产品的质量不仅难以进行直观检测,而且作为直接服务对象的学生由于各种原因难以准确进行评价。① 鉴于上述种种特点,创意人才培养存在的问题有:创意人才教育教学质量管理相对较为松散,没有形成严密的程序或体系;与人才培养目标匹配的课程体系的策划、设计、开发存在盲目性、主观性和评价的片面性。要想保证和提高文化创意人才的教育教学质量,必须实施对培养过程全程、规范的管理;特别是建立一个基于创意特质的完整科学的质量保障体系,对于全面管理、监测和改进文化创意人才培养质量是非常必要的,它将有助于教师和员工将各项工作纳入"纲举目张"的质量保障体系之中。学校通过系统的质量保障体系的实施,将分散的工作有效地组织起来,使非程序化的工作转变为程序化的工作,从而保证文化创意知识产品从策划到开发、传播、教学、互动实现都得到充分的论证、研究、评审、验证。

三、文化创意人才培养的特质呼唤创新教学质量保障体系

创意人才的培养具有其内在特征与规律。首先,创意人才特别需要独立思考、破旧立新、异想天开、无中生有的精神和勇气,以及创造性的学习能力、观察能力和思维能力。"创意教育"的第一教育对象是教师。要培养学生的创意思维、创意能力并建立新的学习方式与思维方式,首先是作为教育者的教师必须具备与"创意教育"相适应的创意思维、创意知识和创意能力,然后才能更好地教育学生怎样学会创意并养成创意的学习方式与思维方式。新加坡国立大学为了提升创意教育,提倡所谓"无墙文化",即思维不设墙、概念不设墙、人才不设墙,以及知识的发掘、转移和应用不设墙。这就是一个空间的问题。其次,创意人才培养特别需要空间,尤其是观念与制度的空间。空间大,包容度就大,能够容得下各种奇思妙想甚至是一反常态的颠覆性构想,而不是创意的苗头一出现就被墨守成规的裁判者一手扼杀

---

① 张虹:《引入 ISO 9000 系列标准 建立高校质量管理体系》,《北京联合大学学报》(自然科学版)2003 年第 4 期。

了。再者,创意人才培养还需要空间净化的问题,社会机体大面积存在群体性浮躁与浮华以及与此伴生的学风颓丧和学术溃疡现象,如果低水平重复甚至辗转抄袭的学术垃圾占据了太多的空间,必然会带来严重的"空气、土壤和水源污染",创意的幼芽就会窒息。

文化创意人才培养的特征将对现行的教育体系带来挑战。现行的学科分类形式适合于传统的以持续积累为特点的知识,也适合于随着科学进步不断分蘖的现代知识,却不适合于横向跨越、相互融合、彼此渗透的新知识。在高度建制化的知识系统中,非专业化是与大学的人才生产机制不相容的。[1] 如果存在于一个缺少思想探索的空间,缺少参与社会行动的勇气的氛围中,无论是教师还是学生都容易滋生庸人气息和犬儒主义,个性和创造性容易被稀释,课堂没有磁性,课程学习没有兴奋感,考试仅仅作为一个固化的评价系统,这个系统越定越严,考试内容越来越死板。文化创意人才培养模式与现有教学管理体制的种种碰撞表明,有必要构思一个符合文化创意人才特质的教学质量保障体系。

四、文化创意人才培养质量保障体系运作的关键要素

1. 全员参与是文化创意人才培养质量目标实现的重要基础

全员参与是质量管理体系有效运转且行之有效的重要基础,也是质量水平能够实现不断改进的保障条件之一。ISO 9000 标准体系的建设理念告诉我们:各级人员都是组织之本。只有他们的充分参与,才能使他们的才干为组织带来收益。文化创意人才培养质量水平的高低并非完全取决于教师一方,而是与人才培养相关的各部门、各环节全部业绩的综合反映。任何一个环节、任何一个人的教学质量、工作质量、服务质量、保障质量都会不同程度地直接或间接影响到文化创意人才培养的质量。[2] 因此在构建文化创意人才培养质量保障体系时,要让每一位教职工了解自身贡献对于文化创意人才培养乃至文化创意产业发展的重要性以及认清自身在人才培养目标实现过程中的角色,包括职责、权限、工作内容及要求等,同

---

[1] 邱邑亮、杨国豪:《大众化时期高校质量保障体系构建的思考》,《集美大学学报》(教育科学版)2004 年第 4 期。
[2] 简世德、邹树梁、付孝泉:《高校 ISO 9000 教学质量管理体系的构建理念与运行步骤》,《黑龙江教育》(高教研究与评估版)2005 年第 7~8 期。

时接受所赋予的权利和职责并解决各种问题,同时,根据自己应承担的目标评估其业绩,从而通过有效地识别教职工在得到承认、工作满意和个人发展等方面的需求和期望,确保最大限度地调动教职工的参与意识和主观能动性,引导他们自觉主动地关心教学质量,做好本职工作,进而保证全员参与教学质量管理。

2. 有效领导是文化创意人才培养目标实现的动力和保证

ISO 9000 标准体系建设方针指出,文化创意人才培养机构的领导要确立本组织统一的宗旨和方向,创造并保持使教职工能充分参与实现组织目标的内部环境,这是文化创意人才培养质量管理成败的关键。它强调有效的领导是落实文化创意人才培养质量管理原则的根本保证,是实现人才培养质量管理目标的原动力。因此,相关院系领导在执行落实文化创意人才培养质量保障体系的工作中要将目光聚焦于如何创造促进人才培养目标实现的工作环境和人文环境。要根据专业的性质和特点,为确定质量方针和质量目标,以前瞻性眼光、超前的意识和行为,制定措施,狠抓各个环节、各类人员的工作落实,创造并保持良好的能够使广大教职工、学生充分参与、提高教育质量的内部环境。同时还要充分展示并发挥自己的人格魅力,通过自己的非职务性影响力,努力营造一种以人为本、团结民主、积极进取、争创上游的组织文化氛围。

3. 持续改进是不断提高文化创意人才培养水平的有效机制

ISO 9000 标准体系以满足顾客不断增长的需求为目标。持续不断地改进工作质量的循环活动,与"以顾客为关注焦点"这一原则相呼应。因此,持续改进文化创意人才培养质量应当是一个永恒目标。在文化创意产业大发展时代,社会对员工的知识结构,尤其是创意创新能力有了越来越高的要求,学生、家长和社会也越来越关注高校文化创意人才的培养质量,只有不断地进行质量改进,才能适应这种需求的变化。高校必须把分散在各部门、各环节的质量保障活动联结起来,互通信息、协同动作,组成一个高效严密的质量保障有机整体,并且始终按照"计划—实施—检查—处理"的管理循环不停、周而复始地运转。有了这样一个自我完善、自我发展的机制,方可不断增强学校的生命力和发展后劲。

4. 文化创意人才培养的全过程都需要质量体系的保障

根据 ISO 9000 标准体系的理念,实现组织有序化管理的途径是所有的活动都能得到分门别类的控制。要使组织的所有活动都得到控制,唯一科学的方法就是落实过程管理的方法和理念,即"将活动和相关的资源作为过程进行管理"。从入校初期对于文化创意似懂非懂的莘莘学子到走出校园成为文化创意产业专门人才,学生接受文化创意知识高等教育服务的过程要持续一个较长的时间,这就决定了文化创意人才培养质量的改善和提高可以也必须分解为一个个过程来实现。同时,这些过程不是一个简单的按顺序排列的简单线性结构,而是一个相当复杂的立体网络。[①] 按照 ISO 9000 质量保障体系的要求,文化创意人才培养质量的保障体系要覆盖人才培养的各个过程、网络和环节,特别是对于教学这一重要过程应从人才培养目标开始进行科学的顶层设计,并具体落实于教学计划、教学大纲的制定、课堂教学、实践环节和作品创作等方面建立全过程的文件化程序,明确这些环节中关键活动的职责和权限,并对上述重点环节进行控制,通过内审、管理、评审等活动进行评估,从而达到规范教学及教学质量管理工作,才能实现稳步提高教学质量之目的。

---

① 顾德库:《构建与地方经济振兴相适应的应用型高校质量保障体系》,《黑龙江高教研究》2008 年第 1 期。

论表演人才培养及其传媒素质拓展

浙江传媒学院　黄寒冰

表演人才培养通常指通过以表演教学为中心的一系列培养方式,塑造掌握表演艺术的基本理论和基本技巧的专门人才。通俗地说,就是培养具有良好素质的演员:经过表演、台词、形体、声乐和解读剧本等训练,学习舞台表演、影视表演等方面塑造艺术形象的基本能力,掌握舞台艺术、导演艺术、影像语汇,形成与导演、舞美、摄录等各部门的协调配合,共同进行二度创作,并能够在表演中独立完成不同人物形象的创造。如斯坦尼斯拉夫斯基所言,"通过演员的有机天性真实再现人的精神生活"。

然而,随着科技的不断进步和社会的不断发展,社会文化呈现出多元共存的态势,多种传播方式和传播形态正在不断地更新着人们对信息的传播方式和接受方式,不断地挑战着人们的接受心理,信息传播正以多种方式被不同受众广泛接受,文化传播正在实现历史化的突围与重生。在这样的文化语境中,演员的活动区域不断地向剧场外延展,演员的视野从舞台拓展到广播、电影、电视、网络等多个领域。表演人才的培养不仅仅是训练合格的演员,更是要打造具有良好传媒素质的文化传播者,传媒素质拓展越来越成为表演人才培养中备受关注的课题。

一

斯坦尼斯拉夫斯基以及同时期的戏剧家们经过长期的艺术实践,探索出一系列行之有效的表导演体系,对后世产生了极其重要的影响。无论是梅耶荷德的超越与反叛、布莱希特推倒"第四堵墙"的努力,还是阿尔托"残酷戏剧"的实践、格洛托夫斯基"质朴戏剧"的探索,都无法撼动斯坦尼斯拉夫斯基体系"如美术中的素描"般的基础地位。从某种程度而言,斯坦尼斯拉夫斯基体系依然是表演人才培养的起点和有力支撑。我国著名戏剧家焦菊隐曾如此评价斯坦尼斯拉夫斯基体系:"产生斯氏体系以前,十个演员不一定有一个及格的,因为演员各有其创造的途径,各有其创造的办法,而这些从实践中得到的经验又都没有经过系统的科学的方法加以总结,从理论高度给以认识。自产生斯氏体系以后,演员可以学到创造人物的方法、技巧,表演成为一门系统的科学。"[1]

"有机天性说"是斯坦尼斯拉夫斯基体系重要的组成部分。斯坦尼斯拉夫斯基认为"每个人身上都蕴藏着创造力量的胚胎","产生舞台上的人(角色)是富有创造力的有机天性的一种自然行为",同时,批判那种有违自然天性的"表演","一走上舞台,我们就失去自然所赋予我们的东西,我们不去从事自然的创作,却去胡闹、装假、做作和表现起来"[2]。在他看来,表演不是一种简单的模仿,而是演员的创造,只有发掘自然天性的无限潜能,顺乎天性规律的创造,才能实现内心情感、内在体验与外部表现的统一,实现现实主义戏剧"求真"的美学原则。

有机天性的激发有赖于演员从自我出发走向角色,从生活出发再现生活,充分发挥和运用演员的自我有机天性,体验角色,体验生活,从而带动舞台形象的诞生和成长,在舞台上创造角色,塑造出具有鲜活生命力的"人",再现生活的真实。斯坦尼斯拉夫斯基指出:"演员不论演什么角色,他总应该从自我出发、诚心诚意地去动作。如果他在角色里没有找到自我或者失掉自我,那就会扼杀角色,使他失去活生生的情感。这种情感只有演员本人才可以给予他新创造的人物。因此扮演任何一个角色时,都要以自己的名义,在作者提供的规定情境中去表演,这样你就会首先在角色中感觉到自己,做到这一点,就不难使整个角色在自己身上成长起来。"[3]郑君里在《角色的诞生》中表达了同样的看法:"演员在接触角色底最初一刹那就通过自己的人格来吸收角色底个性,在台上表演时也透过自己的人格哭放射它。"[4]

在表演教学中,斯坦尼斯拉夫斯基体系的理念和方法通常以课程设置的方式

---

[1] 焦菊隐:《焦菊隐戏剧散论》,中国戏剧出版社 1985 年版。
[2] 〔俄〕斯坦尼斯拉夫斯基著,郑雪来译:《斯坦尼斯拉夫斯基全集·第三卷》,中国电影出版社 1985 年版。
[3] 〔俄〕斯坦尼斯拉夫斯基著,郑雪来译:《演员创造角色》,中国电影出版社 2001 年版。
[4] 郑君里:《角色的诞生》,生活·读书·新知三联书店 1950 年版。

融入表演人才培养之中,通过声乐、台词、形体、表演等课程,突出舞台注意力、想象力、舞台记忆、模仿力、信念感、真实感和节奏感等元素,通过对生活的细致观察,激发学生的有机天性,在小品小说改编、剧本片段、独幕剧表演、大戏排演中训练他们的表演技能,从而培养综合型的表演人才。

二

综观当下社会,信息传播的开放性、自主性、创造性、交互性、虚拟性特征日益凸显,社会思想道德观念、媒介舆论方式、文化传播形态均发生了巨大的变化,人们接受信息的方式集听、说、看、动、玩于一体,创造出一个又一个的"媒体奇观"(Media Spectacle)——"那些体现当代社会基本价值观、引导个人适应现代生活方式并将当代社会中的冲突和解决方式戏剧化的媒体文化现象,它包括媒体制造的各种豪华场面、体育比赛、政治事件"[1]。"媒体奇观"为人们提供了全新的视听方式和思考方式,充分调动人们的感官快感,使人们沉醉在奇幻的景观和现代消费之中。在"媒体奇观"迭出的全媒体时代,"诊断式批评也是将人们熟悉的名人、体育、媒体文化和政治'神话'层层剥开,解析其社会语境、意识形态上的意义及其在复杂的社会冲突中所发挥的功能"[2]。媒介传播从曾经高高在上的抽象层面进入百姓生活的现实存在之中,渗透到政治、经济、文化、社会、日常生活等各个领域。

全媒体时代制造的种种"传媒奇观"为表演人才培养提供了全新的社会背景和文化语境,为斯坦尼斯拉夫斯基提出的"体验生活"提供了崭新的生活样式和模仿的蓝本,演员必须熟悉全媒体时代的交流方式和传播形态。只有真正深入到这种全新的生活状态之中,才能真实地体验当下社会生活的方方面面,体悟全媒体时代"人"(即"角色")的生存状态、心理特征、情感情绪,并用适当的行动将这种状态、心理、情感恰如其分地展现出来。

上海话剧艺术中心的现代都市话剧《www.com》将现代传媒手段引入话剧创作之中,围绕网络交流展开故事的讲述,通过网络传播和人际传播的交互作用,触及人物的精神世界和内在心理,展示现代都市男女的爱情婚姻现状,在网络虚拟世界和现实生活世界的交错中表现全媒体时代的"爱"以及"爱"的表达方式,展现都市

---

[1][2] 〔美〕道格拉斯·凯尔纳著,史安斌译:《媒体奇观——当代美国社会文化透视》,清华大学出版社2003年版。

人对"爱"的执着追求和在现实种种压迫下的无奈。全剧的舞台布景主要由充满金属质感的双层钢质框架搭建而成,这是剧中夫妻真实生活的现实场景——家,表现的是都市青年夫妻的现实生活,夫妻俩的生日派对、日常生活,甚至吵架、拌嘴、怄气,都真实地发生在这个舞台上。同时,这里又是一个虚拟的空间,当夫妻俩各进各房打开各自电脑的时候,剧情则进入一个由现代传媒构成的虚拟世界,在这个虚拟世界中更多地探讨的是剧中人逃离都市繁杂生活的精神追求和情感寄托。当妻子的网友不远万里从国外飞到上海与其相会时,丈夫的情人因网络牵线而远嫁法国。在剧中,我们能看到斯坦尼斯拉夫斯基体系所要求的真实再现生活,更能体会到现代主义、后现代主义戏剧中的种种虚无和荒诞,全剧因网络这一现代传播媒介使现实世界与虚拟世界、外部生活和内在精神有机地结合在一起。

越剧王子赵志刚的实验越剧《镜像红楼》则直接把多媒体的表现手法引入舞台。剧中的赵志刚具有三重身份:越剧《红楼梦》中的贾宝玉、越剧演员赵志刚、赵志刚扮演的贾宝玉。《红楼梦》中的贾宝玉是生活在众多女性中的男人,而赵志刚则是越剧这一"女子戏剧"中的"男小生",二者有太多情感共通和相互交融的地方,也有太多因时代、环境、文化变化而形成的性格差异和情感差别。在《镜像红楼》的舞台上有三块巨大的屏幕,将前台和后台隔离开来,有效地消融了前台与后台的界限,赵志刚有时着便装,有时着戏装,游走在他的三重身份之间,大屏幕中适时呈现出他便装与戏装的转换过程,屏幕中的镜像和舞台上的景致将现实与虚拟、舞台呈现与生活真实链接在一起。大屏幕之间的交织转换,现代传媒的声、光、电等表现手法的有机糅合,有效地展现了贾宝玉的彷徨、迷惑和内心的隐痛,生动地呈现了赵志刚的挣扎、抗争以及对越剧艺术的热爱和留恋。

歌德在谈到剧作家的知识获得和生活阅历时曾说过这样的话:"诗人不是生下来就知道法庭怎样判案,议会怎样工作,国王怎样加冕。如果他要写这类题材而不愿违背真相,他就必须向经验或文化遗产请教。"[①]由此衍生开来,演员的生活体验和知识获取也需要在不断学习中完成,只有通过学习现代信息和媒介传播技术,获得各领域知识,才能丰富人生阅历、更真实地体验现代生活,从而将这种体验和生活呈现在舞台上。

---

① 〔德〕爱克曼辑录,朱光潜译:《歌德谈话录》,人民文学出版社1978年版。

三

戏剧的本质在于交流,在于人与人之间的交流。表演人才培养不仅要培养具有表演知识、掌握表演技能的演员、明星,同时要培养有一定传媒能力、懂沟通、会交流的人,培养有较高媒介素养的适应社会发展需求的社会公民。

美国媒体素养研究中心认为:媒介素养是指人们在面对不同媒体中的各种信息时所表现出的信息选择能力、质疑能力、理解能力、评估能力、创造和生产能力以及思辨的反应能力。德国媒介学专家巴克将媒介素养分为媒体批判能力、媒体知识、媒体使用能力和媒体创作能力四个部分。[1]

表演人才培养在一定程度上指向影视明星、传媒精英,在全媒体时代,这些影视明星和传媒精英很有可能成为公众形象。成为公众形象的他们不再是单一的形象,而是作为一种形象设计和影像传播,为大众创造一种乌托邦的幻想,他们不仅引导着大众审美,更影响着社会道德、价值观念的传播。正如巴特所言:"她的基本功能不是审美感上的,她不是一个传示'美貌身体'的问题,不受形体完美的权威法则所限,而是一种'变形'的身体,旨在形成某种形式普遍性,即一种结构"[2]。因此,媒介素养是全媒体时代表演人才培养中亟须拓展的能力和素质。

媒介素养教育应从媒介基础知识、媒介信息、媒介技术、媒介道德伦理等方面入手。媒介基础知识教育的内容主要包括媒介的类型、特征、存在形式、技术背景、运行机制、发展趋势等,旨在提高培养对象对媒介生存、发展的关注意识,并具备基本的媒介信息分析能力;媒介信息教育主要让学生学习信息的检索采集,了解影响信息流动的因素,对媒介信息进行评估和判断,对负面的媒介信息进行抵制和应对;媒介技术教育包括报纸设计、采写、编辑、印刷、发行的过程,电视节目采、编、制、播的基本制作流程,摄像机、录音机、编辑机的使用等基本知识;媒介道德伦理教育主要指媒介道德教育、新闻伦理教育、社会心理学教育等。

在表演人才培养中实现传媒素质的有效拓展,全面提升表演专业学生的媒介素养,首先要开阔视野,创新教育模式。表演人才培养应以斯坦尼斯拉夫斯基体系为核心但又不囿于斯坦尼斯拉夫斯基体系,以训练合格的演员为中心但又不仅仅

---

[1] 吕巧平:《媒介化生存——中国青年媒体素质研究》,中国传媒大学出版社2007年版。
[2] 〔法〕罗兰·巴特著,敖军译:《流行体系——符号学与服饰符码》,上海人民出版社2000年版。

局限于训练演员,可以增设播音主持类、广电编导类、影视制作类、新闻传播类、媒体创意类等不同类型的模块课程供学生选择,使表演专业的学生有机会接触到传媒知识,培养传媒职业能力,建立传媒职业态度,培育传媒责任意识,从而建构起传播信息、反映舆情、引导舆论、凝聚公众利益等公共领域价值体系,真实再现社会镜像,维护社会良序、坚守社会良心、传播社会良知、传导社会"良俗"。其次,以校园文化活动为依托,在党团活动、社团活动、社会实践活动、第二课堂活动中增加媒介素养教育内容,使学生在实实在在的活动中获得切身体会,在真实的案例和亲身经历的实践活动中得到第一手信息,发挥他们的自主性和创造性,提高他们对媒介信息的认知能力、分析能力和驾驭能力。再者,还应建立与媒体、与社会的良好互动,让学生适度参与媒体活动,增加对媒体的感性认识,培养他们的批判意识和理解力,使学生在面对无所不在的媒介信息时保有批判精神和独立思考精神。

基于 Blog 的教学信息交流
——以传播学的视角

西安外国语大学　崔　波

我国开展传播学教学与研究已有 20 年的历史。1997 年,传播学正式定为国家二级学科,成为一级学科新闻传播学的重要组成部分。与新闻学相比,传播学可谓引进型的学科。尽管最近几年传播学的译著层出不穷,但是与西方涌现的传播学著作相比,这些译著数量依然不多。因此,把握国际上传播学的发展脉搏,就要求我们从事传播学教学的教育工作者在教学中开展双语教学。

目前,我国传播学本科双语教学中存在很多问题,在诸多问题中,信息交流不足是制约双语教学的瓶颈。信息交流不足的原因在于:第一,双语师资紧缺,师生比例超过规定标准,致使师生交流缺乏更严重;第二,因专业双语教学难度大,且课时有限,学生的外语程度参差不齐,势必会造成教师与学生之间、学生与学生之间交流环境和交流习惯的缺乏;第三,教师科研任务重,致使教师之间的教学交流少。

我们知道,在传播的五种形式(人内传播、人际传播、群体传播、组织传播和大众传播)中,信息反馈及时、互动频率高的当属人际传播。双方的信息授受以一来一往的形式进行,传播者与受传者不断交换角色,每一方都可以随时根据对方的反应把握自己的传播效果,并相应地修改、补充传播内容或改变传播方法。课堂教学固然是实施人际传播的极佳场所,但是由于上述三方面的原因,使得人际传播无法充分展开,交流不足的问题得不到有效解决。那么,如何弥补双语教学中信息不足的问题呢?现代化通讯技术,特别是网络技术为这个问题的解决提供了可能。

针对本科传播学双语教学中存在的交流不足的问题，笔者试图将一种便于交流的网络工具——Blog 引入双语教学中，以期能在一定程度上提高交流频度，拓宽交流范围，提升交流层次，从而改善传播学双语教学质量。

Blog 也可写成 WeBlog，常解释为网络日志，音译为"博客"。Blog 在交流方面呈现出其独特的优势。具体表现如下：

一是突破时空的壁垒。和其他的网络交流工具（MSN、BBS、e-mail）一样，Blog 打破了交流双方的时空壁垒，使得交流可以"随时随地"。没有了时空的限制，交流变得快捷、自由、易行。

二是零技术起点。Blog 本身不是一门很高深的技术，对 Blog 的使用也不需要很高的技术支持。Blog 的申请和 e-mail 的申请一样简单，Blog 的书写仅仅需要文字的输入和保存，Blog 的访问和网页的访问一样简便。随着人们信息素养的提高，这些技术要求都可以称为"零技术"起点。它为每个人开放，没有技术门槛，这是它越来越受欢迎的原因之一，也是其作为信息时代一种交流工具的前提。

三是真实性。Blog 的雏形与个人日记或者学习笔记非常接近，而无论是个人日记还是学习笔记都具有一个特性——真实。Blog 中记录的内容，多数为博客内容，均为自己的真实感受和想法，而这种个性化的观点，在经历众多博客评价和自己的反思后，也就更加接近真实。

四是 Blog 属于一种非制度化的传播。Blog 的书写者和阅读与回帖者的关系具有自发性、自主性和非强制性，双方都没有强制对方的权利，也没有强制接受的义务，是一种相对自由和平等的传播关系。

从以上 Blog 的四大特征来看，借助于 Blog 的传播属于借助机器设备进行的人际传播。与面对面的人际传播相比，尽管传播的过程缺少了表情、眼神、动作等多种渠道传达的信息，但是 Blog 提供了面对面人际传播所不能企及的平台——数字平台。数字平台的创立，使人从现实性的思维方式进入虚拟性的思维方式，虚拟思维方式一个重要的特征是高度个性化。

在以往的传播实践中，个人往往被淹没在"虚幻的集体"中。在资本主义大工业时代，受众是作为一个个"群体"出现的，生产的目的是通过"投其所好而获取高额利润"，几乎从来没有转向"投个人之真正所需"。在这种社会中，个人一般只能被动地接受事物和信息，少有自主选择的机会。思维的个性化遮蔽在思维的整体性之中。随着当代技术革命和计算机网络系统的发展，个体的自主选择性大大增强。就像尼葛洛庞帝在《数字化生存》中所说的:"沙皇退位,个人抬头。"这句话比较形象地表明了网络化、数字化为人类提供了一个个人自主性的空间,思维的个性化在数字化时代显得更加突出,也显得更加重要。人类在思维空间中所创造出的虚拟空间,是一个主体高度自由的空间,在这里时空以压缩化状态存在,相互交往的人不必受国家和地域的限制,人与人之间是平等的,没有等级差别,职业、年龄、性别的限制也被摆脱,人们可以自由地发表意见和选择信息。总之,一句话,在虚拟世界中,控制、干扰主体自由活动、自由想象的障碍消失,个体自由、主体独立日益成为事实上的可能,人的个性在虚拟世界里得以最大限度地张扬。网络可以说是主体自由共享的集合体。在数字化所营造的虚拟现实世界里,人人都是主人,人人都可以自由选择,充分体现了主体的自主性和独立性。人类思维的个性化在虚拟思维方式中获得了最充分的展示。而个性化思维的活跃正是解决传播问题的关键所在,它可以将过去和未来联系起来,将迄今为止的有关社会经验和知识积累全部调动起来,重新对它们的意义进行解释、选择、修改和加工,在此基础上创造出与新的状况相适应的新的意义和行动。新的意义和行动的产生无疑为信息传播提供了物质前提,这样借助于 Blog 意义空间的交流就变得更加丰富多彩了。

当然将 Blog 引入传播学双语教学中,并不是取代常规传播学的课堂教学,而是充分借助 Blog 在交流方面的优势,使得师生间、学生间、教师间的交流能突破时空壁垒,以弥补课堂教学中各种交流缺位的问题。因此我们将 Blog 定位于"双语教学辅助"这一层次。

本文就从师生间交流、学生间交流和教师间交流三个方面谈谈 Blog 在传播学教学,特别是传播学双语教学中弥补信息缺位的作用。

一、Blog 与师生间的交流

通过 Blog 解决师生间交流缺位的前提是教师和学生开设各自的 Blog。师生相互设置链接后便可通过其数字平台实现信息的交流。这一信息交流的模式如图1所示:

获取有关教学的信息（通知、作业等）、提出对教学的建议和意见、提交问题、阅读教师的感受以更好地了解教师等。	布置任务、发布与教学相关的通知、回复学生问题、对学生的作业作出评价、提出讨论话题、提供资料连接、书写自己的感受等。
记录自己的真情实感、书写自己的读书笔记、提出问题等待解答等。	了解学生的学习和生活情况、进行个别辅导等。

图1　师生之间的信息交流模式

这些行为将使分散的师生能够"见缝插针"地交流,而且通过交流使得双方变得更平等、自然、真实,所以交流效果也就更佳。

二、Blog 与学生间的交流

学生之间通过 Blog 的交流主要是为了培养他们的协作学习能力和反思能力,这两种能力在当今信息时代是非常重要的。具体操作是教师提供一个任务或话题,让学生共同参与。学生获取话题或任务后,积极查阅资料,把自己的想法或观点张贴出来,以便和他人交流,同时要阅读别人的 Blog,并积极反思和修正自己的观点。当然,话题或任务也可由学生提出,且这种交流范围不仅局限于一个班级或一个年级,只要对该内容感兴趣的同学都可以参与。而在该过程中,教师的任务是对交流的调节和控制。利用 Blog 进行协作式学习在提高学生能力的同时也能保证任务完成的质量和效率,如在讲解大众传播学"人类传播的符号和意义"时,教师将英国传播学家 Stuart Hall《电视讨论中的编码和译码》一书中的"Encoding and Decoding"一文通过 Blog 的形式发到网上,教师要求学生通过合作学习解决理解上的难题。学生通过相互之间 Blog 的链接,选择自己的合作伙伴。与课堂上教师划分的小组不同的是,小组成员不是固定的,也未必是同一个班级的同学,而是由不同兴趣和学习目标构成的知识共同体。而且在 Blog 知识共同体中,不同领域、专业、年龄的人只要有兴趣,或愿意参与此学习和讨论,都可以成为共同体的成员。这样,来自各方面的激发将有利于提高学生处理复杂问题的能力,有利于学生在讨论、交流中发展自己的认识。在这一学习的过程中,由于信息的获取、过滤和评价是学生在 Blog 使用中必须具备的能力,因此大大地提高了学生的信息素养。

另外,Blog 知识共同体的构建,也有利于学生的自我管理。在 Blog 上可以精细地记录学习、思考的片段,并可以不断地反思自己的观点,学生可以因此对自己的学习进行管理、调整,发展适合自己的学习方式,并对自己的整个学习进行元认知水平的思考。因此,Blog 有利于学生批判性地发展思想、整理成体系,并为未来的学习指明前进的方向、制订计划策略等。同时,在传统的学习系统中,学生一直处于被动的地位,只能跟着统一的步调,即使是传授者给予学生主动性,也仅仅是有限制的自由选择。同时,学生之间的交流也是很少的,学习优秀的学生不能将其学习经验与其他同学有效共享,而 Blog 在很大程度上使得这一问题得到解决,更好地促进了学生的自觉学习,有利于其终身学习能力的养成以及创新精神、协作精神、高级思维能力的发展。基于 Blog 的学生间的交流模式可以用图 2 来表示:

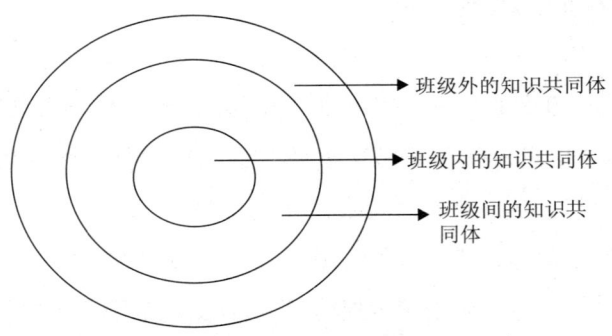

图 2　基于 Blog 的学生间的交流模式

三、Blog 与教师间的交流

传播学是一门比较新的学科,因此开展传播学的教学,特别是双语教学需要教师的通力合作。但是,大学教师科研任务较重,容易引起其教学交流不足。通过教师 Blog 的链接,可以弥补教师间信息交流的缺位。

教师与教师之间的信息交流模式如图 3 所示:

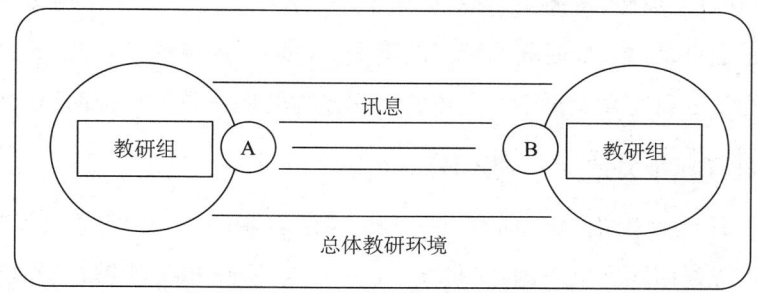

图 3　教师与教师之间的信息交流模式

这个交流模式告诉我们,在基于 Blog 的教学信息传播中,教师 A 和教师 B 都可以被看作是一个个体系统,他们在各自的系统中各有自己的内在传播方式;教师 A 与教师 B 相互联系,形成人际传播。教师 A 和教师 B 并不是孤立的,而是分属于不同的群体系统,形成群体传播;群体系统的运行又是在更大的社会结构和总体社会系统中进行的,这样可与教师 A 和教师 B 所属的群体与社会其他系统发生联系,吸收更多的信息。

从这个模式中我们可以看出,通过教师 Blog 这一微观系统,可以与信息传播的中观、宏观系统相联系。尽管教师 Blog 具有相对的独立性,但其与其他系统处于普遍联系和相互作用之中。

教师通过 Blog 不仅能够弥补教学交流的缺位,而且通过信息的检索、搜集和甄别,起到信息把关人的作用,为学生提供高质量的信息来源。

对于传播学教学信息的把握,教师要从以下几方面考虑:

一是时间跨度,要将经典的和新鲜的传播学信息作为选择信息的主要尺度;二是强度,即传播学研究中的重大问题、热点问题的讨论要及时反馈给学生;三是组合性,将传播学中同一信息的不同方面进行整合。

四、结语

综上所述,将 Blog 介入传播学教学中,可以使具有人际传播效果的媒介 Blog 弥补信息交流的缺位。通过初步的教学实践,笔者得到如下的启示:

1. Blog 可以培养教师间、学生间和师生间的协作能力

Blog 可以让每个参与者都能及时快速地分享到其他同伴最新捕获的信息和研

究成果,容易触发灵感,碰撞出思想的火花。它还可以使参与者及时交流,避免研究内容和过程重复而造成时间和精力的浪费。Blog 所倡导的良好的、开放的、具有分享心态的学术研究交流氛围对交流者协作能力的提升是很有帮助的。

2. Blog 可以培养学习者的反思能力

Blog 以时间来组织内容,同时也是在记录学习者的学习"足迹",而这种记录方式是非常方便回顾和反省的,正是促"反省"的效果使 Blog 能够超脱其他工具浅层次的"共享"功能。学习者可以在自己的 Blog 中发表见解,其他学习者可参考,也可作出评论,而该学习者在群体的分享和交流中就已经取得进步。同时随着其 Blog 的不断积累,学习者还可以在阅读自己 Blog 的过程中复习或品味过去所写的内容,修正自己理解的偏差,从而产生更多的体会和感受。因此,这是一个反省学习的过程。

交流者通过 Blog 培养出协作能力和反思能力是信息时代个体必须具备的能力,也是终身学习的能力保证。

3. Blog 使得师生交流模式和交往方式发生改变

从传播学的角度来看,传统的师生交流通常是单向的、一对多的,交流双方在地位上是不平等的。而在以 Blog 为媒介的师生交流中,交流双方是平等的主体,交流是双向的、多对多的网状关系。在这种交流范式下,每个人都是传播者,每个人又都是受众,它凸显了信息时代的特征,是极具生命力的交流方式。

我们知道人与人的交往是有深度划分的,最浅层次的是礼仪交往,即没有实质性的交往,仅有礼貌性的问候;第二层次的交往是感情上的分享,在这个层次上,两个人没有事务上的共同承担,但在彼此交流中分享私人情感,在该层面上,交往的层次取决于分享情感的深浅;第三层次的交往是两个人在事务上的合作,共事的两个人不再以分享情感为重心,而是拥有同样的体验和回忆。由于处境和事业的某种交叉,他们拥有的体验更为密切。另外,人际交往的层次是可互相过渡的,当然这种过渡需要共同的爱好、共同的经历、共同的语言作为媒介。在以 Blog 为媒介的交流过程中,人与人之间的交流处于第二和第三层面,即属于情感交流和合作交流,它不仅提高了人与人的交往频率,更提升了交流的层次。

4. 为学习者利用传播学资源提供了新思路

华东师范大学章伟民教授认为,凡是能够与学习者发生有意义联系的人、材料、工具、设施、活动等都可以被称为学习资源。有学者也指出,在信息时代,学习者可利用的学习资源包括四类:教师、教学媒体、学习环境和学习者内部资源(包括学习者本人的以及作为学习伙伴的内部资源)。研究表明,学习者从学习伙伴那里学到的知识和经验并不比课本上的少。由此可见,学习者本身作为学习资源的一种已得到大多数人的共识,而 Blog 则是这种学习者内部资源的一种载体,它所记载的知识、经验和心得使拓宽了的学习资源的范畴可视化,从而更方便他人的学习和交流。这为如何充分利用学习者内部资源提供了新的思路。

参考文献

1. 郭庆光:《传播学教程》,中国人民大学出版社 1999 年版。
2. 尼葛洛庞帝著,胡泳、范海燕译:《数字化生存》,海南出版社 1997 年版。
3. 章伟民、曹揆申:《教育技术学》,人民教育出版社 2000 年版。
4. 麦尚文、丁玲华、张印平:《博客日志:一种新的网络传播方式——从传播学角度看 blog 的勃兴》,《新闻界》2003 年第 6 期。

试谈全媒体背景下"卓越传媒人才"培养模式的改革与创新

浙江传媒学院 蔡 罕

一、论题提出的背景

近年来,随着传媒技术和传媒产业突飞猛进的发展,广电网、电信网、互联网"三网融合"的发展势头不断增强。数字化、网络化、产业化使我国广播影视从过去单纯的节目内容提供向综合业务服务转变;与此同时,传媒文化产业已超越原来单纯制作、播出的功能,不断加强与其他领域的融合。"三网融合"、媒体融合与跨媒体传播等,使得传统的大众传媒从各自"单媒介"的独立采编、经营转向多种媒介联合运作,尤其是在新闻信息采集发布上呈现出"全媒体"的特色。这既是媒介集团最大限度地减少人力、资金和设备的投入,降低新闻生产成本的需要,也是媒体竞争、发展对新闻传播人才的新要求。据不完全统计,目前我国新闻传播类专业点有881个,播音主持专业点108个,动画专业点246个,每年培养的学生15万人左右。但是普遍存在着与行业人才需求严重错位的情况,适应传媒行业数字化产业化发展和基于媒体融合发展的"卓越传媒人才"十分缺乏。

从总体上看,社会对传媒人才的需求表现出以下几个方面的新趋势:一是人才从低级向高级发展;二是从传统媒介向新媒介发展;三是从信息传播向服务与经营管理发展;四是从单一型向复合型发展;五是从普适型向个性化发展;六是从"本土化"的人才需求向具有"国际化"视野的人才需求发展。基于此,我们认为,对传媒人才培养模式的改革与创新已刻不容缓,"三网融合"的发展趋势要求高校培养出能主动适应媒体技术与传媒产业发展需要的"卓越传媒人才"。

二、"卓越传媒人才"的内涵分析与分层培养的定位

要培养"卓越传媒人才",首先得对"卓越传媒人才"的内涵有明确的界定。笔者以为,"卓越传媒人才"是指能主动适应媒体技术与传媒产业发展需要的传媒人才。这样的传媒人才应具备以下几个方面的基本专业素质:一是具有扎实的专业基础知识;二是具有一定的组织沟通与管理能力;三是具有较强的创新、创业意识;四是掌握新媒体的运用技能;五是具备足够的国际化文化视野;六是具有"个性化"人才的发展潜质。同时,社会媒介的多层性,使得社会对"卓越传媒人才"的需求是多元的、分层的,因此高校对"卓越传媒人才"的培养也应是多元的、分层的。首先,就高等教育"大众化"的层面而言,我们着力培养基础实、素质高、能力强的应用型传媒人才,能满足当今媒体技术与传媒产业发展对传媒人才的一般要求;其次,就社会对复合型传媒人才、个性化传媒人才的需求层面而言,我们积极探索"订单式"的人才培养,以满足社会对传媒人才的特殊要求;再次,就社会发展对高端传媒人才的需求而言,我们将积极推进国际化办学,培养具有国际化视野的传媒领军人才。

三、对"卓越传媒人才"培养模式的改革与创新的几点思考

基于以上对"卓越传媒人才"的内涵分析与分层培养定位的分析,笔者以为"卓越传媒人才"培养模式的改革与创新可从以下几个方面展开:

1. 建立"卓越传媒人才"培养的跟踪调研机制

要进行全媒体背景下"卓越传媒人才"培养模式的改革与创新,首先要立足行业,面向社会,建立"卓越传媒人才"培养的跟踪调研机制。要定期通过各种形式到行业调研,了解行业对传媒人才素养的最新需求,在高校开展教育思想讨论和革新,通过修订和调整人才培养方案、调整课程内容和形式、增加学科行业发展前沿知识和技能等方式,在人才培养过程中及时应对行业发展的新需求。

2. 改革与创新传媒专业人才的遴选方式

"卓越传媒人才"的培养离不开良好的生源。因此,高校要在招生和人才的遴

选方式上进行改革和创新。

一是要创新招生内容与方法。如笔者所在的浙江传媒学院,可以充分利用按照艺术类院校自主招生的优势,对招生考试的方式、内容、评分方法等方面进行改革,促进传媒类专业招生手段的创新,使招生考评体系更加规范化、标准化、科学化,进一步挖掘考生的艺术素养,从人才培养的进口把好关、选好苗,为实现"卓越传媒人才"培养目标奠定坚实的基础。

二是要探索分层教育实验班的人才遴选方式。在对传媒人才培养规格总体要求的基础上,根据行业对多层次人才的需求和学生个性特征的不同,实现分层教育,以多元的人才遴选方式,探索以"实验班"为模式的"卓越传媒人才"的培养。可针对"实验班"制定专门的人才培养方案,配备良好的师资,给予政策上的优惠,提供更多优质的实践机会,以培养一批高素质的"卓越传媒人才"。

3. 推进师资培训的改革与创新

"卓越传媒人才"的培养,高素质的师资是不可或缺的关键因素,高校要有自身的办学定位,明确"卓越传媒人才"培养对师资的要求,调整师资结构,推进师资培训的改革与创新。

一是要调整师资结构。根据媒介融合和传媒行业数字化产业化发展的趋势,高校要加大高层次相关专业师资引进的力度,通过内培外引等方式,增加师资队伍中新媒体方向师资、实践型师资和具有国际教育背景师资的比例。

二是要实施多层次师资培养策略。要针对不同层次的师资,实施不同的培养培训策略。对新进教师进行入职培训,加强教学基本规范的训练和对职业的融入;对有一定工作年限和资历的教师进行提高培养,支持他们到行业去实践,为他们提供实现学术提升的平台;对高层次人才,将其纳入学科带头人等高层次人才培养计划中,并通过他们引导产学研工作室或教学团队进行团队建设。

三是要联手行业培训师资。高校要着力培养具有较高学术能力和较强行业实践能力的"双师素养"的师资,聘请行业一线的知名人士到高校担任客座教授和学生的导师,充实师资队伍,同时特别注重培养校内教师的素养和实践能力,创建产学研一体化专业教师培养模式,选派教师到行业一线进行专业实践,促进教师了解行业最新动态、更新知识结构、在实践中提升教育教学能力和专业实力。

4. 改革与创新理论课程与实践课程体系

(1)建立适应媒介融合发展的"卓越传媒人才"培养的理论课程体系

这种课程体系，一要反映学科前沿发展最新的知识和理论，及时更新课程教学内容；二要跳出狭隘的专业人才培养思路，拓宽学生在人文基础学科方面的知识，加强人文学科在拔尖传媒人才培养中的作用，提高传媒人才的理论与文化素养，使其在今后职业生涯中更具发展后劲。

同时，要着重进行理论课程教学模式和方法的改革。要倡导启发式、探究式、开放式、讨论式、案例式等有利于"卓越传媒人才"培养的有效性教学方法的设计与改革，提高学生自主学习的能力以及分析问题、解决问题的能力。

此外，要加强对学生的政治素养与职业素养的教育。要开设有关"团队文化建设"的课程，使学生具备一个合格传媒人才所必需的社会责任心、事业进取心以及团队合作精神。

（2）改革与创新实践课程体系的教学

第一，要探索与建立培养"卓越传媒人才"的实验教学体系：一是建立以课程实验（实训）、集中性实践、论文（设计、作品）、第二课堂实践四个环节为重点的实践教学体系；二是实施基础实践、学科实践（实验）、专业实践（实验）、创新实践四个逐层递进的分层次实践教学；三是形成理论与实践相结合、课内与课外相结合、校内与校外相结合、集中与分散相结合四种实践教学模式；四是搭建实验室、校内学生创新中心、导师工作室、校外实践教学基地四大实践教学平台；五是坚持实践教学四年不断线，把实践教学贯穿到学生本科阶段的整个学习过程中。

第二，进一步重视专业实验室的建设，提倡开设大实验，提高实践课程的综合性、设计性，在实践课程体系中增加研究型和提高型实验的比例。

第三，改革实验教学及教学实验室的管理方式，增强实验室开放力度，着力培养学生的创新意识与能力。

第四，在实践课程教学中，积极探索"基础理论＋（个人）特色＋工作室"的人才培养模式。这种模式通过教师引入业界的具体项目（如电视台的一个具体栏目），可以让学生在校期间就投入媒体工作实践中，了解媒体运作规程的全过程。这种个性化的、师徒式的人才培养方式可以有效地与业界接轨，零距离地培养业界需要的"卓越传媒人才"。

5. 深化"产学一体化"的人才培养模式与机制

"产学一体化"是利用学校和社会两种教育环境，通过学校与社会用人部门的结合、理论与实践的结合等人才培养的基本途径，合理安排理论课程和社会实践，以达到使学生更好地掌握知识、了解社会、培养能力、提高素质的目的。具体措施如下：

第一，高校要以"优势互补、互利互惠、资源共享、共同发展"为原则，拓展与各级广电企业、传媒制作机构、相关政府部门的合作，构建战略协作伙伴关系。支持建立教师工作室，建立由师生和媒体专家共同组成的创作团队。

第二，探索各种渠道，加强学校与媒体行业在人才培养规格设计、课程设置、教学内容、教学方法等方面的合作，探索合作培养、共建基地、共同质量评价等多样化的产学结合方式，实现学校人才培养与媒体人才需求的有效对接。

第三，要建立联手行业进行传媒人才培养的长效机制。通过多种渠道，建立"学校主动、行业联动、行业主管部门推动"的产学合作教育管理与运行的新机制，从而形成"卓越传媒人才"培养上的核心优势。

6. 推进学分制管理，探索"个性化"人才的培养模式

要完善学分制管理制度，推进学分制管理的改革，充分发挥学生自主学习的积极性，积极探索"个性化"卓越传媒人才的培养模式。

第一，鼓励学生根据自身情况进行跨专业的课程选修、专业辅修。在此基础上，推进"双学位"制度的设计与实施。

第二，推进大学园区跨校选修与辅修的学分互认制度，扩大个性化、复合型、创新型"卓越传媒人才"的培养空间与渠道。

第三，通过扩大"主辅修制"的学生比例、开设第二专业，使学生接受学科交叉培养，培养适合文化创意产业人才复合型智能结构需求的"ABC"人才（艺术+商业+技术）。

7. 创新传媒人才的评价机制

我们将建立与"卓越传媒人才"培养相适应的新的人才评价机制，使优秀的传媒人才脱颖而出。

第一，改革考试的手段和内容。改革单一的"纸上谈兵"的考试方式，采取笔试、面试，通过作品、调研报告等多样化的课程方式进行考核，定量与定性相结合。侧重考查学生运用所学课程知识分析问题、解决问题和创新的能力。

第二，引入多主体评价。改革以教师为单一评价主体的方式，代之以多主体的评价机制，行业从业人员、学生作品的受众，甚至学生都可以成为评价的主体。

第三,建立全方位的评价机制。将课堂学习过程的评价、实践学习评价和考试作为学生学业评价的内容,主要通过建立课程学习标准,包括课堂学习标准、专业实践学习标准、校内考试的试卷标准、考试实施标准和考试反馈标准来完成,将诊断性评价、形成性评价和终结性评价有机结合起来,贯穿整个人才培养的全过程。根据我校传媒艺术类专业和课程的内容及特点,采用课堂评价、学生档案袋评价、专业实践学习评价等多种方式,构建有利于促进学生成长发展的人才评价体系。

8. 推进国际化办学,培养具有国际化视野的传媒领军人才

为了推进国际化办学,首先,要树立与世界高等教育先进理念接轨的办学理念;其次,要建立推进国际化办学的长效机制与工作举措。在这一方面,目前高校的常规性举措是:第一,拓宽渠道,提高与国外知名大学合作与交流的数量;第二,增加教师的国际学术交流和出国留学、培训的机会,提高师资队伍中"国际型"教师的比例;第三,加强大学的外语教学,提高学生的外语水平与跨文化沟通能力;第四,加强中外学生的跨国交流学习,提高学生出国交流与留学的比例,提高国际生的比例;第五,交流或引进外籍优质师资;第六,加强双语课程的教学建设,引进国际水平的原版教材与教学方法。笔者以为国际化办学的内涵还有待深化,只有推进国际化办学,才能培养出具有国际化视野的传媒领军人才。

总之,新媒体技术的进步与传媒产业的发展给高校传媒人才的培养提出了新的要求,只有改革与创新人才培养模式,才能培养出适合社会需求的"卓越传媒人才"。

刍议高校课堂教学质量的监控与保障

浙江传媒学院　王巨铨　姚　争

随着我国高等教育改革的深入,特别是高校规模的不断扩大,教学质量已成为高等学校生存与发展的决定性因素。教学质量形成于教学的全过程,是诸多教学因素和教学环节综合作用的结果。而课堂教学是高校最主要的教学组织形式,是教师向学生传授知识、技术和思想,指导学生掌握学习规律和学习方法的重要途径。课堂教学质量直接影响学生接受知识的宽度、广度和深度,也影响学生的思维创新能力、自我学习能力。课堂教学是教学工作的核心,也是实施素质教育和创新教育的主阵地,直接影响学校人才培养的质量。因而,课堂教学质量监控与保障在教学质量监控与保障体系中占有十分重要的地位。

特别是对于一些新建本科院校,可先从建立课堂教学质量监控与保障体系开始,逐步设计和建立适应自身需要的质量监控与保障体系,才能取得更实在的效果。

一、课堂教学质量的构成要素

课堂教学是教师的教和学生的学共同组成的双边活动。评价课堂教学质量不仅要看教师教得怎么样,更要看学生学得怎么样,教与学是课堂教学的两大要素,评价课堂教学的质量必须从教和学这两个要素出发,具体主要包括以下内容:

1. 教学内容的科学性

第一,选择教学内容首先定位要准确,要求要合理。第二,概念定义要准确,深浅难易要适度。第三,注重基本点、重点和难点。第四,注重教学内容的更新和拓展。

2. 内容表述的启发性

首先是善于提出问题,其次是分析问题,然后是解决问题,最后是展开讨论和得出结论。在分析和解决问题的过程中,要引导学生逐步学会分解难点,这不仅是一种学习的本事,而且是学生将来从事科学研究的本事。

3. 教师的主导性

看教师的主导作用如何发挥,一看教师课前准备,二看教师对学生学习的启发引导作用,三看教师对学生学习的督促指导作用。主要是课堂教学调控,包括时间调控、节奏调控、师生情绪调控和课堂气氛调控。

4. 学生听课的积极性

提高学生的听课率,首先要提高课堂的教学效率。这与教师的投入够不够、问题提得好不好、分析过程是不是简明扼要都有关系。

5. 师生之间的互动性

我们提倡交互式、讨论式的教学方法。实现教学互动,首先要尊重学生在教学活动中的主体地位。其次,为了实现教学互动,要精心设计教学过程当中不同阶段能够启发学生思考的问题。在交流和讨论中,教师要善于引导。

6. 教学手段的适用性

要合理利用现代教育技术,不要动辄就是动画、视频,也不要完全排斥粉笔和黑板的作用。

总之,高质量的课堂教学首先应该是有效的。有效的教学必须引导学生积极、主动地参与;有效的教学要使教师与学生、学生与学生之间保持有效的互动;有效的教学应为学生的主动建构提供学习材料、时间及空间上的保障;有效的教学应该使学习者形成对知识的真正理解;有效的教学必须关注对自己以及他人学习的反思;有效的教学应使学生获得对学科学习的情感体验。

三、课堂教学质量的监控节点

在课堂教学中,教师"教"的活动和学生"学"的活动是相辅相成、相互作用、紧密联系、相互影响的。因此,课堂教学质量监控与保障必须从以下三个节点入手:

1. 课前准备

课堂教学质量监控不能仅仅局限于上课的几十分钟,而要看上课前的准备工作是否充分、全面、合适。课堂教学质量的前期监控主要是监控授课教师和学生的课前准备工作。教师的课前准备工作主要指备课。备课是课堂教学的基础环节,实践证明,上课是否成功,与备课息息相关。备课包括熟悉教材内容、收集相关知识信息、选择教学方法、了解学生情况等。学生的课前准备工作主要指预习。对教师备课情况的监控,应由院系教研室、教学督导、同行教师通过多种形式进行监控。监控的重点一是对教材的钻研情况,包括是否按教学大纲设计教学,对教科书内容掌握的程度如何,是否抓住了教材的重点和难点,组织处理教学内容是否恰当,查阅参考教学资料的情况如何等;二是了解学生情况,包括学生的姓名、个性特点、兴趣爱好、思想表现、学习态度、知识基础、接受能力、对任课教师的适应性和期望值等;三是教法的选用情况,包括是否考虑了教学任务、教学内容、学科性质、学生水平等。除此之外,还应检查教师的教学进度表、教学日志等教学文件。对学生预习情况的监控主要通过任课教师在上课前提问和检查来完成。前期监控是一种诊断性评价,对做好教学过程当中的一系列后期工作十分关键。

2. 授课过程

课堂教学要素很多,评价的主要内容包括:教学目的与任务、教学内容的安排、教学结构与方法、教学态度、教学基本功、课堂教学效果等。

(1)教学的目的与任务:要求教学目的要符合教学计划和大纲的规定;要明确、具体,符合学生实际与未来发展的需要;进行思想品德教育,教书育人。

(2)教学内容的安排:要求传授的知识准确无误,系统连贯;突出重点,突破难点;重视能力培养;教学内容编排合理,难易适中。

(3)教学结构与方法:要求教学结构要符合教学内容的性质和特点,符合学生年龄特征和知识基础,符合当时的教学情境和教师的自身特点;教学进度设计合理,步骤明确,环节衔接紧凑;教学容量和密度适宜;善于利用现代化的教学媒体,培养学生的自学能力;创设良好的教学情境,方法灵活,双边配合默契。

(4)教学态度:要求讲授的内容具有科学性和思想性;启发学生独立思考并严格要求;不歧视、不放弃差生;治学严谨,在品行方面成为学生的楷模。

(5)教学基本功:要求普通话标准,语言准确、清晰、简练、生动;教态自然、亲切,服装得体、整洁、大方;板书(多媒体)设计合理、规范,有示范性;教学目标陈述清楚,重点突出;教材处理恰当,驾驭能力强。

(6)课堂教学效果:要求实现预期教学目标;学生能力培养有效,并具有良好的学习习惯;加入思想品德教育;培养学生的各种非智力因素及个性心理品质。

3. 课后辅导

课后辅导是课堂教学的补充，是因材施教的一种措施。评价教师课后辅导要考虑以下几个方面：(1)辅导要从学生实际出发，善于提出问题，启发学生分析、思考，加深加宽对所学内容的理解；(2)热情关怀帮助学习有困难的学生，特别是要帮助他们树立学习的信心和培养他们的学习兴趣；(3)了解优秀学生的学习兴趣爱好，有计划地培养、发展他们的学科和专业特长。

课堂教学质量的后期监控，主要评价教师是否按教学大纲布置课后作业、布置的次数、批改作业的范围和认真程度；是否组织课后答疑辅导，解决学生的困惑；是否有目的地组织、引导学生参加科研活动，进行一些力所能及的科研训练；是否对学生的期末考试情况进行认真、深入的综合分析，包括学生成绩是否为正态分布，命题是否科学，试题的覆盖面是否符合大纲的要求，成绩评定是否客观准确，未达到目标的原因归属，对整个教学过程的反思、总结以及对下一步教学活动的设想和改进措施；教师对各类教学报表的填写是否规范，学生在各项竞赛中的获奖率、学生的科研能力、创新能力等情况。

后期监控评价属终结性评价，它在整个课堂教学质量的监控体系中占有极其重要的地位，它是前一阶段工作的结束，又是下一阶段工作的开始。但这项工作常被忽视，虎头蛇尾式的教学监控就是导致监控效果不理想的症结所在。因此，我们主张高度重视教学过程的后期监控。

四、构建课堂教学质量评价体系应注意的问题

1. 课堂教学质量评价体系要注意全面性

课堂教学评价的一个重要特点是评价主体的多元化，即评价主体不再仅仅是学校管理者，而变为由领导、督导、同行、学生以及教师本人一起对教学进行评价。在具体的教学质量评价中，更多地表现为教师和学生的直接参与。教师与学生是教学质量评价的重要成员，各自发挥着不同的作用。学生通过评价教学，增强了主动参与教学改革的意识，强化了在教学过程中的主体地位。同时，学生全程参与各门课程的学习，对教学最具有发言权。教师通过自评，达到自我更新、自我调控，在肯定自己教学工作的同时，发现和弥补不足；同时，通过他人如领导、督导、同行、学

生的评价,可以获取自己在教学过程中的基本信息,从而改进和完善教学,达到教学相长,师生同构,促进自身教学水平的不断提高。

2. 制定评价标准要注意科学性

标准的全面性。课堂教学质量评价的全面性标准是系统观点和人的全面发展理论在质量评价中的应用与反映。现代教学质量评价特别强调系统整体的观念,要站在全局的高度上对影响教学质量的各个要素和环节进行系统管理。全面性课堂教学质量评价标准着眼于学生素质的发展,体现素质教育的办学方向,而不仅仅是学生的认知水平和应试能力。全面的素质教育包括思想道德素养、业务素养、文化素养、身体和心理素养,其中思想道德素养是根本,文化素养是基础。

标准的层次性。课堂教学质量评价的层次性标准要体现以人为本的思想,针对学生的学习实际制定不同的层次标准。一是学科标准,即不同的学科必然要有不同的授课特色,评价时必须具体问题具体分析,建立不同的学科标准。二是课型标准,即实践课、理论课、实习课、实验课等不同类型的课程有不同的授课特点,用实践课的标准衡量理论课显然是不行的,建立不同课型的授课标准,有利于提高各课程的教学质量。三是单项标准,主要是指对某一方面教改试验制定的相应的评价标准,给老师提供发挥各人特长、形成个人优势的机会。

标准的动态性。课堂教学质量评价的动态性标准体现了它自身的诊断性和激励性。一方面,正在成长变化的教育对象决定了教学质量评价指标的可变性和动态性;另一方面,动态性的课堂教学质量评价标准便于发挥被评价者的积极性,使工作质量得到不断提高。总之,课堂教学质量评价要用发展的眼光看学生进步的幅度,看教师在教的质量上提高的"百分点"。

3. 制定评价标准要注意发展性

制定评价标准要具有发展的眼光,符合教学发展趋势。所谓"好课"的标准是相对的、变化的,而不是绝对的。不同的评价主体与客体、不同的理论基础与价值取向,都会形成不同的评价标准。但在差异中又有共性,这种共性反映出课堂教学评价标准研究的发展趋势:(1)评价对象从关注教师的"教"转向关注学生的"学";从关注知识的掌握转向关注"知识和能力""过程和方法""情感态度和价值观"的养成;(2)教学评价既关注"有效教学"结果的达成,也关注师生在教学过程中的状态表现;(3)强调评价标准从单一性走向多元性,从静态性走向生成性;(4)教学评价的效用主义倾向日渐凸显,开始从关注教学效果转向追求效果与效率的统一。

第三部分

浙江传媒学院的探索

基于缄默知识观的全媒体编辑出版教育模式探究

浙江传媒学院 崔 波

"全媒体"这一概念随着信息技术和通讯技术的发展、应用和普及,从以前的"跨媒体""多媒体"逐步衍生而成。全媒体是在具备文字、图形、图像、动画、声音和视频等各种媒体表现手段基础之上进行不同媒介形态(纸媒、电视媒体、广播媒体、网络媒体、手机媒体等)之间的融合,产生质变后形成的一种新的传播形态。全媒体通过提供多种方式和多种层次的传播形态来满足受众细分需求,使得受众获得更及时、更多角度、更多听觉和视觉满足的媒体体验。[1] 全媒体的发展趋向要求出版从业者不但要具备传统出版业所需的扎实的文化功底和熟练的业务技能,更要具备"融合型"的专业能力,即具有多种媒介技术操作运用的能力;对数字出版产业链增值环节的快速反应;对海量数字化内容资源进行整合分析利用的能力;对跨媒体内容定制并扩大其效应的市场运作能力。[2] 对于全媒体时代应该培养什么样的编辑出版人才,北京大学的肖东发教授更清晰地归纳为四类:它们分别是"纸""网"两栖策划人、网络编辑师、跨媒体出版经营人和数字时代的编辑家。[3] 由此可见,编辑出版学教育转型成为应有之义,为适应新型出版市场的需要,编辑出版学专业必须探求科学的编辑出版学复合教育模式。

---

[1] 罗鑫:《什么是"全媒体"》,《中国记者》2010 第 3 期。
[2] 刘俊敏:《全球化数字化背景下的编辑出版人才培养》,《中国出版》2007 年第 6 期。
[3] 肖东发、张文彦:《从"印刷文明"走向"数字时代"进程中编辑出版教育的变革》,《北京联合大学学报》(人文社会科学版)2007 年第 4 期。

一、全媒体编辑出版教育模式研究回顾

近几年来,学界就全媒体时代编辑出版的教育目标已基本达成共识,即培养"宽口径、厚基础、理论与实践相结合的复合型人才",但是在具体的培养模式上却有差异。主要的观点或做法有:第一,结构模式。比如,陕西师范大学南长森教授就提出以通识模块、学科基础模块、专业课程模块、专业技能模块、实践模块为内容的学分制结构模式;①四川大学文学与新闻学院的模式也属于此种,将课程分为四个群,即人格与素养课程群、表达与理解课程群、发展基础课程群、专业与服务课程群。② 第二,"2+2"培养模式。即学生大一入学先在其他院系如历史系、哲学系、中文系、英语系等学习,两年以后择优选拔有编辑出版专业志向的学生,再加强编辑出版专业知识的学习,毕业时拿两个学位。③ 第三,"3+1"培养模式。北京大学新闻与传播学院前三个学期不分专业,以新闻与传播学院全院必修和选修课为主组织教学。第四个学期开始自选划分专业,以此开阔学生视野,扩大择业面。与此同时,在教学内容和方法上作了改进,增加了经营管理、选题策划、图书营销、网络出版等内容;在教师队伍组成上,他们以本校教师为主体,邀请业界的专家、学者走进来,同时吸纳业界的精英到教师队伍里来,以改进教学方法。④ 第四,"平台+模块"模式。以人文科学、社会科学、自然科学为培养教育的基础平台,实现文理科的大交叉,以专业原理、传播理论、数字技术、经营管理、行业法规等为模块。

显然上述观点或做法折射出不同层次的院校在全媒体时代编辑出版教育转型的积极思考和行动,其探索对于学科建设具有重要意义。然而,这些观点或做法又仅仅局限于对全媒体时代编辑出版学教育开设具体课程的考虑,在相当程度上缺乏对编辑出版学教育的整体规划以及编辑出版教育学的考量,因此,即便是现在所设计的教育模式可以满足当下编辑出版人才的培养,这些教学模式的相对稳定性还是值得商榷的。换言之,随着出版技术的显著进步、时代的高速发展,上述教育模式可能随时会面临调整,这对编辑出版学科建设是不利的。

---

① 南长森:《数字传媒语境下编辑出版专业课程设置与人才培养模式》,《出版发行研究》2007年第7期。
② 李苓、黄娴:《"大编辑"视野下中国高等院校专业设置准入标准——关于编辑出版本科设置的基本条件》,《出版发行研究》2009年第8期。
③ 宋家陵、刘邦凡、王磊:《我国编辑出版专业学科建设的几个问题》,《新闻爱好者》2010年第4期。
④ 齐蔚霞:《加快出版产业转制 促进编辑出版教育转型——全国数字传媒与出版产业发展暨人才培养学术研讨会综述》,《科技与出版》2007年第12期。

二、编辑出版学具有隐性知识特质

针对现有教育模式探讨中存在的问题,本文试图从全媒体时代编辑出版教育转型的逻辑起点进行探寻,即全媒体时代需要怎样的知识体系?怎样获得这一体系中的知识?知识体系作为编辑出版人才认识定式的组成部分,本身也是有结构的。有专家认为,全媒体时代使编辑出版学的知识出现了自然科学与社会科学之间的交叉和融合,一些相关学科和边缘学科的知识不断渗透,因此,编辑出版学的知识结构应当是复合型的,培养的人才既要是专家,同时还是杂家,既懂理论又有一定的实战经验。① 甚至有学者明确提出了复合型结构包括的三类知识,即以编辑工作为中心的编辑业务知识及相关的文化素质类知识、以出版物经营为中心的市场营销知识及其相关的经济学知识、以出版管理为中心的资源组织及行政管理知识。② 有学者认为,编辑出版学专业教育主要包括编辑学和出版学两大知识模块。出版学是研究有关出版活动一般规律的学问,既要建构基础理论也要提供其方法论,在编辑出版学学科体系中占有核心的位置。编辑学是出版活动中最具特质的业务内容和知识体系,主要解决编辑出版科学领域的专项问题。③

对于全媒体时代的编辑出版学所需知识体系的认识仅仅是问题的一方面,更重要的是对于知识获取渠道的认识。长期以来,人们受经验主义和理性主义纯粹客观的科学知识观支配,认为知识应当是清楚明白的,能够用语言来表述,而不能用语言表述的不是知识。这里的语言并不是自然语言,也不是私人语言,而是知识共同体内部可以交流的公共语言。在这种知识观的支配下,传统的编辑出版教育以书本、网络和教师课堂传授等方式为主,学生获取的知识大多是显性知识,且显性知识的获取带有一定的强迫性和盲目性。

针对经验主义和理性主义纯粹客观的科学知识理念,英国思想家波兰尼提出了与显性知识对应的另一种知识——缄默知识。④ "通常被说成是知识的东西,像

---

① 参见邓雷仓:《反思编辑出版专业的尴尬》,《出版发行研究》2005年第11期。
② 孟庆春:《本科编辑出版专业课程设置再议》,《出版发行研究》2008年第2期。
③ 李苓、黄娴:《"大编辑"视野下的中国高等院校专业设置准入标准——关于编辑出版本科设置的基本条件》,《出版发行研究》2009年第8期。
④ 波兰尼并没有把显性知识和缄默知识对立起来,按照他的描述,所有的知识系统都既有显性知识存在,又有隐性知识存在。

用书面语言、图表或数学公式来表达的东西,只是一种知识;而非系统阐述的知识,例如我们对正在做的某事所具有的知识,是另一种形式的知识。如果称第一种为显性(explicit)知识,第二种为缄默(static)知识,就可以说,我们总是意会地知道,我们在意会我们的缄默知识是正确的"①。第二种知识在我们人类社会中大量存在,因为"我们所认识的多于我们所能告诉的"②。与显性知识相比,缄默知识有下列特征:第一,不能通过语言、文字或符号进行逻辑的说明。第二,缄默知识不能以正规的形式加以传递,缺乏显性知识的公共性特征。第三,缄默知识不能加以"批判性反思"。显性知识是人们通过明确的"推理"过程获得的,因此也能够通过理性过程加以反思和批判,而缄默知识则是人们通过身体的感官或理性的直觉获得的,因此不能够通过理性加以批判和反思。③ 缄默知识的上述特点决定了它更可能是一种行动中的知识(knowledge in action),一种在行动中才能更好地觉察的知识,一种通过耳提面命的方式逐渐领会的知识。由于没有一个相对客观的载体,它无法大规模地、标准化地复制和传播。④ 在研究缄默知识时,波兰尼还曾注意到它与教学的关系:一方面显性知识主要通过教学活动得以传递,另一方面这种显性知识的传递只有通过缄默知识的应用才能获得成功。他甚至还指出,教学活动只有以这种缄默的"潜在知识"(latent knowledge)为基础,才能使师生双方意识到自己的"理智的力量"(power of intellect)。⑤

以波兰尼的缄默知识理论来观照全媒体时代下的编辑出版学,我们会发现编辑出版学不仅有丰富的显性知识,还富含着缄默知识。全媒体时代,由于编辑出版活动时常处在变动当中,需要编辑出版人员具有对数字出版产业链增值环节的快速反应能力、对海量数字化内容资源进行整合分析利用的能力及对跨媒体内容的定制能力和扩大其效应的市场运作能力,显然这些能力需要显性知识和缄默知识共同作用,特别是缄默知识的作用。换言之,这些能力在相当程度上是一种难以言说的"缄默知识",是一种实践性的感性智慧;是编辑出版人以其主观经验、热情、信念、价值等参与到具体实践情境中并不断构建起来的缄默知识。因此,从某种程

---

① 《波兰尼讲演集》,台湾联经出版社 1985 年版。
② Polanyi, M., *The Tatic Dimension*, London: Routledge & Kegan Paul, 1966: 4.
③ 吴晓义:《国外缄默知识研究述评》,《外国教育研究》2005 年第 9 期。
④ 刘秀峰:《中国传统医学中的隐性知识及其策略》,华中科技大学 2008 年硕士论文。
⑤ Polanyi, M., *Personal knowledge: toward a Post-Critical Philosophy*, London and Henley: Routledge & Kegan Paul, 1958: 103.

度上我们也可以这样认为：在编辑出版学的教育中，缄默知识比显性知识往往更加"有用"。缄默知识是自足的，而显性知识则必须依赖于被缄默地理解和运用。①

然而在编辑出版教育中，人们对于缄默知识的认识是不充分的或者不到位的。比如有些人认为，通过实践课程就可解决对缄默知识的掌握。事实上，除了实践课程之外，缄默知识还大量地渗透于编辑出版教育的方方面面。就缄默知识类型而言，既存在着教师的缄默知识，又存在着学生的缄默知识；既存在着有关具体教学内容的缄默知识，又存在着有关教授和学习行为的缄默知识，还存在着有关师生交往和学生之间交往的缄默知识；既存在着与人文知识学习有关的缄默知识，又存在着与社会知识和自然知识学习等有关的缄默知识。北京师范大学的石中英教授曾归纳出忽略缄默知识对教学的不良影响：那些对教学活动有益的缄默知识或许没有得到有效的利用，而那些对教学活动不利的缄默知识又可能干扰和阻碍教学活动的进行，导致学生在一些特殊知识点上的"学习困难"。我们平常所说的教学"难点"的形成一方面可能是由于课程知识本身的复杂性，另一方面就可能是由于学生所秉持的与课程知识不一致甚至是相反的缄默知识的干扰。显然，教学过程中对缄默知识的忽视及由此导致的缄默知识的自发作用在很大程度上会影响到教学难点问题的解决，影响到整个教学活动的有效性。②

编辑出版学蕴藏着大量的隐性知识这一特征，要求我们在构建教育模式时既要关注显性知识特性，又要对缄默知识的作用予以高度重视，使学生在掌握客观的、明确的编辑出版显性知识的同时，建构起自身必要的缄默知识体系。

三、缄默知识观照下的"LCT"编辑出版教育模式

从上述论述中我们已经意识到在构建编辑出版学教育模式时，不仅要给予未来编辑出版人一定的人文素养、科学素养和专业素养，而且要揭示、分析和发展他们的缄默知识，如编辑出版的态度或信念。显性知识和缄默知识是内在统一的，因为从缄默知识与显性知识之间的内在关系看，如果没有系统的人文知识、社会科学知识、自然科学知识以及编辑出版理论知识的传递和掌握，缄默教育知识的发展就会成为无源之水、无本之木。反过来说，如果没有缄默知识的揭示、分析和批判，系

---

① 王洪军：《论编辑专业成长的缄默知识》，《南北桥》2009 年第 11 期。
② 石中英：《缄默知识与教学改革》，《北京师范大学学报》（人文社会科学版）2001 年第 3 期。

统的理论或显性知识也就不能转变为学生真正的思想财富,就不能够在编辑出版实践中发挥应有的指导作用。因此,在编辑出版教育模式中,素养维度是编辑出版模式构建中必须首要考虑的维度(用英文"Literacy"一词的首字母"L"表示)。

编辑出版学中渗透着大量的缄默知识,这些知识和规范与有系统的结构性知识(如概念、原理、方法论)不同,它们是在具体情境中形成的,是与具体情境直接相连的、不规范的甚至是非正式的知识和体验。这些非结构性的知识很难写到课本上,很难条理化和明晰化,很难通过讲授的形式加以传授,这便是出版教育模式的第二个维度——情境维度(以英文单词"Context"一词的首字母"C"表示)。在这一维度下,如何将这些情境维度的缄默知识体现出来呢?最有效的办法是"案例教学"和"学徒制"实践。

案例教学法是欧美编辑出版专业教育常用的一种方法,该方法既要照顾学生的兴趣,又要考虑出版领域的前沿热点问题。在做案例的过程中,老师提供的帮助只是客观地回答学生提出的问题,不对学生有任何诱导,不参与任何发展战略的制定,完全由学生自己来完成案例。几个案例下来,学生通过对不同角色的体验,不但对出版社的工作流程了然于胸,还学会了如何站在管理者的角度来考虑问题。学生在这种综合素质培养中的收益是不言而喻的。

波兰尼曾经提到缄默知识的传承途径之一就是用师傅带徒弟。他说:"不能够详细描述的技巧也不能通过规则的方式加以传递,因为它并不存在规则。它只通过师傅带徒弟的方式加以传递……通过一个人对另一个人无批判的模仿才能被消化"①。"一种无法言传的技艺不能通过规范流传下去。因为这样的规范并不存在。它只能通过师傅教徒弟这样的示范方式流传下去。这样,技艺的传播范围就只限于个人之间的接触了。我们也就相应地发现手工工艺倾向于流传在封闭的地方传统之中"②。拜优秀编辑为师傅,可以实现四个结合:思想教育和专业教育相结合,课堂教育和课外教育相结合,共性教育和个性教育相结合,严格管理和亲情感化相结合,这些都有助于编辑缄默知识向学生缄默知识的迁移。

编辑出版教育模式的第三个维度是技术(用英文"Technology"一词的首字母

---

① Polanyi,M.,*Personal knowledge:toward a Post-Critical Philosophy*,London and Henley:Routledge & Kegan Paul,1958:53.
② Polanyi,M.,*Personal knowledge:toward a Post-Critical Philosophy*,London and Henley:Routledge & Kegan Paul,1958:54.

"T"表示)。在全媒体时代,出版形式呈多样化态势,不仅出现手机出版、博客出版、网络游戏、网络杂志、网络广告、影视出版、动漫等多种出版形式,而且传统出版物内容信息的数字化过程也可纳入数字出版的范畴,①数字出版技术已成为新一代编辑出版人必备的技能之一。

数字出版技术的获得和转化是建立在集中意识和辅助意识这两种缄默意识的动态关系之上的。在数字出版技术的学习中,当数字出版技术相关知识作为集中意识时,学生把先前具备的经验和技能作为辅助意识融入集中意识,完成知识的学习。在数字出版技能的学习中,技能成为集中意识,而内化的知识则成为辅助意识,技能的熟练掌握将进一步促进知识的获得。通过整合编辑出版教学课堂和媒体实验室,打破课堂教学平台与实验教学平台的界限,使编辑出版技术课的教学在仿真的媒体环境中进行,从而培养学生的实战能力。

那么,"LCT"模式中这三个维度是怎样的关系呢?我们可以借助以下坐标系解读。

在以 LCT 为三维的极坐标中,把某个时间点的素养教育、情境教育和技术教育的发展水平分别用各自坐标轴上的 O'、A 和 C 三点表示,以 O 作为顶点,分别以 OA、OC 和 OO'为长、宽、高,构成了 LCT 模型(见图 1)。在这个模型中,长方形 OABC—O'A'B'C'把坐标空间一分为二。一部分在其中或表面之内,另一部分在空间之外(供发展的空间)。因此,随着素养教育、情境教育和技术教育发展水平的提升,长方体的发展空间越来越大,也就是学生能力发展越可能呈现复合发展趋势。反之,其能力发展将受到一定的限制(见图 2)。

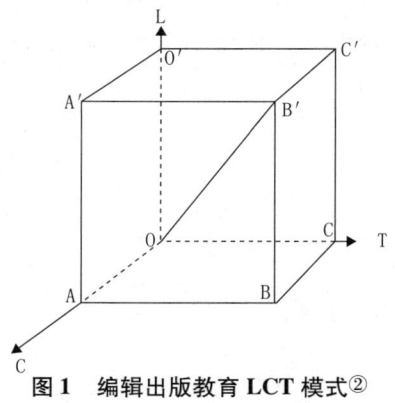

图 1　编辑出版教育 LCT 模式②

---

① 罗昕:《媒介融合时代编辑出版专业的实践教学体系建构》,《中国编辑》2009 年第 4 期。
② 该模式受《中国新闻传播学学科建设的 3PC 模式构想》一文的启发。详见:李本乾:《中国新闻传播学学科建设的 3PC 模式构想》,《现代传播》1999 年第 3 期。

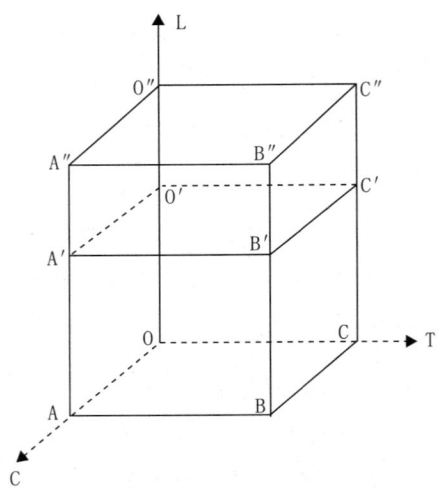

图 2　编辑出版教育 LCT 动态模式

此模式最大的特点就是从动态的角度看待影响编辑出版教育的三个维度,如果以长方体的体积大小作为学生能力发展水平高低表征的话,那么由于长方体的长、宽、高的比例不同则表征出学生能力发展的不同结构。从这点出发,可以预测即便是在 LCT 三维教育模式下,各校对素质维度、情境维度和技术维度所占比例的选择表现出的编辑出版学特色是不同的。比如,北京师范大学注重"L"维度,利用强大的文史教学科研平台,以培养文史编辑在业界的声誉;中国科技大学和华中科技大学则凸显"T"维度,形成了以电子编辑和科技编辑为主要培养方向的教学特色。复旦大学则注重与业内保持良好的联系,将上海市新闻出版局、世纪出版集团纳入上海市委宣传部与复旦大学共建新闻学院的框架中,为编辑出版专业"C"维度的体现创造了可能。

影视类实验室承担专业见习模式的探索与研究
——以浙江传媒学院实训中心为例

浙江传媒学院　章晓亮

目前大学生面临着巨大的就业压力,影视类专业对学生的实践动手能力与专业应用能力的要求尤其突出。学生在低年级时,便应了解今后学习的专业内容,熟悉工作流程。建立与行业需求相吻合的实践教学环节,实施与现实接轨的人才培养方案,使学生能够顺利就业,发挥自己的专业特长,这是现实而紧迫的问题。[①]

浙江传媒学院影视类专业课程开展得相对较晚,一般从大三开始设置,大一、大二侧重基础或专业基础课程。学生在学习过程中,进度各不相同。学习能力超前的,想学习更新更专业的知识,而相对落后的学生对所需学习的知识并没有一个系统的认识。了解影视技术发展历程及其相关业务,熟悉影视摄制的工艺流程,了解正确使用各种前后期摄制设备,了解相关人员所要具备的素质和技能,了解所学专业在经济社会活动中的行业地位,以此激发学生的学习热情,开展有针对性的学习对于增强实践认识具有极其重要的意义。

一、建立以影视专业实验室为基础的校内专业见习模式

影视类专业学生经过专业学习后,还需要通过一定的实践来进一步提升综合能力。充分利用学校良好的软硬件条件,在校内构建"基础学习→校内专业见习⇄专业学习"的模式。学校内部进行的专业见习又分为认识性专业见习与综合性专

[①] 蔡璐、王章忠、巴志新:《衔接专业资质认证通道 构建新型实践教学体系——金属材料工程专业实践教学改革》,《高教论坛》2010年第7期。

业见习。这两种见习模式满足了不同层次学生的需要。构建好校内专业见习对提高专业的认识,提升专业水平,增加综合竞争力大有好处。

1. 校内专业见习场所情况

浙江传媒学院实训中心主要承担面向全校的影视实验教学任务、大学生创新活动,音视频节目、作品、项目的开发与制作。其中影视专业实验室主要由后期制作实验室、现场制作实验室和广播影视声音制作实验室三大类构成。实验设备先进,功能齐全,可以达到省市电视台的专业制作标准。

实训中心根据影视实验室的自身特点,可以面向影视制作专业低年级专业学生以及非影视专业学生提供校内专业认识性见习场所。相关专业主要有播音主持专业、广播电视工程类专业、摄制类专业、文化管理类专业、新闻采编类专业。低年级学生在接触相关专业设备、了解制作工艺流程以及相关技术整体的发展趋势方面有明显不足,因此在影视实验室开展认识性专业见习对学生学习以后相关课程有较大的帮助。

2. 见习大纲、指导人员及组织结构

在不同专业实验室开展专业见习时,专业见习教师事先制定相关的见习教学大纲、实验指导书。不同专业的学生要求掌握的具体内容也不一样。如播音主持专业的专业见习涵盖节目主持、新闻报道、演播室录制、后期制作等内容。每个见习项目约占4个学时,由相关实验指导教师进行讲解。在具体项目讲解中主要介绍专业制作实验室、相关设备的基本操作使用,让学生们有一个直观的了解。完成讲解介绍后,根据小组自身特点,有针对性地开展互动提问与交流,指定操作相关设备,完成相应功能,深入了解工作流程,如调整摄像机的白平衡,在线性编辑机上使用组合编辑完成画面剪接等。

专业见习教师一般选择实验教师,他们熟悉相关实验室具体设备的使用,参加过实验建设与管理工作,承担一定的教学任务,有些教师还直接参加过各类节目的制作,工作经验相对丰富。在参加专业见习之前各实验教师参照广电单位节目制作流程,通过集体备课,确定课程进度、讲解内容、实训项目、评判的标准,做好设备维护与讲解点评工作。

3. 专业见习的分类与侧重点

认识性专业见习与综合性专业见习侧重点各不相同,其中认识性专业见习主要让学生了解广播电视节目制作及播出流程、有线电视前端发射系统的整个结构框架以及连接方法,明白播出系统的操作要领及流程。通过现场播出学校电视台自办频道的节目进一步了解播出系统的基本原理及具体应用,并从上载、播出以及卫星信号接收等环节知道电视台前端部、播出部、技术部以及维修部等部门的工作流程。了解高清电视转播系统的构成、连接及调试方法,体会高清摄像机的操作要领及程序。了解高清节目制作的基础知识及高清技术发展的趋势,明白高清节目制作特点以及节目制作流程;体会电视节目制作技术的前沿——虚拟演播室技术及在生活中的一些具体应用。通过现场节目录制进一步了解高清摄像机和数字特技切换台的基本原理及具体应用。掌握电子编辑技术的基础理论、录像机的基本原理以及制作设备的发展动向。在认识性见习过程中,教师对工作流程作完整介绍,注重培养学生专业学习的积极性和主动性。

完成认识性专业见习后,在综合性专业见习中增加侧重实践动手能力和灵活应用能力的项目。如在实践动手拍摄时可以从技术和艺术上来讲解白平衡、光圈、快门在拍摄中的综合应用。在节目后期制作中可以有针对性地对各类成片的调色,各类字幕的制作等方向作重点介绍。这些都可以体现在实验内容的复合性、实验方法的多元性、实验手段的多样性、人才培养的综合性上。①

4.专业见习的成果

影视摄制类专业见习时间一般以32学时为标准,各相关专业实验室4个学时左右的时间。在认识性专业见习中,学生在进入实验室前根据指导书预习功课,对其中的问题进行必要的准备,见习中教师全程跟踪,记录学生考勤、表现和操作情况。完成实验后学生提交见习实验报告,总结巩固相关专业知识。综合性专业见习以完成一个应用性专题或者完成一部影视作品为主要成果。具体选题可以由学生自己提出,也可依托教师的科研项目。一般来说,选题难度要适中、工作量适中、选题具有鲜明的影视特色,在选题完成后由指导教师对相关作品进行点评与指导。

二、专业见习存在的不足及相关解决方案

实训中心利用实验教学空隙开展专业见习工作,在实验室完成专业见习任务中需要加强以下几方面的措施。

---

① 张俊:《独立开设综合设计实验的探索与思考》,《实验室科学》2007年第1期。

1. 加强实验教师队伍建设

实验教师工作相对烦琐,知识需要适当更新,必须具备既精通理论又擅长实践的能力。在确保学历水平的前提下,要加强对实验教师影视实践能力的培养,努力构建"双师型"教师队伍。① 目前实践教学师资匮乏,特别是缺少既精通理论又擅长专业实践的教师。同时,影视设备升级更新较为频繁,专业见习教学大纲及教材相对匮乏与滞后,相应的新设备开发应用相对不足,较难形成独立创新的能力。可通过与二级学院教师的项目合作、参加专业课程建设来综合提升专业知识,鼓励部分实验教师从事一定的兼职活动,提高实验教师的影视摄制能力。在条件成熟的情况下,定期选派教师到电视台、剧组、影视公司等部门进行业务学习培训,对实验教师建立一个有效的培训机制。实验教师在实践中要参与综合实验并且做好相关指导工作,通过不断学习提升自身水平。

2. 提高实验室设备使用率,因材施教

广播电视设备更新换代周期越来越短。有相当部分专业设备面临淘汰与闲置。而新引进的广播级设备套数相对不足,不能让所有学生都完成操作练习。针对这种现状,在专业见习项目设计时就应当考虑相关实验室旧设备的重新利用,一些原理性、通用性的项目就可以在旧设备上完成,提高设备的使用率。

讲解拍摄原理与演播室多机位切换时,新旧设备混合使用,完全能够完成构图、镜头切换、镜头运动等常规拍摄认识性专业见习以及综合性专业见习的需要,一方面提高旧设备的使用率,另一方面对学生而言加强了对设备使用方法的认识。

3. 改进专业见习教学方法

目前有多个不同专业的学生参加专业见习,实验教师将花大量的时间与精力重复介绍基础性、常识性的内容,这将极大降低专业见习的效率。因此可以针对自身实验室特点事先录制视频来完成基本介绍,并在关键点作出进一步解答。学生可以通过与实验教师的互动来进一步推动对专业的认识。实验教师可以将更多的时间与精力放在专业实践应用中来;也可以将专业基本介绍由单一逐个参观实验室时分散介绍,变成集中式一次性介绍影视工艺流程以及常识性基础内容。

在专业见习的总体时间安排上可以进行合理规划,以时间段的方法安排专业

---

① 李克艳、赵庆鸣:《地方高校法学专业实践教学的困境与出路》,《法制与社会》2011年第6期。

见习,专业认识及综合见习再按主次及工作流程作处理。

4. 专业见习考核与意见反馈

实验成绩的考核过分依赖实验报告的优劣,导致学生不注重实验过程,片面追求实验结果的正确性、实验报告的篇幅和整洁程度,严重制约了对学生综合素质的培养。

学生与教师的考勤通过后台管理系统来完成。对进入实验室专业见习的学生、教师设定不同的使用权限,使用者通过刷取实验室门口设定的一卡通读卡器进入实验室。该系统不仅能确定和记录进入实验室的人员情况,而且还能确定并记录实验室的开放时间,生成数据作为上课考勤的依据。[1]

专业见习考核主要针对认识性实验与综合性实验,两者考核方法各不相同。认识性专业见习更多评定学生的实验态度、操作专业设备的基本方法;而综合性专业见习除了评定学生的实验态度、操作专业设备的基本方法之外,更多地会侧重实验过程独立思考的能力和发现问题、分析问题、解决问题的能力等多方面的成绩。其中,实验表现及技能成绩占30%(实验态度占10%,操作规范占20%),综合作品及创新能力成绩占70%(解答问题占10%,设计方案占20%,作品占40%)。这样的考核方法,既调动了学生学习的积极性,提高了他们对专业见习的重视程度,又保证了成绩评定的客观性和公正性,提高了实验教学的质量。[2]

学生完成专业见习后,对上课老师及上课方式的建议可以通过填写调查表或者直接参与网络平台调查的方法实现反馈,实验教师再根据反馈结果对课程作进一步改进。

三、总结与综述

在影视类各专业实验室开展专业见习,让各个专业的新生对影视类专业有较直观的认识,熟悉并清楚相关工作流程。通过对专业设备的认识,完成一定层次的作品从而提高专业学习的兴趣。学生在以后的学习中通过结合兴趣能够找到今后学习的重点。对实验室而言,在实验教学之余完成专业见习任务,将提高专业设备利用率,也将促进实验教师队伍能力的提升。

---

[1] 江月玲:《综合性实验教学的实践》,《中山大学学报论丛》2007年第1期。
[2] 王轶群:《基于创新型人才培养的高校开放式动画实验室建设探讨》,《实验技术与管理》2012年第1期。

高校适应文化产业发展培养创意人才的研究
——以浙江省为例

浙江传媒学院　姚　争　项　雁

美国学者理查德·佛罗里达把全球经济社会发展分为农业经济时代、工业经济时代、服务经济时代和创意经济时代4个阶段。从全球范围看,文化产业虽始于工业经济时代,但盛于创意经济时代。在新经济环境下,文化创意产业已经成为文化产业的新形态。文化所蕴含的智慧和创意代替自然资源和有形的劳动生产率,成为财富创造和经济增长的主要源泉。人才成为第一生产要素。

正因为如此,十七届六中全会把人才建设摆在文化强国建设的突出位置,指出"推动社会主义文化大发展、大繁荣,队伍是基础,人才是关键"。浙江省为实现文化强省的目标,早在2009年出台的《浙江省文化创意产业发展规划》就明确提出"到2015年,我省文化创意产业增加值占GDP比重达到7.5%以上,文化创意产业从业人员占全社会从业人员比重达到10%"。

高校如何进一步更新观念,创新体制、机制,充分发挥主渠道作用,加快培养德才兼备、锐意创新、结构合理的创意人才队伍,以适应文化创意产业发展和社会发展整体转型的需要,有力促进文化大发展、大繁荣,是一个十分值得研究的课题。

一、研究前提:文化创意人才的分类和智能特征

文化创意产业是文化产业在新经济背景下的新形态,以消费时代人们的精神文化娱乐需求为基础,以高科技技术手段为支撑,以网络等新传播方式为主导,以文化艺术与经济全面结合为自身特征的跨国、跨行业、跨部门、跨领域重组或创建

的新型产业集群。① 人才的分类和智能构成关乎其外部和内部特征,是文化创意人才培养研究的基本前提。

(一)外部特征:文化创意人才的分类

目前,文化创意产业尚处于一个概念各自表述的阶段,各地的分类标准不一、统计口径不同。在浙江,2009 年省发改委在制定《浙江省文化创意产业发展规划》时提出了 6 个大类、15 个中类、40 个小类产业分类体系;②杭州市文化创意产业执行的是 2008 年市文创委颁布的 8 个大类、91 个小类的分类办法;宁波市文化创意产业的统计口径则是根据国家统计局《文化及相关产业分类》的标准。

通过对各地的分类标准和办法的比较分析,我们认为北京市统计局联合国家统计局制定的文化创意产业分类体系具有推广价值。该产业分类包括 9 个大类、27 个中类、88 个小类,③几乎囊括了所有的文化创意产业细类。本课题以该体系为基础,将文化创意产业划分为 6 个核心大类和 18 个中类(表 1),剔除了艺术品交易、旅游和休闲娱乐以及其他辅助服务 3 个大类。虽然这 3 个行业与文化创意产业相关,但是不能直接体现创意的核心地位。在文化艺术大类中还剔除了文化保护和文化设施服务、群众文化服务,因为这些应该属于公共文化事业的范畴。

与产业分类不同的是高校的专业通常根据学科分类设置,因此产业与专业之间的交叉在所难免。我们采用以下原则:首先是宜粗不宜细,根据专业,只与大类对应,不细分到小类;其次是根据专业人才培养目标、专业课程设置和招生类别等相关性指标确定对应的产业类型。

根据教育部现行的本科专业目录,截止到 2011 年年底,全国本科专业总数为 621 个,与文化创意产业人才培养高度相关专业 62 个,占 10%;其中艺术类专业最多,达 31 个,占总数的 50%。目前浙江省文化创意类专业已经布点 49 个,占该类专业总数的 79%。

---

① 金元浦:《当代世界创意产业的概念及其特征》,《电影艺术》2006 年第 3 期。
② 李跃进:《浙江省文化创意产业发展规划》解读,http://www.jxvtc.net/00000020/2009/29332 - 1.doc。
③ 北京市统计局:《北京市文化创意产业分类标准》,http://www.bjstats.gov.cn/zdybz/tjbz/hyheyfl/cyfl/200804/P020080415320929383891.doc。

表 1　文化创意产业核心类别与专业分布

大类	中类	本科专业
文化艺术	文艺创作、表演及演出场所，文化研究与文化社团服务，文化艺术代理服务	艺术学，音乐表演，音乐学，作曲与作曲技术理论，舞蹈学，舞蹈编导，音乐科技与艺术，表演，中国画，美术学，绘画，雕塑，书法学，公共艺术，休闲体育
新闻出版	新闻服务，书、报刊出版发行，音像及电子出版物出版发行，图书及音像制品出租	编辑出版学，传播学，广播电视新闻学，新闻学
广播、电视、电影	广播、电视服务，广播、电视传输，电影服务	数字电影技术，动画，影视学，戏剧学，戏剧影视文学，广播电视编导，广播影视编导，导演，录音艺术，播音与主持艺术，影视艺术技术，照明艺术，广播电视工程
软件、网络及计算机服务	软件服务，网络服务，计算机服务	数字媒体技术，电子与计算机工程，物联网工程，信息安全，网络工程，计算机软件，软件工程，计算机科学与技术，电子信息科学与技术，信息工程，信息与计算科学
广告会展	广告服务，会展服务	会展艺术与技术，会展经济与管理，文化产业管理，媒体创意，新媒体与信息网络，广告学
设计服务	建筑设计，城市规划，其他设计	艺术设计学，艺术设计，装潢设计与工艺教育，戏剧影视美术设计，数字游戏设计，数字媒体艺术，工业设计，风景园林，景观学，景观建筑设计，服装设计与工艺教育，服装设计与工程

(二) 内部特征：文化创意人才的智能结构

文化创意人才并不是泛指从事文化创意产业工作的相关人员，而是特指从事"创造新观念、新技术和新的创造性内容"[1]工作的人，厉无畏先生把这类人才分为艺术人才、设计策划人才、技术人才和经营管理人才。[2] 由此可见，创新精神和创造能力是文化创意人才岗位胜任力的核心要素，因此基于知识禀赋和灵感的创造力也就成为这类人才智能结构中最显著的特征。

人的智能（素质）构成既源于先天的基因，也来自于后天的养成。遗传、教育、环境作为 3 个主要元素呈现出相互依存、共同作用、潜移默化的复杂关系，通常我们将其归结为智力因素和非智力因素。根据"冰山理论"，智力因素决定冰山上露

---

[1] 〔美〕理查德·佛罗里达：《创意阶层的崛起》，司徒爱勤译，中信出版社 2010 年版。
[2] 厉无畏：《创意产业导论》，学林出版社 2006 年版。

出水面的部分,包括知识、技能等,是外显的、容易观察和测量的,这些相对比较容易通过培训来改变和发展。非智力因素决定水下部分,包括性格气质、价值观念等,是人们内在的、难以测量的,它们不太容易通过外界的影响而改变和发展。"冰山理论"指出,往往那些潜在的智能在很大程度上对人们的行为与表现起着推动、催化和导向的作用。

美国创造心理学家 E.I. 格林提出创造力由以下 10 个要素构成:知识、自学能力、好奇心、观察力、记忆力、客观性、怀疑态度、专心致志、恒心、毅力等。国外学者费德荷森(J. F. Feldhusen)认为创新能力是由基础知识、元认知技能和人格因素构成的。①

据此,文化创意人才的智能构成形成一个三角形(图 1):第一层为基础知识,包括知识、观察力、记忆力;第二层为元认知技能,包括自学能力、客观性、专心致志、怀疑态度;第三层为人格因素,包括好奇心、恒心、毅力。

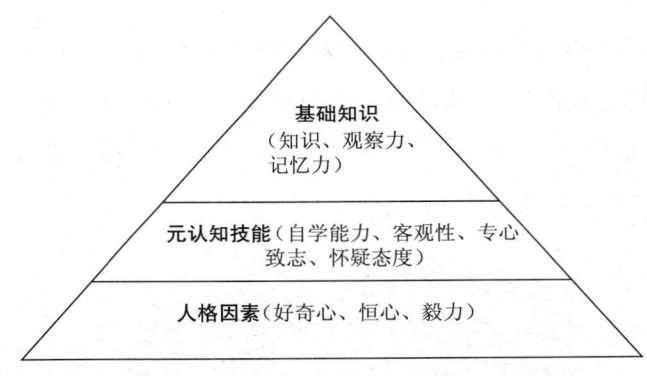

图 1　文化创意人才的智能构成

二、现状分析:浙江省本科院校文化创意人才培养综述

根据浙江省教育厅公布的数据,浙江省现有本科院校 33 个,在校生总人数 54.63 万人,各类专业 274 个。近年来文化创意类专业快速发展,为浙江的文化大省建设提供了人才支撑。

---

① Feldhusen,J. F. Creativity:A Knowledge Base,Metacoginitive Skills and Personality Factors,*Journal of Creative Behavior*,1995(4).

(一) 从空间看,分布较广

除一所学校之外,其他 32 所高校均开设了文化创意类专业。全省文化创意类专业 49 个,占专业总数的 17.9%;在校生人数 5.87 万人,占总人数的 10.7%。一些院校的专业整体布局上已经形成一定特色和优势。中国美术学院全校 18 个专业中文化创意类 16 个,占总数的 88.9%,其中国家特色专业 5 个;浙江传媒学院专业设置涵盖文化创意产业 6 个大类共 26 个,是省内文创类专业最多的本科院校。

从专业规模看,明显地存在两极分化现象,专业布点数位居前 10 位的专业依次是:计算机科学与技术(28 个)、艺术设计(22 个)、信息与计算科学(20 个)、工业设计(18 个)、动画(13 个)、美术学(13 个)、音乐学(10 个)、软件工程(10 个)、数字媒体技术(9 个)、网络工程(9 个)。专业点数只有 1 个的专业达 14 个,占同类专业总数的 28.6%。

(二) 从时间看,短期加速明显

我们统计了自 2007 年以来浙江省本科院校新增专业的情况,发现文化创意类专业是这一时期增量最大、增速最快的专业板块(见图 2),5 年来共新增 91 个专业,占新增专业总数的四分之一以上,其中增加较多的专业是工业设计(10 个)、网络工程(8 个)和艺术设计(5 个)。

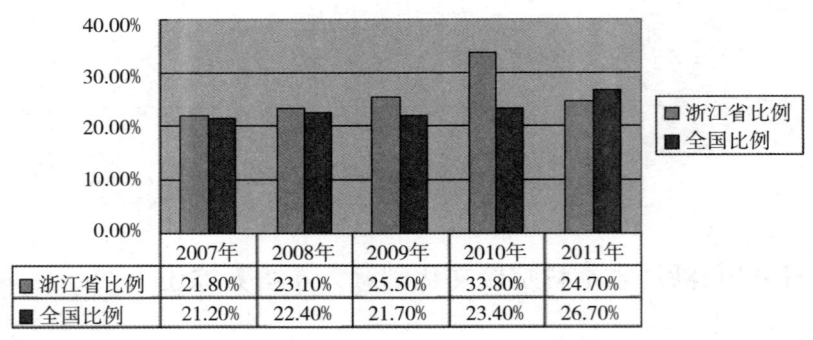

图 2 2007—2011 年浙江省和全国新设专业中文化创意类专业所占比例

从图 2 中可以看到,文创类专业"热"是一个全国性的现象,自 2007 年以来呈攀升之势。从 5 年的总体增量来看,各地区文化创意类专业在新专业中的比重差别不大,究其原因,大概有这么几点:

其一,文化创意产业在各地都被视为朝阳产业,亟需大批受过专业训练的各类人才。

其二,教育部近年来大力提倡高校设置战略性新兴产业相关专业,一批与文化创意产业相关的新专业陆续出现在本科目录之中,如新媒体与信息网络、物联网工程等专业,这些专业受到高校的欢迎,仅2011年浙江省就有4所高校开设了物联网工程专业。

其三,部分文创类专业办学条件要求不高,专业基本质量标准尚未形成,专业跨界性特点明显,致使一些高校认为准入门槛低,相关专业纷纷"越界"培养,跟风现象严重。

(三)从质量看,比较优势正在形成

浙江省从2003年起启动高校重点专业建设项目以来,到2011年年底共有国家特色专业128个,省重点专业300个。虽然这些重点和特色专业建设成效不能等量齐观,但是总体看,这些专业在省内相关类别专业中具有比较优势。

浙江省49种文化创意类专业中,有27种专业建有省级重点专业,占55.1%;17种专业建有国家特色专业,占34.7%(见表2),其中国家特色专业总数为26个,占浙江省国家特色专业总数的20.3%,比北京16%和上海13.8%高出4%~6%。由于国家特色专业的评审是以地方推荐意见为主,因此,也许以下表述更为准确:在文化创意类专业与其他专业的竞争性评审中,浙江省的优势比北京和上海更加明显一些,这与浙江高校专业建设的整体实力有关。

表2 浙江省文化创意类专业国家特色专业建设情况一览表

序号	专业名称	数量	序号	专业名称	数量
1	美术学	1	10	新闻学	2
2	动画	2	11	计算机科学与技术	4
3	绘画	1	12	软件工程	2
4	艺术设计	3	13	信息安全	1
5	雕塑	1	14	数字媒体技术	1
6	音乐学	1	15	信息工程	1
7	播音与主持艺术	1	16	服装设计与工程	1
8	广播电视编导	1	17	会展经济与管理	1
9	工业设计	1			

就学校而言,浙江高校中文创类专业整体实力最突出的当属中国美术学院和浙江大学,它们分别有5个国家特色专业。浙江理工大学和浙江传媒学院的个别特色专业也具有一定优势。从专业大类分布看,浙江省文创类的优势专业主要集中在艺术设计、计算机服务、广播电视和美术创作;相对较弱的专业包括新闻出版、戏剧影视、广告会展等。

(四)从学科看,跨界融合成为趋势

从学科分类看,浙江省49个文创类专业可分为6个大门类,分别是艺术(30个)、文学(7个)、工学(6个)、理学(3个)、管理学(2个)、教育学(1个)。其中艺术门类中有9个专业属于复合型专业,学科跨界;而在工学、理学和管理学中也各有1个复合型专业;有11个专业可授予2种学位,占文创专业总数的22.4%,而部分未被教育部许可授予2种学位的专业事实上也同样具有学科融合的背景,比如会展艺术与技术、新媒体与网络技术等。

目前最常见的文创类专业的学科跨界是艺术与其他学科的融合,如工业设计、数字媒体技术等专业是艺术与工学的结合;而文化产业管理则是艺术与管理学的结合。

(五)从就业看,社会认可度有待提高

课题组对2009—2011年浙江省本科院校各专业就业数据进行统计分析。3年来浙江省文化创意类专业毕业生人数以每年递增9%的速度增加,2011年已经达到21 203人;文化创意类专业毕业生总体签约率较低,3年均低于全省平均值5%左右,而待就业人数比例逐年增加,2011年达到了17.62%;与其他专业相比,文化创意类本科专业毕业生的自主创业比例较高,表现在灵活就业比例占了全省灵活就业人数的近40%(见表3~表6)。

表3 浙江省2009—2011年高校文创类本科专业毕业生数

项目 年度	2009年	2010年	2011年
本科专业毕业生总数	100 654	110 453	118 713
文创类本科专业毕业生总数	17 918	19 595	21 203
文创类本科专业毕业生比例	17.80%	17.74%	17.86%

表4　浙江省2009—2011年高校文创类本科专业毕业生签约率情况

年度＼项目	2009年	2010年	2011年
本科专业毕业生总签约率	82.69%	85.54%	85.55%
文创类本科专业毕业生签约率	77.31%	79.24%	80.02%

表5　浙江省2009—2011年高校文创类本科专业毕业生灵活就业人数统计

年度＼项目	2009年	2010年	2011年
本科专业灵活就业人数	3 555	3 367	3 493
文创类本科专业灵活就业人数	1 374	1 469	1 375
文创类本科专业灵活就业人数比例	38.65%	43.63%	39.31%

表6　浙江省2009—2011年高校文创类本科专业毕业生待就业人数统计

年度＼项目	2009年	2010年	2011年
本科专业待就业人数	8 192	5 271	4 053
文创类专业待就业人数	1 310	866	714
文创类专业待就业人数比例	15.99%	16.43%	17.62%

从就业情况看，浙江省本科院校文创类专业的人才培养工作数量上发展较快，学生的自主创业精神和能力比其他专业有明显优势。但是，平均签约率偏低、待业人数比例增加则说明这些学生的就业竞争力较弱、自主创业的存活率较低，说明社会与行业对高校培养的文创类人才的认可度还有待提高。

（六）从调研看，学生的智能构成不够合理

根据文化创意人才智能结构的3个层次，我们设计了由创意素质、创意能力、创意人格等3个部分构成的问卷，选取浙江传媒学院、浙江师范大学等院校3年级的6个不同专业的学生为对象，其中文创类专业4个，非文创类专业2个。统计数据（见表7）显示了两个特点：

表7　相关专业智能构成得分一览表

得分	文创类专业平均分	非文创类专业平均分	2007导演实验班得分
创意素质总得分	68.84	66.03	69.59
创意能力总得分	62.06	61.61	65.18
创意人格总得分	51.07	51.52	51.34
平均总得分	60.66	59.72	62.04

其一,文创类专业学生与非文创类专业学生相比智能构成上整体略优,但是区分度并不明显。文创类专业学生的创意素质总得分、创意能力总得分和3项平均总得分都略高于对比组,但是分差比较小,创意人格总得分还略低于对比组。值得注意的是,在被调查的6个专业中,浙江传媒学院的导演实验班各项得分优势比较明显。该班学生从全校各专业被选拔出来,接受作坊式教学,其创作能力得到强化式培养。由此可见,创意人才的培养同样需要有创意的教学。

其二,与对比组相比,文创类学生智能构成结构不均衡,越显性的能力得分越高,越隐性的能力优势越不明显,甚至处于相对劣势。这说明教育的主要功能还是停留在知识传授、技能训练这些浅表层面,无法实现深层次的人格塑造,离教书育人的要求还有明显差距。

问卷调查中暴露的问题在省内创意园区的行业访谈中也得到了印证,对大学的人才培养,5家创意类企业的人事高管共同的看法是:

其一,他们普遍认为大学教育与社会需求脱节,所学知识比较陈旧,对社会缺乏了解,至少要经过3个月的培训才能上岗,1年以后才能独当一面。

其二,是否从事创意工作与大学专业关联性不强,对学历的要求也不高。企业最看重的不是专业背景和文凭,而是持之以恒的精神和忠诚度。

综上所述,近年来浙江省高校文创类专业点的快速增加从人才培养的数量上顺应了省文化大发展的社会需求,但是由于在培养模式、培养方法和资源配置上存在诸多问题,致使人才智能结构不尽合理,从质量看也无法满足文化创意产业发展对高端创意人才的需要。

三、对策研究:基于"ABC"的文化创意人才培养改革探索

文化创意人才的不足已经成为制约浙江省文化创意产业快速发展的瓶颈,与

美国和日韩等国家相比,这种不足表现为高校培养的人才类型和结构的不平衡,但是更为突出的问题还在于人才培养的质量上的差距——创意才能不尽如人意。

(一)文化创意人才培养的症结所在

有学者对高校能否培养合格的文化创意人才持怀疑态度,提出"三加工"说,即高等学校粗加工、企业深加工、社会精加工。① 事实上,文化创意人才培养的粗略化现象正是目前浙江省高校的通病所在,它造成大量的"半成品"甚至"废品"直接流入社会。造成这种局面的主要原因有二:

其一,以知识灌输为特点的传统教育理念严重扼杀人的创意天性。面对"钱学森之问",我们必须反思我们的教学理念:传统的填鸭式的教育特点在于学生知识的获得,它是以牺牲其学习兴趣和创造力为代价的;"集体圈养"式教学方法的弊端在于无视个体的差异性,以共性代替个性,而创意却要求有个性化表现,追求标新立异、卓尔不群。因此对中国的教育来说,首先要解决的也许不是如何培养学生的创造力,而是如何尽量避免禁锢和扼杀学生与生俱来的创造力和天性。

其二,以学科—专业—课程为主干的传统教学架构从根本上阻碍了跨学科复合型人才的培养。钱学森对如何培养具有创新精神和能力的杰出人才,在晚年曾经给出自己的答案:根据历史经验,也根据本人体会,我们的大学教育要实现科学与艺术结合。② 文化创意产业作为复合型产业,其最大的特点在于跨界性和交叉性。目前高校普遍存在的过度、过早地进行学科和专业分类就不利于文化创意人才的培养。正如深圳大学传播学院院长吴予敏所说:"我们过去只是在知识生产方面强调跨学科的融合,但是在人才培养方面没有特别强调这种跨专业的融合,没有找到进行教学的跨学科培养的路径,管理体制也没有给这种改革和尝试提供制度空间。"③

目前高校传统、单一的人才培养机制已无法适应文化创意产业人才培养的需要,严重制约了文化创意产业的发展。浙江省高校需要在现有体制的基础上改革实践,探索可行性教育模式,培养高素质的文化产业人才已成为当务之急。

---

① 陈要立:《基于胜任力模型的文化创意产业人才培养模式研究》,《经济问题探索》2011年第8期。
② 孙焘:《科学与艺术何以相遇》,《中国教育报》2010年11月7日。
③ 吴予敏:《高等教育的滞后制约了文化创意产业的发展》,《深圳大学学报(人文社会科学版)》2009年第4期。

(二) 文化创意人才培养的目标定位

文化创意产业具备交叉学科的特征。因此,在人才培养中,也必须恰当处理学生艺术修养、创意能力等"艺术"素质培养与市场营销等"产业"运作能力的培养之间的关系。创意不但表现在音乐、美术或其他艺术创作方面,更是跨越了课程、专业和学科领域,正如罗伯特·弗兰兹所说,创造能力的发挥需要辅助以各种智慧能力和思维品质。[①]

经过调研,我们将文化创意产业培养的目标定位为将艺术、技术、市场融为一体的高级复合型人才,并具有"ABC"复合型智能结构(A = Art,代表艺术;B = Business,代表商业;C = Computer,代表计算机技术):既具备一定的艺术创新能力,又需要有较强的计算机运用能力,还必须掌握必要的市场运营能力。

目前国内一些高校已经开始这方面的探索和实践。华中师范大学自 2007 年起开设新闻传播—信息技术交叉实验班,建立双学位和交叉学科知识学习制度。学生在前 3 学年不分专业方向,要完成两个交叉学科领域的知识学习,进入大四再分专业方向。部分学生可提前进入研究生阶段学习。[②] 这种做法不仅打破了专业学科壁垒,还通过开设本硕连读的直通车解决多学科复合型人才培养周期较长的问题。

(三)"ABC"型文化创意人才培养的现实路径

对浙江省的大部分高校而言,培养具有"ABC"复合型智能结构的文化创意人才面临的困难有以下两点:一是教学资源紧张,小班化教学、双师型的教学团队、创新实践基地等捉襟见肘。相对单一学科专业人才和跨学科复合型人才培养所要求的教学资源在质和量上都有明显的差异。二是完成跨学科教学的周期较长,一个辅修专业需 20~30 个学分,第二学位则需 40 个左右的学分,因此,学生在 4 年时间里修完一主两副的规定学分困难较大。针对这两大问题,根据浙江省高校的现实情况,课题组提出了以下建议:

第一,进一步完善弹性学分制,加大校内跨学科专业的辅修专业和第二学位专业的建设力度,构建多学科支撑的课程体系。学校要通过制度设计打破学科专业壁垒,拆除学院、系之间的藩篱,为学科交叉培养提供更多的时间和空间。比如,在

---

① 〔美〕罗伯特·弗兰兹:《创意无限》,杨颖译,中国社会出版社 2005 年版。
② 李克武、胡中波、郑伦楚:《大学本科复合型研究人才培养模式探索》,《评价与管理》2012 年第 1 期。

时间安排上,利用晚上或者周末时间开设辅修专业,利用寒暑假时间开办第二学位专业,鼓励有条件的学生适当延长学制,以便系统地接受跨学科学习和训练;在空间上,可以借鉴哈佛、复旦等大学的经验,采取书院式生活管理模式,安排"ABC"相关学科专业的学生交叉生活,鼓励不同学科背景的学生互相学习、交流,创造师生多元文化交流与融合的环境。

第二,大力倡导开放办学,利用政府和民间多种渠道,有效整合各类高校的学科专业优势,充分共享高教园区优质的教学资源。浙江省的大部分高校存在明显的"偏科"现象,比如中国美院的美术学、杭州电子科技大学的计算机学科和浙江工商大学的管理学科等优势突出,但是同时也存在学科上的短板,因此要培养优秀的"ABC"复合型文化创意人才单凭一己之力是不够的。目前浙江省高校在人才培养上的互助合作体比较多,既有教育主管部门主导的高教园区教学资源共享项目、长三角交换生项目,也有民间的校际合作体,如浙江大学、上海交通大学等8所高校组成的E8联盟等。但是目前的合作仅仅停留在师资共享、课程共享等浅层面,尚未实现学科专业的优势互补。几年前由政府主导在上海松江高教园区内实施跨学科的校际第二专业修读项目,实现了园区优势教学资源结构性整合和深度共享,为培养复合型人才提供了保障。在高校民间合作上我们也可以借鉴台湾地区的经验,例如由台湾南部的一些大学联合发起的"创意的发想与实践巡回课程计划"就是一门跨校、跨领域的创意启发和实践课程。通过定期巡回授课的方式不仅解决了各校文化创意教育需求与师资的矛盾,还打破了传统的封闭式教学管理模式。

第三,实施产学研合作的教育模式,充分依托学校之外的企业和研究机构的教育资源,加快复合型和应用型人才的培养。基于个人才华和技能的文化创意人才培养具有明显的实务性教育的特点,使产学研一体化具有普遍意义。目前浙江省高校产学研一体化出现明显偏差:过度强调高校的社会服务功能而弱化育人功能,重视知识向经济效益的转化,而忽视知识对人才培养的作用。必须指出,作为一种教育模式,产学研合作的核心是"学",强调"产"和"研"对教学和人才培养的反哺,是高校拓展教学资源的有效举措。浙江传媒学院产学研合作教学的尝试就非常值得借鉴。作为一所以培养广播影视和其他文化创意人才为主的院校,近年来它坚持联手行业、产学合作的人才培养模式,建立了推进产学研合作教育的联络机制、工作机制和共享机制三大机制以及师资共享平台、项目研发平台等六大平台,有效地整合了学校和传媒行业各自的资源优势,确保产学研一体化人才培养模式的实施。

"无论是时尚、视觉设计、媒体、软件、互联网,还是音乐和游戏,中国都是模式和趋势的进口国,而非国际范围的潮流领导者或是趋势设定者。"[①]从"中国制造"到"中国创造"缺少的最核心的元素是具有创意能力的人。高校作为文化创意人才培养的主渠道理当反思和检讨。更多的问题还有待于我们进行更加深入的研究。

---

① 〔澳〕约翰·哈特利:《创意产业读本》,曹书乐、包建女、李慧译,清华大学出版社2007年版。

以性别意识建构与自我认同培养为目的的社会性别公选课*
——以"媒介、社会与性别"课程的教学为例

浙江传媒学院　孟慧丽

一、社会性别：一个高等教育中不可缺席的理论视角

今天，性别平等理念得到全世界大多数国家、社会和个体的认同。自新中国成立以来，政府就将这一概念引入政治领域，借助政府部门的力量加以推广，但现代化的、多元的社会性别话语的出现则迟缓得多。社会性别理论进入个体生活、媒介文化、高等教育、公共政策等各个领域则是以 1995 年第四次世界妇女大会在北京的举办作为分界线。

在社会性别研究者和政策制定者正在准备"北京 + 20"相关活动之际，我们也欣喜地看到，在高等教育中"女性主义""妇女研究""社会性别"等相关课程逐渐成为学科之一，并且在政府推动、政策保障和学者践行多轨并行的努力下，正在成为通识教育、大人文教育或素质教育的一个重要维度。

以培养优秀"媒体人"为目标的浙江传媒学院，除了培养学生掌握坚实的技术、技能外，更重要的是给他们提供宽阔的修养、知识、理论、价值观念的讨论与塑造空间。就社会性别意识而言，对学生来说，它很有可能为更有效的职业能力拓展维度，同时也对学生的自我观念建构、自我认同有重要意义。作为社会科学领域的核心概念和问题之一的社会性别领域，牵引着个体认同、社会发展——微观与宏观

---

* 本文为浙江传媒学院 2013 年度校级课题"基于自我认同与职业能力培养双赢机制为导向的教学模式改革——以'媒介、社会与性别'课程为个案"的阶段性成果。

的连接和互动。很多个体心理问题、社会问题都由这个领域生发出来或表现出来,解决好这个问题、提高学生自我认同对学生个体而言意味着提升生活的质量。

除此之外,社会性别理论更是一种重要的思维方式、有用的理论分析工具,以及对一些研究方法、思维模式的引用,它将对个体的思辨力、分析力等方面的发展起着重要的作用。

为更好地结合本校学生特点展开针对性教学,同时梳理社会性别通识教育的作用和可能性,方便对教学的进度、实践和效果进行检验,本课程将其价值规范成3个层面:

第一,微观层面:个体——提高学生自我认同与生活智慧。

微观层面对学生自我认同的形成、个体生活质量的提高等方面有重要的作用,例如对生活中的"假小子""女强人"是应该表扬还是贬损、女厕所是否应该比现在空间更大一些等议题的讨论,使两性学生都有机会重新认识自己的日常生活规范,提高他们生活的智慧与质量。

第二,中观层面:职业拓展——"影响将影响他人的人",为学生专业能力提供性别意识的价值维度。

拓展学生职业素养的中观层面,有利于今天的媒体人在客观、公正地报道新闻事件过程中增加一个社会性别维度,使他们的见解更能体现人文关怀、主流价值;有利于在新闻生产中,有意识地提高其他人通常视而不见的性别话题的媒介能见度或在新闻报道中体现对性别平等的关怀;有利于扩展学生在媒体相关工作岗位上建立自己的话语权和主体意识,增强职业竞争力。除了对媒体从业者个体有利外,这种价值观念和知识性培养将对社会整体认识的改善与提高有重要的作用。

第三,宏观层面:社会——提高社会性别议题能见度,改善性别关系。

以宏观层面而言,个体的自我认同和正确的社会性别意识有利于形成和谐的社会关系,提高社会事务和议题的个体共建意识与参与度,降低社会运行成本;同时,有利于我国良好的国际形象的传播与扩散。

二、内容设置逻辑与教学法实践

根据我校专业设置与人才培养特点而设计的"媒介、社会与性别"课程,在内容安排、课堂组织方面作了相应的规划和调整。这门课先后于2012—2013学年第二学期、2013—2014学年第一学期,分别在我校桐乡校区开课,4个班次参与学生达230人。课堂上的学生以女性居多,但考虑到我校学生的性别比例情况,该课程约两成的男生选课率已远远超出了作者开课之初的预期。换句话说,此课程实现了性别间的对话、社会议题的商讨,而非性别的呓语或私语。

该课程的教学方法改革和创新的脉络可概括为:

(一)重构课堂内权力关系:教师既是讲述者,也是倾听者

社会性别视角意味着对一元式话语的打破与改造,为此,本课堂的设计之一就是教学模式的改革。其表现为坚持"赋权"式的女性主义教学法,突出女性主义学者一向提倡并践行的开放、平等、参与的人际、工作与教学关系,致力于建立互动、民主、尊重的课堂气氛。教师不是唯一的权威者,也不是知识、理论和最后定论的把持者、定义者,而是作为教学实践的指导者、参与者。

课堂教学既看重相关理论、知识的传递,结合中国社会现实与学生生活实际,梳理各种理论的源流脉络,又关注教学对象观念和行为的改变,通过需求调查、课堂讨论、小组活动、案例分析、角色扮演等一系列参与式活动,把学生的个体经验、生活经历、情感脉络、观点态度等作为课堂资源引入课堂学习。此外,它还通过以生活中具体案例代入理论推荐和分析的方式,培养学生从不同视角尤其从性别平等的角度分析和思考社会问题的能力,唤起学生内在的思考、批判自觉性,把教学空间和时间还给学生,让他们的多元声音和想法得以呈现并展开对话。

(二)议程设置:以个体经验衔接理论分析、批判力培养

一个教学设置中的盲区是以政治教育代替个体意识教育,因为除政治、素质教育之外还需持续关注学生个体层面的问题和需要,从他们的社会性别意识方面入手,重新理解他们的个体意识缺乏和精神生活空虚的状态。比如,一个普遍存在于大学生特别是女大学生中的问题是自我认同缺乏。通过调查发现,很多女学生不认可女性这一身份,认为作为女性使她们处于生活、学习和工作竞争的劣势状态。这种认知造成她们与传统文化意识的隔离,个体精神生活的痛苦。开展社会性别教育,可帮助她们开阔视野,重新审视社会和媒体对性别的偏见与误读,寻找个体自信和个人认同的建构空间。

让学生多说、多做、多想,是激发他们质疑那些"理所当然的事"和寻找解决方案的重要开端,也是打破个体认同的"休克"状态,促使他们从性别权益、性别权力

关系等方面重新思考生理性别之外的社会性别之存在,进而为个体新一轮的自我认同提供一种可能性。比如,我们在课堂上带领大家一起讨论女性团体发起的"占领女厕所"运动,让大家回忆各自生活中与之相关的故事,如在厕所的使用中,等待的冗长、寻找的艰辛、使用的不便等细节,使他们看到除了厕所分性别使用外,它的位置、空间大小、花费多少也是分性别区别对待的。在经验分享中,女生逐渐意识到上厕所是个大问题,应该建立另外的分配原则,而男生也通过讨论再次认识到这一原本"不值得说的问题"其实很重要。

再比如,今天对男女学生都构成极大吸引力的网络游戏,其中的角色设置、攻击方式其实也存在着"隐蔽的"性别不平等,比如女性角色往往着"清凉的"服装,她们的攻击招数通常强调"性""性感"或"引逗"等隐性内涵。这种分析角度的引入,往往使学生在资料收集、话题准备的过程中有一种"天啊,居然是这样"的感慨。

另外,夸奖、表扬是个体建构自我和个体认同过程中一个积极的动因,而通过一些小说、电影和生活场景的引入,作为第一次接触社会性别理论的学生也对日常生活中的小事有了更清晰的认识:并不是所有表扬都能让个体更快乐,有些"表扬"可能是对性别刻板印象的复制,比如"女孩子就应该以夫为天"的另外一种表达是"你真棒,把男朋友照顾得这么好"。

而学生在课堂中的感叹、焦点小组中自觉的反思、课后的自我汇报,都让我真切感受到学生对过往"男性/女性自当如此"这种意识和刻板印象的苦恼与打破它的渴望,更让我看到他们对新的性别关系、自我的向往和努力。

(三) 问题意识:打破旧有观念与建构新型理念认同并行

质疑是改变的开始。在教学中,除了通过个体经验的接入使学生产生"生活本不当如此"的质疑,同时也在理论讲述的同时提供给他们分析的工具和思考的新视角。

比如,有的学生在个人报告中,结合老师提出的"中国女性不是女性自己发起解放,而是被男性'推'到社会中去的"这一说法进行了回应。她讲述了自己观察到的家庭中三代女性的日常生活差异:奶奶一生都在为家庭无私付出,而母亲还要"走出家庭"从事繁重辛苦的工作。这种观察使她深刻地认识到中西方女性争取权利的不同路线,从而反思女性在工作、生活中的"双刃剑"角色:就业是女性独立的强大支撑力,但也使女性必须同时"打两份工",在家做家务照顾家庭,在外工作养家。

再比如,在讲述中国妇女权益发展史的相关内容后,老师向学生提问:中国人为何重男轻女,有没有改变的可能性?引导学生从今天的新生儿性别比开始思考,引出中国农村如何重视男性,再分析这些男性身上被寄托了怎样的责任(如养家、养老、光宗耀祖等),而他们有没有实际承担起来?原因有哪些,如何打破?女性应当怎样在生活中提出自己的诉求?学生在作业和个人报告中的回答也让我们看到,从个体"遭遇"入手,可激发他们反思传统文化的不合时宜、公共政策存在性别偏向等宏观层面问题的"想象"能力和积极性。

同时,媒介报道和媒介性别话语是本课程关注的一个重点,比如令人沉重的"强奸"话题在媒体中的呈现并非完全客观,也谈不上兼顾了不同性别之利益。通过对这一涉及媒体伦理、法学、公共政策等多元知识的问题的讨论,引导学生从日常生活中接触的相关社会报道入手,反思那些报道中"露骨的描写"、针对女性的指责和"污名化"的不合理,进而思考今天的相关法律是否合理、司法介入程序是否应该尊重性别差异?虽然学生中并没有法律等类似专业的学生,但他们带有专业性的头脑风暴式问题还是让人感到惊叹,比如强奸罪的主体一定是男性吗?男性不会成为强奸罪的受害者吗?嫖宿幼女罪合理吗?就某些角度来说,这些被学生自发思考、揭示出来的问题,延伸了教学的成果和他们对社会性别理论的认可度,同时这种思考除具有分析和反思社会问题的作用外,还扮演着整合学生知识储备、拓展话语资源和理论积累的功用。

三、教学目标实现与认同感建立的成果检验

本课程的初衷可从开课申请中看出一二:"从媒体实践出发,引导学生理解媒体塑造、解释、呈现社会性别关系和现象的话语模式与基本途径。结合具体案例使学生掌握基本的社会性别、女性主义理论知识。"具体细分,可分为4个教学目标:一是使学生对社会性别理论和分析路径有一定的理解;二是引导学生重新思考生活、教育、媒介、社会、政策中的性别问题;三是培养学生以社会性别思维分析问题的能力;四是激发学生塑造从社会性别角度进行的个体认同。

从两个学期的教学来看,前两个教学目标的实现度最高:所有同学接触并尝试了使用这一理论分析路径;学生在课堂内外的学习、思考、反思过程中带入他们的个体生活经验和观点,形成一定的社会性别意识。同时,这两项任务的完成及突破也最容易。而目标三和四则较难在短时期内有本质性突破。把握好个体生活经验

与理论反思之间的关系和尺度,是向教学目标三、四进发的重要条件。引领学生在打破"生活原来如此"的意识后,重新建构自我与他人、社会的关系,从深层次上与"自我"达成和谐关系,是本课程的最高目标,也是最难实现的目标。

(一) 对学生形象的概述

除了利用课堂接触和学校提供的学生资料外,本课堂还有意识地进行了数个批次的问卷调查,分别在课程开始时和结束时进行同题问卷调查[①],以量化的方式再现该课程教学目标实现度与教学改革的效果。

此问卷只针对女生发放,第一批问卷(指面向2012—2013学年第二学期学生的问卷1、问卷2)各发放、回收125份,其中合格问卷118份,合格率达94%;第二批问卷(指面向2013—2014学年第一学期学生的问卷3、问卷4)各发放、回收57份,问卷合格率100%,均达到数据信度和代表性要求。

在这些女生中,近六成来自艺术相关专业,如音乐、作曲、艺术设计、广告设计专业等,还有一些来自人文类专业,如文学、广告学等。她们的年龄在19~21岁之间,年级构成单纯,只涉及2年级和3年级两个级别。她们来杭州学习之前,长期生活环境[②]情况如下(见表1):

表1 "媒介、社会与性别"学生进入大学前长期居住地分布情况

		你长期生活的环境是			
		频率	百分比(%)	有效百分比(%)	累积百分比(%)
选项与答案分布	1 乡村	12	6.8	6.8	6.8
	2 集镇	12	6.8	6.8	13.6
	3 县城	39	22.2	22.2	35.8
	4 中等城市	63	35.8	35.8	71.6
	5 省会城市	42	23.9	23.9	95.5
	6 大城市(北、上、广)	8	4.5	4.5	100.0
	合计	176	100.0	100.0	

---

① 在这里要说明的是,因为本课程的数据跟踪工作开始于2012—2013学年第二学期中后期,所以这一学期的开课问卷调查是在期末时补充完成的。在问卷中,相关的问题皆用加粗字体标明"在学习本课程之前""没有接触社会性别理论以前"等字眼。同时,3次问卷的发放、收集和填写指导等程序皆在教师在场的情况下进行。

② 这里使用"长期生活环境"而非学籍、户籍所在地,是考虑到当下随着进城务工人员的流动加剧,不少年轻人并非在家乡即户籍所在地生活,而是跟随父母迁移到其他地方长期生活。为使此题目的测量更加准确,故以"长期生活环境"代替生源地、户籍地等说法。

由上表可以看出，这些学生的长期居住地以中等城市为主，占到35.8%；其次，来自省会城市的学生有42人，占总数的23.9%，来自县城的学生占到22.2%。作一个总体上的描述：她们是一群以长期在中等城市生活的孩子为主的学生群体。根据通常的预期，我们认为她们在知识结构、对新事物的接受度等方面将优于来自农村的学生，但在视野的广度和前沿性方面略低于大城市学生。

176人中，除1人未回答家庭状况外，97人即55.1%的学生来自独生子女家庭，另外78人即总数的44.3%来自非独生子女家庭；有兄长或弟弟的学生比率略高于有姐姐或妹妹者，比例分别为26.7%和22.1%；另有不足10%的学生家里有3个或以上孩子。根据以往的研究，家庭结构对个体的早期性别意识和自我认同有相当大的影响力，因为在家庭生活中，子女的人数和性别通常决定了她们获得家人关注和家庭资源的情况。

被调查者的母亲们的受教育程度普遍不高，以高中及以下教育经历为主，这个选项的人数达到117人，占总人数的66.8%；而父亲们的受教育程度略高于母亲们的均值，虽然101人的受教育程度是高中及以下，但也有24%的父亲受过大学教育。这样一种家庭内的教育资源性别差异也表现在他们的工作方面。因论文主旨限制，不再赘述，将另文专论。换句话说，学生大多来自男性的学历、工作、收入等资本都略优于女性的"传统"家庭，可以推测，在这样的家庭模式中，除了工作外，母亲在家庭内通常扮演照顾者的角色，而父亲通常以"家长""权威者"的身份参与子女的生活。这一点在课堂讨论中也得到了证实。

（二）性别身份认同与性别意识

在开课调查中，这176个学生分别回答了"你什么时候意识到男性与女性不一样"的问题，即何时产生最初的性别身份意识，具体回答如下（见表2）：

表2 "媒介、社会与性别"学生性别身份意识产生时间

		频率	百分比(%)	有效百分比(%)
选项与答案分布	0 未回答	3	1.7	1.7
	1 开课前	38	21.7	21.7
	2 小学	75	42.6	42.6
	3 中学	39	22.2	22.2

续表

	频率	百分比(%)	有效百分比(%)
4 大学	8	4.5	4.5
5 其他	13	7.4	7.4
合计	176	100.0	100.0

由此可见,学生在中学前已基本完成自我性别身份的定位,意识到两性的差异并不仅仅意味着生理性别的差异,它更意味着人们如何对待不同性别以及社会、文化给予其怎样的生活路径和性别规范。正如波伏娃在《第二性》中所说:"性别不是天生的,而是后天建构起来的。"在日常生活和人际交往中,学生逐渐形成自我的一套性别观念和自我约束性机制,包括行为、举止、语言、交往等各个方面。这种观念的塑造开始和完成得越早,个体的自我分辨能力和决断力相对也越弱,被外界影响的可能性越大。

但不论如何,承认"我是女生"与"我愿意是女生"之间有相当大的差距,甚至有可能出现逆反。于是有下面一问:"假如有来生,性别可以自由选择,你更愿做男人还是女人?"

不得不说,这些学生在访谈、课堂交流或问卷的相关性题目中,均表现出对自身性别足够的认可度,认为有一系列的文化、习俗、法律、道德等观念使她们可以"安全和安心"地作为女性生活。但在开课问卷调查中,她们的回答与这种"自信"和坚持存在较大的差距:176份问卷中,70人即总数的39.8%回答"如果来生,性别可以自由选择的话,想成为男性";而"下辈子还要做女人"的比之少了18人,即52人,占总人数的29.5%(见表3)。

表3 "媒介、社会与性别"学生开课时对自身性别身份的认同

选项与答案分布		频率	百分比(%)	有效百分比(%)
	1 男人	70	39.8	39.8
	2 女人	52	29.5	29.5
	3 说不准	54	30.7	30.7
	合计	176	100.0	100.0

在学期结束时,这一问题的回答情况发生了下列的变化(见表4):

表4 "媒介、社会与性别"学生结课时对自身性别身份的认同

		频率	百分比(%)	有效百分比(%)
选项与答案分布	0 未回答	2	1.1	1.1
	1 男人	57	32.6	32.6
	2 女人	49	28.0	28.0
	3 说不准	67	38.3	38.3
	合计	175	100.0	100.0

175份合格问卷除了2人未回答此题,其余173人中,明确表示想"变成男性"的人数下降至57人,占总人数的32.6%;同时,表示"还想继续做女人"的人数也有些微的下降,为49人,占总人数的28%。对这一"奇怪"的数据变化,可作以下3个层面的解释:第一,就课程的效果而言,个体身份认同是最难通过短期的知识性学习改变的部分,它与个体福祉密切相关,却也是最不易被打破、被推翻的部分,因为对它的质疑也即意味着对自我的怀疑。所以,要想提高大学生的社会性别素养,这绝非一个课堂可以完成的任务,它需要一个系统性的教学资源分配方案来保证。第二,性别教育可以在一定程度上改变个体对性别身份的感受。通过对社会性别理论的学习,对性别问题、性别事件的分析和再思考,使一些人认为女性这个性别其实并不是感受中那么"弱或差",其中也隐藏着力量和可能性,而这都将在性别平等推广过程中逐渐成为现实。第三,性别教育中的案例和事件展示,会让一部分性别意识"觉醒"较晚的人突然发现"做女人太不容易",从而对自身的性别身份产生疑问和态度游移(关于这一问题,在问卷中还有3~5题的支持、验证性题目,因篇幅关系,在此不展开分析)。

(三)对性别相关观点、态度的看法

在问卷中,有13个题目测试女大学生对社会性别问题的具体看法,采用了五度态度量表的测试方法。其中,问题2、3、7涉及对传统性别角色定位的意见;问题1、5、8、12主要关注对性别角色差异性的看法;问题4、9、13集中于对性别气质刻板印象的认识;问题6、10、11旨在测试对性别平等/不平等状况的态度。在176人开课调查中,学生的回答如下(见表5):

表 5 "媒介、社会与性别"学生开课时对性别问题的认识

观点/态度 176人	未回答 0		非常同意 5		比较同意 4		一般同意 3		较不同意 2		根本不同意 1	
	频率	百分比(%)	频率	百分比(%)	频率	百分比(%)	频率	百分比(%)	频率	百分比(%)	频率	百分比(%)
1 干得好不如嫁得好	1	0.6	65	36.9	66	37.5	27	15.3	12	6.8	5	2.8
2 家庭美满才是女性的成功	1	0.6	26	14.8	63	35.8	39	22.2	32	18.2	15	8.5
3 家庭中的女性不需要自立	0	0	6	3.4	2	1.1	6	3.4	41	23.3	121	68.8
4 职场上的女性必须自信	1	0.6	129	73.3	38	21.6	5	2.8	3	1.7	0	0
5 女性必须在经济上独立	1	0.6	108	61.4	48	27.3	13	7.4	3	1.7	3	1.7
6 全职太太是一种现代的选择	1	0.6	4	2.3	20	11.4	50	28.4	62	35.2	39	22.2
7 嫁个有钱老公是女人的追求	1	0.6	6	3.4	7	4.0	46	26.1	54	30.7	62	35.2
8 男大学生能力比女大学生强	0	0	0	0	4	2.3	26	14.8	61	34.7	85	48.3
9 女大学生自信心低于男大学生	0	0	1	0.6	15	8.5	37	21.0	66	37.5	57	32.4
10 我们的社会存在广泛的性别不平等	1	0.6	24	13.6	78	44.3	60	34.1	11	6.3	2	1.1
11 生活中曾经遇到过性别歧视	1	0.6	15	8.5	34	19.3	75	42.6	33	18.8	18	10.2
12 "女强人"是对有能力女性的表扬	0	0	30	17.0	65	36.9	54	30.7	23	13.1	4	2.3
13 "假小子"是对女孩子的赞美	2	1.1	2	1.1	11	6.3	75	42.6	57	32.4	29	16.5

我们试图从以下几个方面对数据进行解读：

1. 对传统性别角色定位的初始意见

关于女性的成功感应建立在哪里的问题，即题目 2 "家庭美满才是女性的成功"，大家的答案集中在态度五度图谱的中部，即"基本同意此观点"，具体来说，63

人(35.8%)选择了"比较同意",39人(22.2%)选择了"一般同意"。这说明大家对这一传统的说法有较强的认同感。其他个体价值的构成要素不足以使她们反思女性对自我的定位是否一定要建立在家庭之上或与男性的关系之中。

针对题目3"家庭中的女性不需要自立"这一问题,同学们的答案倾向于"较不同意"的为41人(23.3%)和"根本不同意"的121人(68.8%)。

针对题目7"嫁个有钱老公是女人的追求"这一问题,答案也有明显的倾向性,54个(30.7%)被调查者选择"较不同意",62人(35.2%)选择了"根本不同意"。

作为长期生活在城市环境中的学生,她们广泛、多元地使用和接触各种媒体,特别是网络媒体;她们拥有较稳定的家庭生活环境,获得较多的家庭资源支持其接受完整的大学前教育(特别是对艺术类学生而言,她们需要更多的经济投入,花费更高的教育成本)。这些条件和背景使她们成为"有想法的"一族,自信、独立、爱思考,其表现之一就是她们不盲从传统,对传统文化中对女性的要求和定位坚持清晰和明确的反对意见。不论她们在大学之前是否具有社会性别意识,她们都明显有打破传统女性角色的高度自觉,有寻找"自我"的主体愿望。

2. 对性别角色差异性的初始看法

问题1"干得好不如嫁得好"是通常对女性人生定位的一种说法,它的流传范围很广,影响力也特别持久。我们从回答者的答案可以看出大家的认同度非常之高,其中"非常同意"有65人(36.9%),"比较同意"有66人(37.5%)。

问题5"女性必须在经济上独立"作为对女性与男性家庭、社会责任定位不同的辅助性题目,受调查者的同意度也非常高,在176份合格问卷中,"非常同意"有108人(61.4%),"比较同意"也有48人(27.3%)。

问题8"男大学生能力比女大学生强"一题旨在测试女性对社会上对男女期望和能力评价的通常说法的看法,她们的回答表现出强烈的反感,"较不同意"的选择者有61人(34.7%),"根本不同意"选项的选择者更多,有85人(48.3%)。这一题目的答案验证了受调查者对其他题目中女性自身能力的肯定,以及对现有男女价值评价体系的不认同。

问题12"'女强人'是对有能力女性的表扬",此题目有两重测试维度,一是对女性独立的肯定度,二是测试受调查者对性别话语中的"污名化""反向歧视"的认知。在接受社会性别思维训练之前,大家对这一题目的看法趋于认同,即看不到社会性别话语中"女强人""第三种人"等词语中的贬义和性别不平等,其中持"比较同意"意见的有 65 人（36.9%），"一般同意"的有 54 人（30.7%）。

总体来看，学生在原生活环境和信息接收系统中，已对社会评价体系中的男女区别对待有了自己的看法。当问题越牵涉个人的定位时，大家的意见倾向性越明显，比如独立性、自信等问题。但当问题从幸福感、价值感等角度切入时，大家的态度则不那么明朗化甚至是不具备社会性别意识的（比如大家对"干得好不如嫁得好"一题的态度）。

3. 对性别气质的刻板印象的初始认识

问题 4"职场上的女性必须自信"，绝对优势答案是"非常同意"，有 129 人即 73.3% 人选择了此答案。

从问题 9"女大学生自信心低于男大学生"的回答可以看出，大家对其认同度非常低，她们更倾向于相信自己的能力和个体认同。其中，选择"较不同意"的 66 人（37.5%），"根本不同意"的 57 人（32.4%）。但是，从其他一些相关问题的回答中，可以看出这种对性别的"归属感"和"自尊心"并非是稳定不变的，其中很多同学的答案存在反复和游移之处。

问题 13"'假小子'是对女孩子的赞美"中隐含的意思有二，一是受调查者对男性价值优于女性的看法，二是对多元女性形象的接受度。越倾向于肯定的回答，则表示选择者对男性价值优于女性的说法认同度越高。在此题中，"一般同意"选择者有 75 人（42.6%），"较不同意"选择者有 57 人（32.4%）。

4. 对性别平等/不平等状况的初始态度

问题 6"全职太太是一种现代的选择"的认同度较低，选择"一般同意"的有 50 人，占总人数的 28.4%，选择"较不同意"的有 62 人，占总人数的 35.2%。

问题 10"我们的社会存在广泛的性别不平等"选择"比较同意"者有 78 人（44.3%），选择"一般同意"者有 60 人（34.1%），即不论对女性应该打破传统性别规范、角色定位有怎样的感慨，但总体来说，大家对性别不平等并没有一个较清晰的意识或宏观的认识。

问题 11"生活中曾经遇到过性别歧视"与个体生活经验有关，其中"一般同意"有 75 人选择，占总人数的 42.6%，"较不同意"有 33 人选择，占总人数的 18.8%。此问题与问题 10 相互对应，分别从社会权力关系总体看法、个体生活经验两个层面印证问卷回答者对性别平等问题的看法。而在没有学习一定的性别话语、理论之前，她们偏于"消极"的回答并不说明大多数人的性别境遇很好或社会性别问题存在不广泛，而是因为没有理论视角和分析框架，很多东西是人们无意识的，或者说对其敏感度不够，个体的认知水平把很多原本有问题的现象模糊成"理应如此""这样没有什么特别"的层面。而社会性别教育的引入，对受调查者这一维度观点的改变非常明显。

经过一个学期的学习，大家对这些问题的具体态度变化如表6：

表6 "媒介、社会与性别"学生结课时对性别问题的认识

观点/态度	未回答 0		非常同意 5		比较同意 4		一般同意 3		较不同意 2		根本不同意 1	
176人	频率	百分比（%）	频率	百分比（%）	频率	百分比（%）	频率	百分比（%）	频率	百分比（%）	频率	百分比（%）
1 干得好不如嫁得好	2	1.1	8	4.6	32	18.3	43	24.6	50	28.6	40	22.9
2 家庭美满才是女性的成功	2	1.1	21	12.0	33	18.9	51	29.1	41	23.4	27	15.4
3 家庭中的女性不需要自立	1	0.6	3	1.7	2	1.1	8	4.6	30	17.1	131	74.9
4 职场上的女性必须自信	3	1.7	145	82.9	21	12.0	4	2.3	0	0	2	1.1
5 女性必须在经济上独立	1	0.6	132	75.4	30	17.1	5	2.9	4	2.3	3	1.7
6 全职太太是一种现代的选择	6	3.4	11	6.3	14	8.0	53	30.3	48	27.4	43	24.6
7 嫁个有钱老公是女人的追求	1	0.6	2	1.1	9	5.1	42	24.0	44	25.1	77	44.0
8 男大学生能力比女大学生强	4	2.3	0	0	3	1.7	27	15.4	49	28.0	92	52.6
9 女大学生自信心低于男大学生	2	1.1	3	1.7	12	6.9	37	21.1	48	27.4	73	41.7
10 我们的社会存在广泛的性别不平等	2	1.1	51	29.1	61	34.9	44	25.1	15	8.6	2	1.1
11 生活中曾经遇到过性别歧视	5	2.9	23	13.1	41	23.4	67	38.3	22	12.6	17	9.7

续表

观点/态度	未回答 0		非常同意 5		比较同意 4		一般同意 3		较不同意 2		根本不同意 1	
12 "女强人"是对有能力女性的表扬	3	1.7	34	19.4	36	20.6	47	26.9	39	22.3	16	9.1
13 "假小子"是对女孩子的赞美	2	1.1	3	1.7	11	6.3	52	29.7	63	36.0	44	25.1

通过两次问卷数据对比，可看到，社会性别教育作为潜在变量，对4个与社会性别意识相关的层面产生了不同程度的影响，具体情况如下：

第一，对传统性别角色定位的意见变化。

问题2"家庭美满才是女性的成功"的选择，在对该问题的认可度方面也发生了一定的变化，选择集中的前两位分别由"比较同意""一般同意"下降至"一般同意"和"较不同意"，其中选择"一般同意"的有51人，占总人数的29.1%；"较不同意"的选择者增加至41人（23.4%），有一个明显的观点下移。

问题3"家庭中的女性不需要自立"在结课时，受调查人的选择变得更加锐化和集中，选择"根本不同意的"人达到131人，占总人数的74.9%。

在问卷中设置的带有"干扰性"的问题，即问题7"嫁个有钱老公是女人的追求"的回答里，大家的态度相对趋于"不同意"的一极，但反对的程度不一。这种情况与该问题在媒体和社会话语、家庭生活中的呈现方式和话语特点有关（比如"嫁汉嫁汉穿衣吃饭"的传统话语；再比如新近某婚恋网站做的新一季宣传片，"女人一定要结婚，一定要为了家人的愿望而结婚"等媒体话语）。具体看，选择"一般同意"的受调查者有42人，占总人数的24%，选择"较不同意"的有44人，占25.1%。另有一个数值特别高的选项即"根本不同意"者77人，占总人数的44%。大家对此问题的态度也有一个更加集中和倾向于"不同意"的强化。

数据的对比加之相关访谈，结合作者其他相关课题对非杭州大学性别意识进行的调查来看，[①]以她们的选择作为中国大学生对相关社会性别问题或话题的态度平均值，可以看到，关于问题3，他们的答案也集中在负面的"根本不同意"和"较

---

① 这项以非杭州大学在读大学生为主体的调查经网络发布、人际传播邀请进行，共邀请518人（男女性别比为133∶382），回答合格问卷515份，其中非杭州大学合格问卷378份（男女性别比81∶297）。

不同意"上,前者有241人选择,占总人数的63.8%,后者有74人选择,占总人数的19.6%。在这个问题上,接受过系统的社会性别教育的女大学生的态度要远比全国大学生的平均态度更加一致地集中在"不同意"上。① 在问题7中,她们的选择因性别、生活环境等原因,呈现出更加分散的选择倾向。在378人中,"特别同意""嫁个有钱老公是女人的追求"的共47人,"比较同意"的有83人,"一般同意"的有117人,"较不同意"的有59人,"根本不同意"的有73人。这种情况的发生原因很多。与问题3相比,男女的态度更加"暧昧"、分散,呈现一个与本课题学生学习后态度完全不同的倒"U"型态度曲线。

这与此说法在社会生活中长久存在并被媒体大量传播(当然也包括批评性的态度)有关。就两个同类问题回答差异如此明显的原因来看,个人认为与问题提问方式、该问题在媒体话语系统中的表达和态度都有很大关系。虽然对传统性别角色定位意见的形成有多种复杂的原因,但就本调查而言,可以看出相关教育对此类问题的判断方面的转变有一定的作用。

第二,对性别角色差异性的看法变化。

由表6可知,经过一个学期的学习,对问题1"干得好不如嫁得好"的认同度有显著下降。原本选择"非常同意"的学生由原来的36.9%下降至4.6%,"较不同意"该说法的人由原来的6.8%上升至28.6%,"根本不同意"的由2.8%上升至22.9%。

问题5"女性必须在经济上独立"的多数选择项仍集中于"非常同意"和"比较同意"上,前者由108人增加到132人,上升了6%,后者则由48人下降至30人,下降了近10%。总体来说,倾向肯定的答案的总人数没有变,但经过学习,她们的观点更加鲜明。

关于问题8"男大学生能力比女大学生强",大多数人仍然倾向于反对此观点,"较不同意"的选择者由61人下降至49人,下降了近7%,但选择"根本不同意"的人数由85人上升到92人,上升了4.3%。排除4个未回答此问题者,可见大家对此问题的否定态度也变得更加犀利和鲜明。

问题12"'女强人'是对有能力女性的表扬"是一个相对隐蔽的态度测试题。

---

① 这里要说明的是,限于论文的篇幅和关注的问题,无法更细致地对非杭州大学生在问题中的态度表达加以解释,也无法更详细地分析问卷调查成员的专业分布、性别等作为变量时这些问题选择会发生的变化。这里只是对其中一些问题进行简单的数据比较和对比。

社会性别学者倾向于反对刻板的性别定位,也不同意以男性的特质作为衡量女性的标准。但一般情况下,在没有经过学术训练之前,大家对此话题的敏感度有限。此题的受调查对象的态度变化比较显著,原来的优势选项由"比较同意"的65人(36.9%)和"一般同意"的54人(30.7%)下移至"比较同意"的36人(20.6%)和"一般同意"的47人(26.9%)。但奇怪之处在于,"非常同意"作为第三优势选项,不但在结课的时候仍然保持了第三的位置,而且人数有少量的增长,由原来的30人(17.0%)上升至34人(19.4%),对这一现象前面已经有一定的解释。这里要补充的原因是,社会生活、媒体话语中经常对其进行中性化使用。综上所述,我们可以清楚地看到,性别教育对两种性别的核心价值的建构也有一定的作用。

第三,对性别气质的刻板印象的认识变化。

对于问题4"职场上的女性必须自信"的两次调查结果也呈现出一定的数据变化。受调查者对此问题的认同度得到了提高。选择"非常同意"和"比较同意"的人数没有质的变化,但这主要是因为本来这一问题的认同度就比较高。它的变化主要表现在认可程度的提升上。选择"比较同意"的一些人"流动"进了更高一级的"非常同意","非常同意"的选择者由129人增加至145人,上升了9.6%。

对于问题9"女大学生自信心低于男大学生",大家仍保持否定性倾向。原本就有七成人在不同程度上不同意此说法,经过一个学期的学习,"较不同意"的选择者由66人下降至48人,下降了近10%,但在更加绝对的反对意见"根本不同意"这一选项中,人数由57人上升至73人,上升了近10%。教育较明显地强化了人们的否定态度。

问题13"'假小子'是对女孩子的赞美"牵涉到社会性别理论中的一些训练,比如性别歧视话语中,除了通常明显的歧视和批评,即"棒杀"之外,还有另一种色彩暧昧的"捧杀"性话语或称反向歧视,即通过强调社会希望女性应该具备的性格和行为方式,消除她们身上那些父权文化不喜欢的气质或者给女孩子那些"越界"的气质比如勇敢、活跃贴上男性的标签,强调男性的优势和特权。从上表可以看出,大家对此问题的否定态度经过系统的学习得以强化:选择"一般同意"的人由75人下降至52人,而"较不同意"者由57人上升至63人。最明显的变化表现在"根本不同意"选项,由29人上升至44人,上升了8.6%。

对性别气质的刻板印象反思方面,社会性别相关的教育也有较显著的作用和影响力。上述的数据变化都佐证了本课程教学活动开展的有效性。

第四,对性别平等/不平等状况的态度变化。

对于问题6"全职太太是一种现代的选择",通过学习,从数据来看,大家的否定性态度也得以强化。但这里需要辨析的是,这种不同意的态度很可能带有一种"政治正确性"的色彩,这种判断来自对学生的访谈和课下交流。在交流中我们可以感受到虽然她们还离婚恋阶段较遥远,但婚恋作为媒体重要的性别话语早已使她们深受影响。当代"成功主义"的流行,工作场所的激烈竞争再加上父母的付出与期待,女生对未来往往有很多焦虑,而选择早结婚或者回归家庭,会使她们有一种潜在的避开竞争、寻找另类成功和安稳生活的感受。不得不说形成这种后台观点和前台表达差异的原因很多,比如教师的在场也有可能是其中之一。

问题10"我们的社会存在广泛的性别不平等"是这组问题的核心,经过课程学习,大家对此问题也有了更多的认识、思考和反思。前后两个调查变化明显,原本第一优势选项"比较同意"在结课测试时人数降低,由78人降至61人,下降近10%,但"非常同意"者由24人增至51人,上升15%。在教学的过程中,包括在访谈中,作者都有明显的感受:很多隐性的歧视和性别不公,需要"启蒙"才能够更清晰地领会到。与这一问题相关的问题11"生活中曾经遇到过性别歧视"的选择情况基本类似。但这一情况需要一个特别的解释,换句话说,大家通常不太愿意承认不公平、歧视的待遇曾发生在自己身上,其他未进入本论文的问题也佐证了这一点。

这就产生了一个奇怪的现象:大家基本同意这个社会中有大量的性别不公,从相关性别气质、角色设置等问题的测试中可以看出这一点。但当问题具体到个人时,大家的回答又否定了她们之前的回答和选择。对此,也需要结合个体忾对话和参与式观察的情况来解释,中国人更为保守,特别是当一件事被他们认为不那么"光彩"或"宜公开"的话,更是如此。心理学把这一行为描述为个体倾向于隐藏"坏事",严重的如因怕家人责骂,当小伙伴受伤、溺水不敢向大人求救,轻微的如因不愿受别人轻视或惩罚而拒绝承认自己之前的行为和言论。但从问卷调查和数据挖掘的角度来看,不得不承认,题目的测试并不成功。

就总体数据的比较来看,教育对以上4个方面的认知和态度都有不同程度的作用,虽然这种变化可能在未来会有所消退甚至改变,但保守地说,系统的性别教育对个体的观念输入和态度变化都有相当的影响。"启蒙"性别观念在提升个体对相关问题的分析和反思能力上以及培养更加国际化、符合人性和个体福祉(有利于建构富于正能量的个人认同）的性别观念等方面都有较明显的作用。这对走出校门很有可能进入媒体相关行业的年轻人而言，其观念的"正确性"将对整个社会的性别平等议程有重要的推动作用和广泛的意义。

同时，虽然男性学生的数据没有进入本论文，但课堂讨论和个体言论都支持这样的积极性结论：社会性别课程并不会受到男性学生的排斥，通过学习，他们对社会性别问题的理解程度、性别意识方面也有明显的收获。最显著的有以下3点：第一，让他们看到传统的性别气质对男性来说也构成了压力甚至压迫，父权体制并非优待所有的男性；第二，争取女性权益不代表对男性权益的损害，相反这一过程也将惠及男性；第三，原本"琐碎的""小女生的"话题，通过不同的理论视角，不但可以进行公开讨论，而且也值得讨论。

参考文献：

[1] 孟祥斐、徐延辉：《高层次女性人才的性别意识及其影响因素研究——基于福建省的调查》，《妇女研究论丛》2012年第1期。

[2] 许烨：《大学生性别意识现状及教育反思》，湖南大学硕士学位论文，2010。

[3] 刘伯红、李亚妮：《中国高等教育中的社会性别现实》，《云南民族大学学报（哲学社会科学版）》2011年第1期。

[4] 曹晋：《媒介与社会性别研究的理论建构》，《南京大学学报》2008年第4期。

[5] 张世平：《女大学生性别角色态度与职业倾向的关系研究》，《长春教育学院学报》2014年第5期。

[6] 许婵贞：《大学生性别角色类型与自我价值感、主观幸福感的关系研究》，华南师范大学硕士学位论文，2007。

[6] 李育红：《高校知识女性社会性别意识现状调查与对策思考》，《中华女子学院学报》2003年第2期。

英语播音主持人才培养与教学特色研究

浙江传媒学院　苏日娜

在经济全球化的今天,随着国际间的交往日益频繁,广播电视媒体凸显媒体传播国际化、全球化的时代特征。我国加入世界贸易组织后,在各个领域快速与国际接轨。作为国家窗口行业的广播电视媒体在涉外传播方面也呈现出日益繁荣的局面。英语这一当今世界最广泛使用的语言,在对外传播中发挥着举足轻重的作用。中央电视台和中央人民广播电台的英语频道是我国对外传播的主要机构。此外,国内许多省级卫视、广播电台以及一些城市的电台、电视台都设有英语节目。这些英语节目对经济全球化形势下媒体传播朝着国际化、全球化方向发展起到了极大的推动作用。

与此同时,广播电视媒体对涉外传播人才的需求与日俱增。中国传媒大学及国内一些高等院校近年都相继开设了英语播音主持专业,以满足广播电视传播机构对这类人才的需求。国内外形势的需要和用人的需求对该专业的教学提出了更高的要求,使得这项研究迫在眉睫。如何培养好这类人才,使其具备应有的专业素质和业务能力,是专业人士特别是传媒教育工作者值得着重探讨的问题。

一、职业定位与培养目标

本文所研究的对象英语播音主持人,是指我国广播电视传媒机构中用英语进行传播的从业群体。这一群体的母语为汉语,以非母语英语作为职业用语进行传播,其主要任务是对外传播和国际交流。

对外传播工作,自改革开放以来取得了丰硕的成果,在国际社会中产生了巨大影响,如今正面临着前所未有的发展机遇。而在对外传播中担任重要角色的英语播音主持人也面临着职业角色的挑战。他们担任着时代赋予的历史使命——让中国走向世界,让世界了解中国。由于该从业群体是用英语作为职业用语的,这一特点使其职业具有特殊性和双重性。他们不仅要将本国的文化、科学、经济、理念、潮流等信息传递到国外,还要将国外的风土人情、文化习俗、科技动态等内容介绍到本国。媒体的受众群体主要在国外,但也覆盖国内的受众群体。英语播音主持人在广播电视涉外传播中起着桥梁和纽带作用,可称之为"中西方文化合璧的国际化媒体传播专业从业人员和跨文化媒体声像传播者"。他们的工作岗位处于广播电视媒体面向受众的最前沿;其传播方式以英语有声语言为主、体态语言为辅;其职业属性具有新闻工作者性质。因此,英语播音主持人才既是英语有声语言的艺术创作者,又是新闻工作者,同时还是跨文化传播者。为顺应当今国际传播的需要和满足广播电视传播机构对这类人才的需求,英语播音主持专业所培养的人才必须具有熟练的英语运用能力、英语有声语言传播造诣、较高的政治文化素养和播音主持专业水平,同时具备新闻工作者所应有的高度责任感和使命感,这样的复合型现代传媒人才是该专业所追求的培养目标。

二、应具备的素质与人才培养

作为在媒体传播国际化、全球化形势下的英语播音主持人才,应该具备较高的政治素质、良好的专业素质和职业素质。对于该专业人才素质的具备和培养问题,具体论述如下。

(一)政治方面

广播电视作为当今最具影响力的媒体,是党和政府的喉舌,是重要的思想文化传播领地。我国的广播电视工作是在党领导下的具有中国特色社会主义的广播电视事业。原国家广播电视总局颁布的《中国广播电视播音员主持人职业道德准则》中指出:"中国广播电视播音员主持人作为有广泛社会影响的公众人物,应时刻保持谦虚谨慎的良好品格,自觉追求德艺双馨;在工作中和生活中始终保持良好的仪表和文明举止,自尊自爱,树立良好形象,维护媒体公信力。"播音员、主持人"要有公众人物的自觉意识,接受社会、公众和媒体较常人更为严格的监督;确立正确的公众人物观念"。从事涉外传播工作的英语播音主持人作为公众人物,不仅代表着广播电台、电视台的形象,还代表着党和国家的形象,因此,良好的政治素质是其应该具备的重要条件。因此,教学中,要注重培养他们的政治素质,使其具有较高的政治思想觉悟和政治理论水平,对党的方针政策和国内外形势有充分的了解。在政治上要与党中央保持一致,传播中要坚持正确的舆论导向,维护国家利益,弘扬民族精神,传播先进的思想和文化,遵守国家的对外政策,尊重异国的风俗习惯、宗教信仰、价值观念等,维护对外友好关系,促进社会进步,推动人类文明。还要求他们严格遵守职业道德规范,培养其严谨的工作作风和科学的工作态度,严于律己,爱岗敬业。同时,也要培养他们高尚的品德、强烈的爱国主义和集体主义精神,不计较个人得失,淡泊名利,以党和民族的利益为重,具有高度的责任感和使命感,做好本职工作,成为名副其实的党的新闻工作者和跨文化传播者,在国内外受众心目中树立良好的公众人物形象。

(二)专业方面

第一,语言素质。语言是播音主持人应具备的重要素质,高水平的英语播音是传播质量的根本保证。因此,英语播音主持人的发音必须标准、清晰,语言表达必须流畅。教师要训练学生掌握正确的英语语音和英语特有的节奏,正确运用语调、重音、连读、停顿、失去爆破、弱读等,同时,要求他们掌握用声技巧,准确把握音长、音高,气息运用要自如,从而有效地运用英语进行传播。对于英语语法和词汇也要有较好的理解和掌握,在播音主持中准确熟练地表达思想、传递信息。

第二,知识素养。播音主持涉及方方面面的内容,因此,广博的文化知识面是英语播音主持人必备的专业素质。针对其职业特点,教学中应多向他们传授本学科以及相关的知识,主要包括:传播学、新闻学、国际关系、文学、艺术、语言学、人文科学、历史、人文地理、风俗习惯、宗教信仰、价值观念、社会生活、科技、经济状况、中西方文化、跨文化交际、跨文化传播以及世界上主要的广播电视英语媒体、世界主要英语新闻源国家及地区概要,英语国家地区及英语传播覆盖国家地区概要。对以上这些知识的充分了解,有助于提高英语播音主持人的自身文化和知识素养,同时提升节目质量。

第三,艺术素质。播音主持是一门艺术。英语播音主持人通过广播电视媒体进行涉外传播,艺术地再现英语这种有声语言。他们既是广播电视涉外传媒人,同时又是艺术工作者;他们既代表着电台、电视台的形象,又代表着国家的形象。因此,艺术素质是英语播音主持人必不可少的一个条件,艺术素质的培养也是本专业教学的一个重要环节。学生应对音乐、舞蹈、服饰、美术、影视、戏剧、表演等门类有较好的了解,以培养自己的艺术修养和艺术欣赏水平。教师应引导学生将声音、节奏、形体动作、着装等艺术手段恰如其分地运用于播音主持活动中,具体表现为音色优美、穿着得体、举止大方;在播音主持活动中充分体现艺术气质、展现个性风格和魅力,从而达到理想的传播效果。播音员、主持人是广播电视节目的核心,其自身良好的艺术素质可为节目增光添彩,给受众留下美好的印象。

(三)职业素质方面

根据英语播音主持工作从业人员的职业角色特点,他们应具备的基本职业素质有:较高的政治思想觉悟和政治理论水平,较高的职业道德观,广博的文化知识面,较高的专业水平和艺术素质,良好的身体素质和心理素质,较好的相貌、体型和声音条件。英语播音主持人的职业素质最终应体现在他们播音主持的能力上,因此,教学要始终贯彻实践第一的原则,专业教学与实践紧密结合,注重培养学生专业知识的应用能力和播音主持业务能力。要通过教学实践,培养学生的语言表达能力、现场调控能力、沟通能力、临场发挥能力、观察和思维分析能力、作为新闻工作者敏锐的反应能力、各类英语节目的播音主持能力以及对职业角色的适应能力;同时,要培养他们作为国际化现代传媒人才的创新意识,与时俱进,不断创新,勇于挑战角色;还要求他们在涉外传播中把握适度原则,充分认识节目中涉及的本土文化与异国文化之间形成的差异,正确对待传播中出现的文化冲突;在维护本土文化、弘扬民族精神的同时,尊重异国的民族习俗、风土人情、宗教信仰、价值观念等;在传播中形成良好的国际文化交流与理解,促进中外友好关系,使涉外传播朝着健康、良好的方向发展。

三、教学特色

英语播音主持作为新兴学科专业,具有特殊性和时代特色。英语播音主持专业所培养的人才为特殊的复合型涉外传媒人才。因此,其教学与其他专业有着很大区别。根据该专业自身的特点及人才培养目标,笔者认为,该专业的教学应具有以下特色。

(一)教学内容的丰富性

教学内容的丰富多彩是该专业教学的一大特色。英语播音主持专业所培养的人才是复合型的现代涉外传媒人才。本专业为特殊专业,属跨学科范畴,涉及语言学、新闻学、语音学、播音发声学、美学、文学、艺术、跨文化交际、跨文化传播、文体学、传播学等诸多学科领域。由于该专业涉及多方面的内容,其专业课程设置应包括:英语播音主持、英语语音语调、英语播音主持发声艺术、英语新闻采写编、英美概况、英美文学欣赏、英语演讲、国际文化传播、跨文化交际、国际关系、国际新闻、传播学、广播电视英语节目制作、人体语言、英语配音与解说、音乐欣赏、美学、英语影视作品欣赏、电视化妆、形体训练、服饰艺术。

(二)教学手段的多样化

鉴于该专业的特殊性及授课内容的针对性,在英语播音主持教学中,教师应采用多种教学手段。适用于英语播音主持课程的教学手段有:"大课小课并存"——大课讲授学生应共同遵循的规律、应掌握的理论和共同了解的知识等,着重解决学生的共性问题;小课则注重实践,指导学生进行语言表达、发声、形体训练等,解决学生的个性问题。"因人施教"——根据学生的音质特点、语音现状、语言水平、形体特征等具体情况,对学生进行个别指导和训练,修正不良之处,保留有利部分;同时,鼓励个性发展,努力挖掘学生的个人潜力和特点,为学生奠定坚实的专业基础,并且为他们指明个人发展方向。"实验设备的应用"——充分利用现代化的实验设备应是英语播音主持课程的一个重要教学手段。要借助语言实验室、模拟演播室、录音录像设备和多媒体设备,指导学生进行英语发音及语言运用训练,模拟播音主持训练,为学生录音、录像并进行录音录像回放和点评;课堂上为学生播放优秀的英语广播电视节目和影视作品,让他们模仿和欣赏,以激发学生的学习兴趣,明确学习目的,对自己所学专业和将要从事的职业有具体、清晰的认识,同时帮助提高他们的专业水平和艺术欣赏水平。

(三)实践性突出

播音主持是一门实践性很强的专业,主持人素质的具备及能力的培养主要通过实践来完成。在播音主持中讲一口流利的英语、熟练地运用语言等专业技能进行播音主持,非一朝一夕之功,必须经过千锤百炼的实践过程。因此,实践性突出是英语播音主持专业教学的一个显著特色。教学中,教师要始终坚持实践第一的原则,以科学的理论为基础,指导学生苦练专业基本功。课内实践与课外实践相结合,课内进行大量的语言实践等训练,课外给学生布置大量的口语及实践性的作业,经常组织、安排和指导学生参加英语朗读、英语演讲、英语配音、挑战主持人及舞蹈等比赛活动,并且组织学生到电台、电视台进行考察、学习、实习等实地训练,使他们接触大量鲜活的素材,领略广播电视媒体面向受众最前沿的职业角色。这些实践活动有利于培养学生的素质并锻炼学生对所学专业的运用能力、语言表达能力、节目驾驭能力、临场发挥能力、跨文化传播能力以及适应能力等,可使其具备应有的素质,掌握专业技能,走向工作岗位后尽快适应职业角色并胜任本职工作。

四、结语

在媒体传播朝着国际化、全球化方向发展的今日,作为国际化传媒人才的英语播音主持人担任着涉外传播的重要职责。培养好这类人才是专业教师的一项光荣任务。教学要以顺应广播电视行业的长足发展为宗旨,努力把学生培养成为高素质的优秀涉外传媒人才,使其真正担负起时代赋予他们的历史使命,在传播中展现中华民族的时代风貌,树立中国在国际社会上的良好形象,增进中外友好关系,促进国际交流。

参考文献:

[1] 林海春:《英语节目主持人概论》,中国传媒大学出版社2005年版。

[2] 吴郁:《当代广播电视播音主持》,复旦大学出版社2005年版。

[3] 苏日娜:《英语播音主持教学探究》,《浙江传媒学院学报》2006年第3期。

[4] 单叶骅:《论电视英语主持人节目及英语节目主持人》,《采写编》2002年第1期。

[5] 童之侠:《培养高素质的英语播音与节目主持人》,《现代传播》2001年第3期。

[6] 苏日娜:《浙江传媒学院"英语播音与主持"教学大纲》2013年。

应用型本科院校校外实践基地建设探讨与实践
——以浙江传媒学院·杭州文化广播电视集团校外实践基地为例

浙江传媒学院 陈佩芬 项 雁

应用型本科院校作为应用型人才的输出平台,必须与社会接轨,加强课外和校外实践教学,充分利用高校与行业两种资源,建设有效的校外实践基地,完善人才培养环境,达到培养应用型人才的目的。

浙江传媒学院自 2004 年升本以来,加强对校外实践基地的建设工作,目前已建成校外实践基地 170 余家,其中浙江广电等省级以上校外基地 15 家,为学生的实习、就业提供了岗位。但在基地数量扩充的同时,基地的实际运行中存在着因单位人员变动导致稳定性不足、接收实习生的积极性不高、实习岗位的容纳量不足等问题,如何建立长效共赢机制成为我们必须着力探讨的问题。

一、基地简介

浙江传媒学院—杭州文化广播电视集团(简称"文广")校外实践教育基地是2013 年 5 月经教育部批准设立的国家级校外大学生实践教育基地。学校与文广的专业对接度非常高,这也是当初选择文广的一个主要原因。我校目前有 57 个专业及方向,主要为播音主持类、广播电视采编播类、文化创意类、音乐表演类、新媒体技术类、广电工程类等。杭州文广旗下有 3 个板块:媒体板块,包括杭州电视台 6 个频道(综合频道、西湖明珠频道、生活频道、影视频道、少儿频道、导视频道),杭州人民广播电台 3 个频率(新闻综合频率、西湖之声、交通 91.8)以及《杭州广播影视周报》(《时尚周末》);演艺板块,包括 8 家艺术院团(杭州歌剧舞剧院、杭州越剧院、杭州杂技总团、杭州滑稽艺术剧院、杭州话剧团、杭州爱乐乐团、杭州魔术团、杭剧团)以及杭州大剧院、红星剧院、文化中心、西泠书画院等文化单位;产业板块,包括杭州文广投资控股有限公司、华数数字电视传媒集团有限公司、杭州红星文化大厦有限公司等30余家控股、参股和全资公司。我校几乎所有专业均可在杭州文化广播电视集团找到相应的岗位。

二、建设成效

(一) 协同建设"分层递进式"的校外实践课程

我校2013版人才培养方案指导意见明确提出了"坚持知识传授与能力培养并重,更加突出能力培养"的基本原则,重视学生知识、能力、素质的协调发展,切实解决实践教学虚泛化、边缘化、简单化的现实问题;构建"横向互动、纵向递进"的实践教学新模式;进一步强化学生的创新意识与专业能力的培养,满足现代传媒行业对应用型人才创新能力的要求。

基地自立项建设以来,依托杭州文化广播电视集团丰富的文化传媒资源和强大的采编播团队,双方积极开展产学合作,目前基地已接纳实习学生775人次。同时,以我校2013版人才培养方案修订为契机,强化实践教学环节,注重校内课堂教学与校外实践有机结合,科学设计实践内容和实践项目,依托信息化实践网络平台,实施多样化实践组织形式,构建多种实践组织形式相结合的基地长效运行模式。经过一年多时间的建设,我们初步完成了"一批课程、一支队伍、一批作品、一个平台"的建设。

校外实践基地课程建设是一项复杂而困难的工作。单一的校外实践教学组织形式很难满足各层次学生的需求。具有多样性的组织形式才能让学生从不同层次深入企业实践活动,以满足不同层面学生的接受能力。因此,我们采取"分层递进式"的课程设计。首批立项建设9门课程,采取双负责人制,学校与集团共同建设课程。这些课程分布在大一至大四各个年级段,课程有"专业见习""电视节目制作技术综合实训""摄像机原理与使用""现场报道""音乐录音""影视表演""英汉双语节目采编播实训""基于数据驱动的深度报道""全能记者实训"。

1. 大一采用专业见习方式与基地相结合开展实践教学

由于我校专业集合度较高,专业覆盖采编播全程,杭州文广适合我校大多数的专业进行见习。同时,由于大一学生对专业的认知还处于初级阶段,安排他们到学校实训中心、实验电视台、杭州文广校外基地进行专业见习是非常有必要的。通过导师介绍、现场参观、体验、专家讲座等,学生可树立专业的概念,牢记专业的精神,对专业更加热爱。

2. 大二采用专业实践方式与基地相结合开展实践教学

大二阶段主要结合相关课程,以课程实践为主有效利用基地,加深学生对理论课程的理解,掌握一线行业对知识的要求。

3. 大三采用项目制、选修课形式与基地相结合开展实践教学

大三的学生具备一定的专业知识与技能,尚未面临就业的压力,基于基地的实践主要以项目制的方式进行,选择部分优秀学生在双方教师指导下,参与完成大型项目。

4. 大四采用毕业实习方式与基地相结合开展实践教学

大四的学生已完成专业知识学习,进入毕业创作阶段。在这个阶段,学生最关注就业事宜,用人单位也会根据实际需求按一定比例选择实习学生加以考察录用。经学生申请,可自主选择实习单位,在学校、实习单位教师双方共同指导下,完成毕业创作。

5. 学生自主实践的方式主要在假期进行

双方多次召开研讨会、协调会,解决校外基地的课程建设核心"五定"问题,即定实习内容、定指导教师、定考核方式、定实习时间、定实习地点。实践安排上,组织实习生深入广播电视制作一线,全方位地了解与体验广播电视采编播制作流程,并结合专家的专题辅导讲座,收到了师生良好的反馈。

通过基地建设,双方更加明确了实践教学改革思路,厘清了校外实践教育基地建设思路,构建了校企共建、共管、共评的校内外实践教学模式,使教学内容注重模拟和利用行业真实的工作状况,与科学研究、企业实际和社会应用实践密切联系。因重视人才培养目标设立和专业人才培养方案制定中行业一线的需求与要求,学校多次邀请杭州文广专家参与人才培养方案的论证工作。在专业结构优化调整中,还聘请杭州文广专家来学校把脉诊断专业建设中存在的问题,并提出改进的意见,修正人才培养目标,完善人才培养方案。

(二)双向互动,协同培养师资队伍

学校历来重视师资队伍建设,特别是实践教师队伍建设。通过制度建设,学校引导和激励教师立足企业生产实际,积极进行教学改革,提升"双师"职业能力,吸引高水平学科带头人、企业行业专家参与实践教学。最新《浙江传媒学院教职工进修培训管理办法》(浙传院人〔2014〕5号)积极鼓励教职工到行业一线进行专业实践,促进教职工了解行业最新动态,更新专业知识结构,在实践中提升教育教学能力和专业实力,为着力建设青年学术带头人到行业一线实践而搭建平台。

杭州文广集团这样一个现代化、大型文化传媒集团的平台,为浙江传媒学院青年教师了解行业最新动态、更新专业知识提供了很好的实战环境。截至2014年年底,浙江传媒学院共输送教师5批22人到杭州文广集团实践基地培训,并取得了良好效果。在"送出去"的同时,也注重"请进来",我们不定期地请基地专家来校讲座,让师生了解业界最新动态,跟上新媒体时代的步伐。

(三)硬件投入,确保合作共享

实习学生不受实习单位待见的一个重要原因,是打扰了实习单位的正常工作,在媒体单位更是如此。在基地建设初期,我们就一直考虑这些问题的解决之道。除了对参加校外见习的学生在实习前召开动员会、宣布纪律与注意事项、发放实习手册、配备不少于两位教师跟队外,我们还购置了无线接收器,人手一个,这样学生在几百米内就能接听到指导教师的讲授,最大限度地减少对各频道工作的影响。

同时杭州文广集团也提供了宝贵的场所作为实践课程的上课教室,还配备了多媒体设备。通过提升改造,完善基地条件,较好地满足了基地实践教学的需要。

基地在进行硬件建设的同时,还建立了浙江传媒学院校外实践教育基地门户网站,利用计算机网络技术,打破时间和空间的限制,保障校外学生能在网上进行实习申请预约、下载资料及实习供需双方的信息交互。这能较好地服务师生,强化学生校外实习过程化管理。基地利用率高,学生受益面广。基地建设一年半以来,学校累计接纳校内外实习生775人,涉及省内外高校83所,涉及专业71个,其中,我校有组织的学生实习累计543人。

三、基地建设中需注意的几个问题

（一）处理好课程开设时间与基地需求之间的矛盾

根据人才培养方案，每学期的实践课程是有时间要求的，同时要兼顾基地对实习人员的需求。通过不同课程类型的开设，如贯穿一学期的毕业实习，中期的综合实践，短期的专业见习，甚至以选修课的形式，双方共同协商，找出最佳课程设置。

（二）处理好校外实践基地实践与校内培养体系的关系

校内培养体系为学生打下良好的理论基础，而校外实践基地可使学生将理论与实践有机结合起来。应用型本科教学专业能力的培养应以校内培养体系为主，建设校内实践基地与实验中心，以校外实践基地为辅，两者相互促进，而且要围绕人才培养方案来选择建设基地。

（三）处理好学生实习与基地的利益的关系

基于建立长效的合作考虑，我们在建设过程中要特别考虑基地的利益。基地本身是独立运作的企事业单位，除了承担社会责任，它没有承揽教学的义务。因此，我们在建设过程中，不能扰乱基地的正常运行，在此基础上再找共赢点。

四、基地建设总结与展望

杭州文化广播电视集团基地建设一年多时间以来，我校与其建立了定期协商机制，双方以协同育人为目标，充分发挥各自的优势，创新思路和机制，依托专职教师、兼职教师相结合的优秀团队，努力开拓，积极探索，构建了"三位一体"多种实践组织形式相结合的基地长效运行模式。"三位"即"有组织的专业实践、学生自主实践、项目加盟形式的师生共同实践"等，其中，有组织的专业实践又包括有组织的专业见习、综合实践、专业实践；学生自主实践包括假期学生自主实践、毕业实习学生自主实践；师生共同实践结合项目进行，适应了新形势下广播电视采编播行业人才培养的需求。

校外实践教育基地的建设，整合了校内外实践教育资源，发挥了多种教学环境和教学资源在人才培养中的优势,把以课堂传授知识为主的学校教育与直接获取实际经验、实践能力为主的校外实践有机结合,把校内师资与行业一线师资结合起来,贯彻"实践即实战"理念,使人才培养方案、教学内容和实践环节更加贴近社会发展的需求,促进学生实践能力和整体素质的提高,达到培养应用型人才的目的。

电视编辑与导播国家级实验教学示范中心建设的探索与实践

浙江传媒学院　胡一梁　姚　争　贠　伍　刘新荣　王轶群

中共中央总书记习近平同志在中央全面深化改革领导小组第四次会议上强调：强化互联网思维，坚持传统媒体和新兴媒体优势互补，坚持先进技术为支撑，着力打造一批具有竞争力的新型主流媒体。当前，媒体信息技术革命给传统视听媒体带来颠覆性的变革，从技术到内容、从管理到经营乃至整个媒介生态环境都已经进入了"全媒体时代"。

在这种背景下，对我国视听媒体人才培养提出了新的要求，包括：第一，高度注重全媒体应用型人才培养，特别是全面掌握全媒体信息技术和经过充分训练的复合型媒体人才培养；第二，针对包括广播影视在内的新兴文化产业开展有针对性的文化创意和技术人才培养；第三，注重将新一代信息技术成果转化为教学内容，根据行业发展需要进行必要的业务革新和创新实验研究，适应行业发展和专业建设需要。

电视编辑与导播国家级实验教学示范中心（以下简称"中心"）依托浙江传媒学院优势学科，始终坚持以满足视听媒体发展需求培养应用型、复合型、创新型人才的目标，形成了"联手行业、产学合作、培养应用创新型传媒人才"的人才培养模式，构建了具有传媒特色的"横向互动、纵向递进"的实践教学体系，完善了校内外实战型、虚拟化、平台化实践教学基地建设，树立了"实践即实战"的实践教学理念。

一、知行合一的实践教学模式

中心始终践行"实践即实战"的实验教学理念，通过结合设备讲系统、结合系统讲操作、结合操作讲作品、结合作品讲实战、结合实战讲理念"五个结合"实验教学流程,实施"实践—理论—实践"的螺旋式知行合一教学模式。

(一)理论教学与实验教学的"知行互动"

我们把理论教学和实验教学比作人的两条腿,彼此支撑,步调一致。当代表着理论教学的腿迈上一步之后,就需要代表着实验教学的腿紧跟上去,用实验消化、验证所学的理论知识;当代表着实验教学的腿向前迈了一步之后,又需要代表着理论教学的步伐紧跟上去,用理论知识去丰富想象力,开阔视野。尝试先实验后理论,实验教学先行一步,以实验教学带动理论教学,实现实验教学与理论教学的相互促进。学生在实验过程中遇到问题,会促使他们在理论学习中寻找答案,并且提高学生理论学习的兴趣。在教学的过程中,通过实验与理论知识的知行互动,构建实验教学与理论教学相互促进、循环提升的双向驱动结构。

(二)教师与学生的"角色互动"

在传统课堂教学过程中,教师拥有话语权,处于支配位置。构建互动式的实验教学,就是要打破原有的师生角色定位,建立师生之间互动友好、角色流动的新型关系。在实验教学中通过采用情境式教学、项目式教学的形式,把学的主动权还给学生。学生在学习中的角色可以是导演、摄影、主持人、记者甚至教师,而教师可以承担观众、被采访对象、合作伙伴甚至竞争对手等角色。师生角色互动,使教师与学生角色落差消失了,让他们共同面对创作过程中出现的问题,相互促进,彻底打破以教师为主体、以知识验证为主要目的的传统实验模式。仅以"电视剪辑"课程的开设方法为例,其教学方法如图1所示:

贯穿"电视剪辑"课程教学有两条主线:一条是教师活动线,一条是学生活动线。在课程教学中,教师主要充当的是讲座组织者、论坛指导者、学习行为点评者和学习效果考核者;学生在自主进行的网络教学、剪辑在线实训、网络游戏体验、团队协作攻关等多种活动中的角色也是在变化之中的。"电视剪辑"课程教学为上述二者角色的流动与互换提供了平台。实验环境和网络虚拟学习平台的搭建,激发了学生的实践兴趣,有助于挖掘学生的学习潜能和培养学生的学习能力,有助于形成学生之间合作学习的氛围和学习型组织,有助于提高教师教学的针对性和有效性。

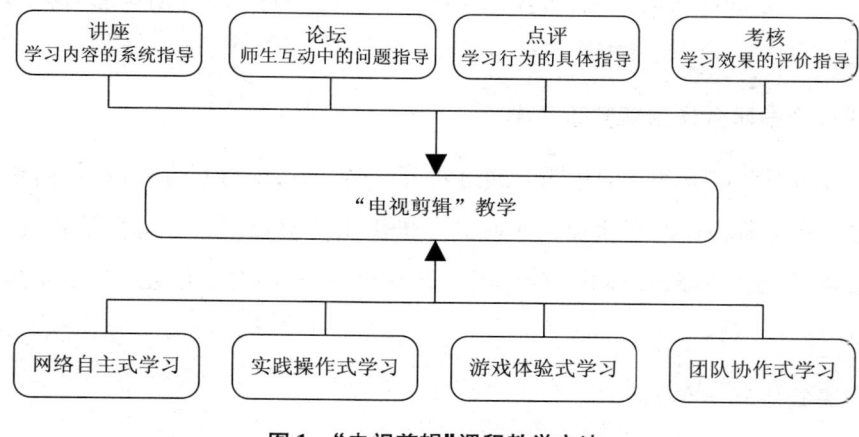

图1 "电视剪辑"课程教学方法

（三）实验与创作的"协作互动"

影视创作的综合性决定了它只有在各横向专业共同协作下才能生产出影视作品，而横向合作的基础是专业教学的纵向递进。为此，本实验中心提出了以跨专业创作为目的的"横向互动、纵向递进"的进阶式的实验教学改革思路（见图2）：

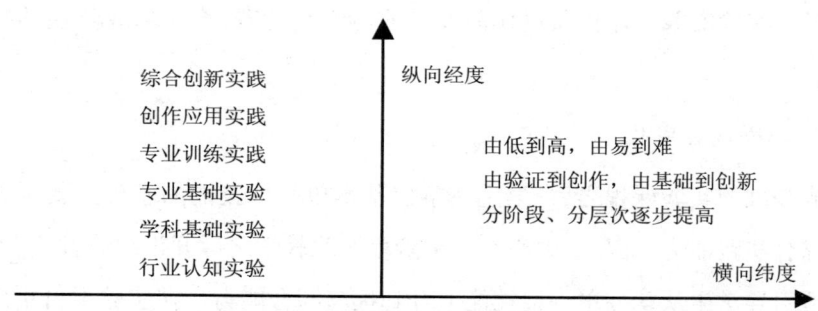

图2 "横向互动、纵向递进"的进阶式的实验教学改革思路

记者、摄像、灯光、录音、播音、导播、制作、技术等多个专业联合创作。

中心在学生学习终端处搭建视听传媒各专业横向整合的"综合创新实践"平台。在学生毕业前一年，集中优秀的、有创作实验能力的影视专业教师，通过创作实验，对学生课堂中所学到的理论知识进行强化式的升级整合。采取项目化教学的方式，依托与社会合作的项目，围绕项目展开教学，跨专业地横向整合编、导、表、摄、照、制、录等专业的学生，根据创作教学需要各就各位、各司其职，初步完成教学、实验、生产相关联的人才培养。同时，利用创作工作室各自的优势，形成教学联动,加强学生之间的横向交流、磨合,不断地积累经验,提高综合创作能力和团队协作意识。

(四)产学研合作创新实验教学

中心与浙江广电和华数集团等通过对等双向开放,谋得双方共赢,从而建立起新形势下产学研合作的新途径。如何进一步优化产学合作的实验教学新模式呢?我们实施了"实验实践一体化、实验项目集成化、实验内容个性化"三位一体的改造项目。

1. 实验实践一体化

从学科的特点出发,构建以课程实验教学为基础、以学生第二课堂社会实践为拓展、以专业大实习和综合实践为集成、以学生创作创新为提高的实验实践一体化的实践教学体系。课程实验教学在中心实验室完成,以基本技能训练为主。在第二课堂社会实践中,由学生自主选择课题,在假期中利用中心的设备,在教师指导下完成任务。在专业大实习和每年一次的综合实践中,一般在校内外的实践基地集体合作完成较复杂的实验项目。部分优秀学生由中心提供项目和经费完成创作创新项目。实验实践一体化通过作品发表或者学科竞赛,充分培养学生的实践创新能力。

2. 实验项目集成化

完成基础型实验课程之后,学生在掌握基本单一性技能的基础上要努力提高自己的综合实践能力。因此,中心在一个阶段实践教学之后开设综合性实验实践,有意识地引导学生从掌握单一性技能上升到提高综合能力。在实验项目集成化的设计实施中,中心根据教学环境的不同做好两方面的工作:对中心内部的实验项目进行集成和合并,尽可能模拟实战环境;针对在创作一线完成的实践,则要进行拆分和解析,将复杂的一项工作拆解成若干单个项目,降低实践难度,提高实践的有效性。

3. 实验内容个性化

各门实验课和实践训练除增大综合性实验比例外,还提倡学生自选实验和开放实验,让学生根据自己的兴趣、爱好、特长进行自主选题和设计,鼓励学生完成创新作品,提高创新实践活动的质量,注重将教师的创作和科研渗入实践教学之中,进行个性化实践教学活动。中心通过联合举办竞赛、成立创新基金等方式,为学生在产学合作平台创造实践创新的条件和机会。

二、特色鲜明的实践教学体系

中心自2007年起依托首批国家级广播影视人才培养模式创新实验区项目,根据新时期传媒行业对专业人才需求的变化,积极探索、大胆实施,实验教学已从最初的零散化走向了体系化,初步构建起富有传媒特色的"五个四"实践教学体系:

一是建立以课程实验(实训)、集中性实践、论文(设计、作品)、第二课堂实践4个环节为重点的实践教学体系。

二是实施基础实验、学科实验、专业实验、创新实验4个逐层递进的分层次实验教学。

三是形成理论与实践相结合、课内与课外相结合、校内与校外相结合、集中与分散相结合的4种实践教学模式。

四是搭建实验室、校内学生创新中心、导师工作室、校外实践教学基地实践教学平台。

五是坚持实践教学4年不断线,把实践教学贯穿到本科阶段的整个学习过程中。

三、完善的五大功能性实验教学平台

中心根据"全媒体时代"媒介融合的特点,从教学需求出发,打破专业和学院壁垒,实现对实验室资源的有效整合,由视频编辑与制作、音频编辑与制作、影视数字特技、电视导播与现场制作、全媒体采编与发布等5个实验教学平台、21个分实验室组成,如图3所示。

为应对信息技术对广播影视行业带来的革命性影响,中心通过进一步整合资源、加强硬件投入与信息化建设,实现实验教学资源网络化管理和交互,推进实验室资源的开放性和共享度,形成了"全流程、全方位、实战型、立体化、开放化"的实验教学五大功能性平台。

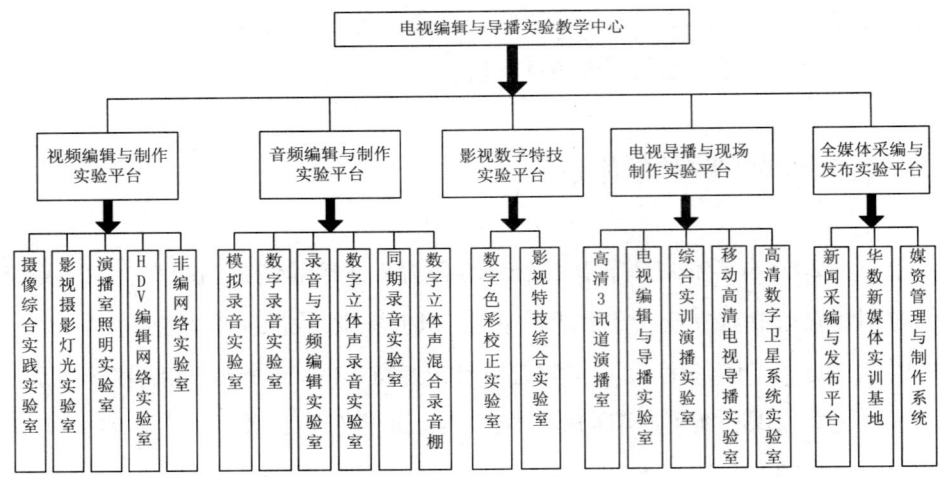

图 3　电视编辑与导播实验教学中心实验室组成

(一)紧扣传媒业务,建设"全流程"的实验操作平台

建设视听媒体全流程的实验教学平台,创设全覆盖的实践教学环境,对学生实践能力和专业素养的培养具有特殊的意义,也是适应视听媒体行业采编播一体化发展趋势的必然要求。中心根据不同的媒介、不同的制作方式,定制不同的生产流程。通过必修、选修、课内、课外等形式构成层次分明、门类齐全、涵盖面广的"全流程"实验操作流程。学生通过"全流程"的综合训练,可以有效提升其业务岗位的适应能力、迁移能力与整体把握能力。

(二)紧跟媒体信息技术,建设"全方位"的实践实习平台

媒体融合已经成为当今传媒业界的大势所趋,这就要求传媒从业者要从单一媒体向"全媒体"发展。为了培养"全媒体"背景下"全方位"的实践动手能力,中心紧跟视听媒体技术的新发展,建设和整合并举,通过搭建"全媒体"实验教学平台,为培养具有"全媒体"视野和素养、适应视听媒体行业发展的"全媒体"人才提供实践实习平台。

(三)深入媒体环境,建设"实战型"的实践教学平台

实战型的实践对设备、实验环境和实验师资都提出了很高的要求。中心的实验设备与行业一线主流设备看齐,甚至略微超前。实战环境的获得必须通过加强中心与影视生产机构的节目生产合作,在实战中学习。

(四)依托传媒学科,建设"立体化"的实践创新平台

中心既注重"授业"也注重"传道",既重视"术"也重视"学",既强调"外授"也强调"内修",建设了一个集师生实验实训、创作创新、科研开发等多职能于一体的立体化的实验教学中心。中心建设与学科发展、专业建设的互动促进,进一步整合资源、优化配置,搭建"立体化"的实验研究平台。

(五)紧贴视听媒体行业,建设"开放化"的服务辐射平台

保持对行业、对社会的开放和合作,是应用型高校发挥办学优势、拓展教育资源、强化服务功能、培育办学特色的重要途径。中心的"开放化",主要体现在以下方面:一是投入机制的开放化,积极引入企业和其他社会力量;二是中心外延的开放化,进一步深化浙江广播电视集团等行业单位的资源共享机制,实现中心与视听媒体行业实体有序的拓展延伸;三是服务功能的开放化,除满足本校人才培养外,中心还积极向其他高校和行业提供人才培养(培训)、节目制作、课题研究等全方位合作,更好地发挥实验示范中心的辐射作用。

四、建设云视频虚拟仿真实验教学平台

在"全媒体"时代,作为以培养广播影视及其他传媒应用型人才为主的专业院校,教学必须顺应视听媒体的革新与转型。为此中心采取基于云视频教学平台的虚拟仿真实验教学手段,打破平台、管道、终端等各种因素的限制,构建视听媒体实践教学的虚拟化现实环境、虚拟化对象主体、虚拟化 App、虚拟化资源管理和内容发布系统,打造视听媒体业务全流程的虚拟实验教学环境,实现广电媒体与新兴媒体实验教学的融合互通和虚拟化,达到最大化利用与教学资源共享。

(一)将视听媒体技能学习交给学生

云视频教学平台与实际视听媒体业务一线全流程一致的优势在于能够使学生在进入实体实验室创作之前就对视听媒体业务技能有真实的实践体验。教师在课堂上可以减少这部分内容的讲解时间,而以个别辅导为主,将更多的时间留给学生自己动手实践,真正做到以学生为主体,不断提高学生视听媒体业务的实践创新能力。

(二)避免实验室重复建设

云视频教学平台以互联网为载体,采用 O2O 业务模式,通过教学资源、操作系统和媒体业务应用工具 App 的虚拟化和平台化,下载该平台专属的 App 就可以在计算机等信息终端进行在线或离线的采集、存储、编辑、渲染、配音、包装、编目、分发等方面的实验教学,实现了在任何时间、任何地点、以任何方式完成学习、实验、考试,从而摆脱了对媒体实践教学实体实验机房的过度依赖,为视听媒体类专业的综合性创作"腾笼换鸟",避免大量重复性实验室的建设,从而节省大量资金用于平台和高端实验系统的建设。

(三)实现视听媒体全业务流程实践

学生通过云视频教学平台可以获得视听媒体业务专业软件服务。同时该服务还可以用于各类视听媒体专业以及视听媒体业务培训的必修课、选修课、职业培训,这不仅有利于提高学生视听媒体方面的学术认知,也可极大帮助学生提前接触到就业后视听媒体企业工作的真实环境,使学生在面对日后工作时做到游刃有余。

云视频教学平台提供了从视听媒体的视频教学、节目制作到发布和交易所需的资源,形成了一套完整的视听媒体一体化产业链。如图 4 所示,此产业链可以全方位地为学生和视听媒体就业人员服务,提供一个良性的循环,促进视听媒体行业的发展。

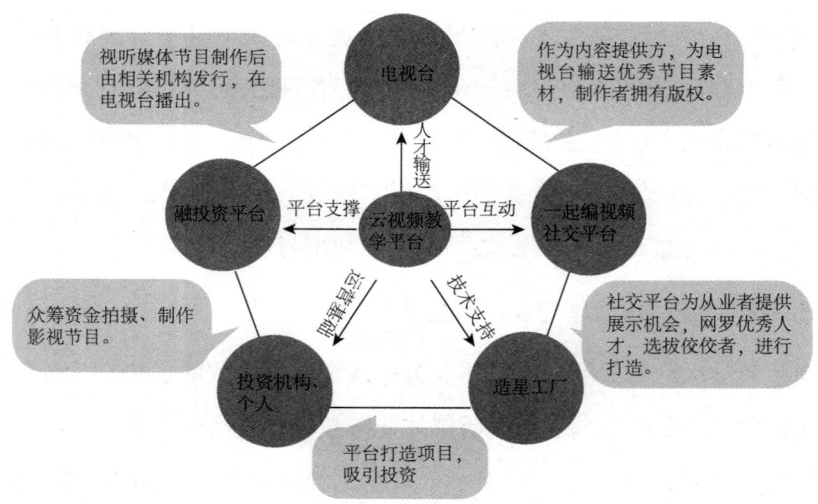

图 4　视听媒体一体化产业链

五、丰硕的成果和示范效应

实验中心构建了"联手行业、产学合作、培养应用创新型传媒人才"的视听媒体高素质创新人才培养模式，培养了大批具有创新精神的"实干＋能干＋创意"传媒人才，实验实践教学和学生实践创新成果丰硕。中心先后获批2个国家特色专业、3个省级优势专业、6个省级特色专业；主持省级教改项目9项、教学课堂改革项目11项、"非线性编辑"等省级精品课程5门；完成了《电视剪辑实训教程》等国家"十二五"规划教材11本；获得2014年省级教学成果奖5项，承担省级大学生科技创新项目72项，指导学生参加国家和省学科竞赛共获各类奖151项。

中心立足浙江，覆盖长三角，辐射和影响范围拓展到全国。借助浙江传媒学院得天独厚的视听媒体行业背景，中心与索贝数码、优酷土豆、北京艾迪普机构、杭州华数、浙江广电集团、杭州文广、索尼中国等产学研合作平台进行合作，共同进行实验系统开发和人才培养。

除负责本校人才培养外，中心还承担了国家新闻出版广电总局的地市业务骨干培训任务、高校园区的实验共享课程教学和协同创新等工作，积极向其他高校和行业提供人才培养、节目制作、课题研究等全方位服务。

六、结束语

以中央全面深化改革领导小组《关于推动传统媒体和新兴媒体融合发展的指导意见》等文件精神为指导，进一步完善校企协同合作机制，运用云计算、大数据等信息技术强化实验教学资源的整合与开发，使视听媒体人才逐步向智能化、万物互联和大数据演进。中心坚持以学生为本，知识传授、能力培养、素质提高协调发展的教学指导思想，秉承"实战即实践"的实践教学理念和培养视听媒体创新人才的核心理念。中心将紧紧围绕"人才培养"这一工作中心，密切结合国家文化新兴支柱性产业和浙江省文化大省发展规划，充分发挥学科优势，有效利用校内外办学资源，使视听媒体专业人才的培养质量得到保障。

中心面向媒体融合和"全媒体"人才需求，服务文化产业发展需要，以传统优势学科为依托,以特色优势专业为基础,将中心建设为特色鲜明、开放共享的视听媒体国家级实验教学示范中心,形成"知识体系交叉融合,实验资源高效整合,教学科研深度结合,学校社会协同育人"的实验教学新模式,进一步探索实验教学改革新途径,强化学生实践能力、创新能力的培养,提升学校办学水平和教育质量,为我国视听媒体产业培养更多的高素质创新人才。

基于双核流转理念的文化产业管理人才培养

浙江传媒学院　朱旭光　朱　觅

一、教学管理总思路：双核流转理念

为实现我校"十二五"教学工作的目标，努力开创我校教学工作的新局面，管理学院结合自身实际和特点，提出"双核流转理念"来实践六大重点工程。

我们的教学管理理念是基于学生认知系统与教学运行系统的"双核流转理念"（见图1）。其中，学生认知系统重在动态把握学生"知、行、思"状态，明确学生学习能力、实践能力与创新能力的培养目标，解决"培养什么人"的问题；教学运行系统重在全面整合"教、学、管"要素，明确教学机制、师资管理、课程设置、考核方式等改革内容，解决"怎样培养人"的问题。归结起来看，教学运行系统以学生认知系统为基础，学生认知系统以教学运行系统为保障，两大系统之间存在双核流

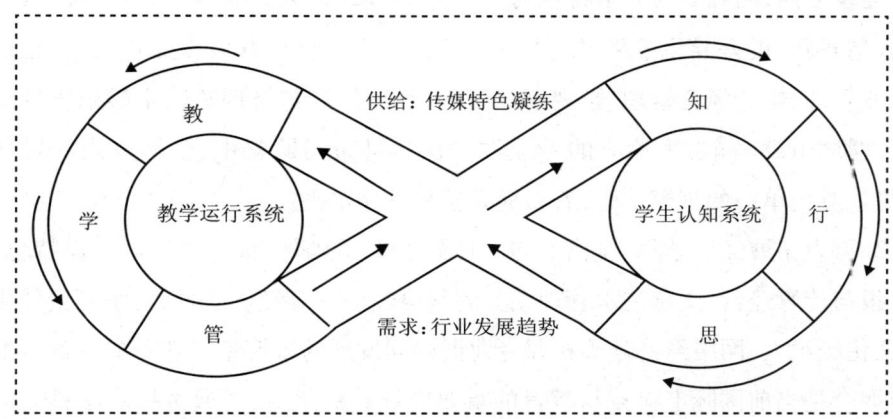

图1　双核流转理念

转、互促提升的关系。我们的总目标是通过实践六大工程，一手抓教学运行，服务于学生认知水平的提升；一手抓学生认知，切实提高教学管理水平和高等教育质量。

二、践行双核流转理念，务实推进六大工程建设

管理学院注重以整体思维推进六大工程建设，按照前述的双核流转理念推进六大工程建设：在教学运行系统中着力推进三大工程建设，以"教"对应"教师发展工程"，以"学"对应"大学生成才成长工程"，以"管"对应"教学条件保障工程"，整合教、学、管三方面的合力；在学生认知系统中着力推进三大工程，以"知"对应"专业结构优化工程"，以"行"对应"课程教学改革工程"，以"思"对应"教学改革创新工程"，循序渐进地提升学生的学习能力、实践能力与科研能力。

归结起来，就是按照"以专业建设为龙头，以教学改革为先导，以教师发展为依托，以课程建设为重点，以学生成才为目标，以教学保障为支撑"的思路整体推进六大工程建设，服务于教学质量和教学保障、教学管理水平的提升。

（一）以"对接行业与地方，拓展细化方向"为主题，推进"专业结构优化工程"

高等学校教学水平的提升有赖于学科专业结构的优化，如何实现学科专业结构的优化管理，学院将讨论以下3点：

1. 根据行业发展趋势，细化专业方向设置，着力建立"五驾马车"的特色传媒文化管理专业群。管理学院深入分析自身条件，结合行业发展趋势，把握学校特色专业建设方向，明确自身办学特色与建设方向，采取"人无我有、人有我优、人优我精、人精我新"的差异化策略，按照"大文化产业"的格局开展专业建设，构建以文化产业管理、媒介经营管理、影视制片管理、会展经济与管理和数字娱乐管理等文化管理类"五驾马车"为核心的专业群。在学科布局调整中，坚持以内涵发展为主，尽量避免单一的规模扩张，着力提高学科整体水平。

2. 努力拓展经济学科，丰富我校"工文经管"的学科布局。根据传媒特色，积极申报与传媒经营、文化艺术管理相关的网络经济学等经济学科，力争打造休闲管理、文化经纪人、网络经济学等相邻专业群协同发展的敏捷型专业布局。学科的交叉与融合是当前国际上科技与教育的重要发展趋势之一，要通过拓展学科之间的互相交叉、渗透与融合，拓展文化管理类的一些新兴学科。

3. 积极对接地方产业发展,在社会需求中拓展专业方向。学科发展和建设既受内动力作用,又受外力作用。内动力指学科逻辑自主发展的规律,外力主要指社会需求,产业发展的需要。现代技术在工业中的应用及机器化大生产导致了社会分工,而社会分工又使得职业不断分化并日益专业化,职业的专业化则反过来要求教育培养专门化的人才。我们将在对接桐乡市及其所属嘉兴市产业发展需求的基础上,务实拓宽专业方向。例如,在会展经济与管理等新兴专业中拓展展览与活动策划、会议与酒店管理等专业方向,在文化产业管理专业中拓展与旅游管理相关的专业方向等等。

(二)以"服务地方发展,融合传媒特色"为主题,推进"教学改革创新工程"

教学改革创新是提高高校教育教学竞争力的关键,管理学院将从以下两点务实推进这项工程。

1. 以重点专业和新兴专业为主,推进人才培养模式创新。在下一步的专业建设和教学改革中,以对接地方和传媒特色为重点,着力破解"复合型、创新型、应用型"人才培养定位,解决好"培养什么人、怎样培养人"的根本问题。一是以对接地方为重点,推进文化产业管理重点专业建设,继续深化文化产业管理复合型人才的内涵。对接地方,加强与政府部门、行业企业的紧密相连,能够准确把握社会需求,是人才培养最好的"试验室"。目前由于各方封闭运行,这种宝贵的资源没有得到开发并被运用到高校的人才培养中去。高校如能邀请政府、企业参与教育教学过程,会促进人才培养资源的整合与共享,既有利于培养学生的研究能力和动手能力,也有利于进行科学研究和提高企业技术水平,实现优势互补和互利共赢,推进各大参与主体的和谐发展。管理学院作为桐乡校区的主力学院,将携带所有学科和专业入驻桐乡,以此为契机加快服务地方的步伐,继续丰富知识复合与能力复合的内涵。二是以传媒特色为重点,推进会展经济与管理新专业建设。会展与传媒业具有天然联系。会展即传播,展会即是传播媒介,如上海世博会,其本身天然具有媒介信息传播与交流的功能。它不仅是信息交流的平台,更是创意的舞台、信息化管理的平台。因此从传媒角度探讨会展业人才培养的规格、模式有其独特意义,由此可以发挥传媒院校比较优势,摆脱当前会展教育低端人才培养同质化竞争,培养出既具文化创意与策划能力,又具会展产业发展所需的中高端创新型、应用型精英人才。

2. 以"飞鹰计划"为依托,培养卓越的传媒管理人才。"飞鹰计划"以学术研究与科研指导为中心,与学生导师制等一起,配套构成一个完整的工作体制。这不仅对学生精英学习和全面发展有很大帮助,也为以后教师成为硕士生导师,适应更高层次的科研导师岗位奠定了基础。发挥管理学院的科研优势,继续拓展"飞鹰计划"的遴选范围,明确选拔标准,强化培养科研、综合实践等拔尖人才,为他们提供科学研究、创新性实验与实践的平台。除了推行"飞鹰计划",配合实践导师制、辅修专业以外,我们还将结合国际合作事务的推进,与国内外知名院校开展"2+2""3+1"等模式的国际联合培养和校企合作培养的多层次方案,全面推进启发式等基于研究的教学模式,以达到培养卓越传媒管理人才的目标。

(三)以"建立课程群,突出精品课程"为主题,推进"课程教学改革工程"

在管理学院目前围绕专业培养目标开展课程群建设的基础上,重点打造课程群和精品课程,以推进课程教学改革工程。

1. 以课程群建设为重点,推进专业师资归口。教务处在2011年发起课程库建设,这是一项推进师资科学管理的重要举措。管理学院以此为契机,对归属课程进行了系统梳理,形成了每门课3~5位教师的课程群,也形成了每位教师3~5门课的师资归属。在此基础上,我们根据专业的具体情况,以系和教研室为建设单位,建设课程群,逐步组建一批教学团队,使其具有明确的发展目标、良好的合作精神和梯队结构,实现老中青搭配,知识结构合理。在推进教师专业化发展的同时,争取在指导和激励中青年教师提高专业素质和业务水平方面做到成效显著。以优化整合课程资源、共同提高课程质量为重点,紧紧围绕教学目标,自觉深化教学改革,通过不断优化教学内容、科学探索教学方法,构建起知识传授与能力培养相结合的高水平、系列化本科课程体系,培育以文化产业管理学科为核心的重点课程群。

2. 突出精品课程引路,强化重点课程整合,普及达标课程建设。精品课程是具有一流教师队伍、一流教学内容、一流教学方法、一流教材、一流教学管理等特点的示范性课程。精品课程建设是高等学校教学质量与教学改革工程的重要组成部分。管理学院目前有一门省级精品课程"媒介经营管理概论","十二五"期间将建设1~2门省级精品课程,2~4门校级精品课程,在条件成熟时向国家精品课程发起冲击。准确定位精品课程在人才培养过程中的地位和作用的同时,正确处理单门课程建设与系列课程改革的关系,以"管理学""经济学""文化产业学""影视制片管理""市场营销学"等重点课程带动课程群的整合。通过整体综合建设,在充分发挥已有精品课程的核心示范作用的基础上,实现"以一带多,共同提高",使课程群中其他课程达到校级(或以上)精品课程水平。

(四)以"支持学生科研,培养两型人才"为主题,推进"大学生成才成长工程"

创新人才培养目标,完善和优化课程体系,全面系统地设计人才培养的模式与实施过程,要求对学生不同的发展方向给予具体的建议和指导,务实推进大学生成才成长工程。

1. 发挥管理学院学生"思维活跃、知识面广、注重实践、擅长管理"的比较优势,大力发展学生科研。管理学院坚持"科研立院、科研强院"的办学理念,注重发掘校内外科研资源,优化组合科研力量,取得了可喜的科研成果。按照"学思结合"的要求,为激发学生创新意识,学院将邀请一批国内外著名学者来校进行讲座,为学生讲授科研动态、科学研究方法等,引导学生开展力所能及的科研项目,提高"学思结合"的能力。

2. 对接社会需求,突出培养"创意策划"与"营销推广"的创新型人才与应用型人才。管理学院注重学生创新意识的培养,聚焦学生活动主题,倡导自主创业,为广大学生搭台铺路,创造机会。通过课堂、社会实践、导师引导、专家学术讲座等方式,引领学生关注媒介经营管理、文化产业管理、各类传播媒介的经济运作规律和管理方法以及媒介功能、媒介新产品的特性、传播资源和传播权力配置等前沿问题。同时按照"知行合一"的要求,引导学生开展专业实践与创新创业,培养学以致用的专业人才。

(五)以"培养青年教师,优化师资结构"为主题,推进"教师发展工程"

对以培养人才为己任的学术综合体——大学而言,如要造就一代又一代的优秀人才,教师队伍是决定性因素。

1. 突出培养青年教师为重点。管理学院近些年沿着"分析现状—引进鲶鱼—创新举措—形成集群"的思路,着力开展青年教师培养工作,取得了一定的成效。管理学院教师存在年纪较轻、学历较高、经验较浅的特点。首先,有效引进"鲶鱼",激活原有环境,引进各大名牌高校、国外高校的优秀毕业生或业内翘楚。其次,构架相关制度如青年导师制度等,引导每位青年教师走出"成功路不同,各有各成就"的发展路径。再次,创建多元平台,整合多支青年教师团队,为青年教师成长创造展示的平台,如教学技能展示平台等,让青年教师能"看到前景,感到激励",提高全体青年教师的综合素质,建立一支适应教育教学改革发展趋势的青年教师队伍,是推进"教师发展工程"的重中之重。

2. 优化师资结构,重点做好"两篇文章"。一是增量调整,存量盘活。所谓增量调整是指按照管理学院"五驾马车"的专业布局归口师资,加强教研室与科研所这两个"细胞"建设,科学调整增量,整合形成"五驾马车"竞相奔腾的局面。所谓存量盘活,是指突出教师积极性的挖掘,发挥每位教师的比较优势,让教学服务、科研服务、社会服务三大类型各安其位,整合形成三方协调发展的局面。二是整体规划,有序引导。所谓整体规划,有序引导,是指一方面我们要统筹协调师资,科学安排师资培养计划,努力做到培训、教学两不误,着力解决结构性供需失衡、专业储备不平衡、师资能力不平衡的问题;另一方面要积极引导教师。建立教师发展中心是国家教学质量二期工程的一个重大转变,也是扭转当前大学"重大楼多于重大师"倾向的一个根本转变。有人将高校教学、科研、社会服务三大使命比喻为农业、工业和商业,正应了"无农不稳、无工不强、无商不富"那句俗语:教学是农业,是"基础不牢,地动山摇";科研是工业,是学术科研强劲的标志;社会服务是商业,代表着学校的政产学研水平。经济学上有句话说"分散决策是最有效率的",要改变以往培训中的"要我学"倾向,通过制度牵引,为教师提供菜单式选择,将培训作为奖励方式,引导教师制定职业生涯规划,形成"我要学"的内驱机制。

(六)以"探索管理模式,科学布局设施"为主题,推进"教学条件保障工程"

"教学条件保障工程"是一项事关人才培养质量的基础性工作,是提升本科教育教学质量水平的硬件基础。

1. 积极探索两个平行校区的教学管理模式,探索科学的排课、运行、管理机制。2011年9月,我校的桐乡校区投入使用,管理学院入驻桐乡。分校区办学虽然开拓了新的教育发展空间,弥补了教育资源的不足,增加了高校的竞争优势,解决了一些矛盾,但是也给教学管理与运行带来了新的挑战。科学探索两个平行校区的教学管理模式,有助于提高教学管理的质量和效率。管理学院将从"制度化管理作标准,人性化管理作内涵,信息化管理作保障"3个层次出发来推进科学管理。首先,制度化管理作标准。制度是要求成员共同遵守的、按一定程序办事的规程。从管理的角度来看,制度起着关键的保证作用。制度化管理是完成组织目标的基本保证。制度化管理,作为一种规范人的行为的方法,具有刚性原则,特别是分校区可通过设定目标对整个组织行为进行控制,从而围绕目标往前走。其次,以人性化管理作内涵。人性化管理讲感情、重"亲情"。学校的人性化管理可以凝聚人心,特别是在校园文化薄弱的分校区,在保障制度的执行和激励教师创新上,开放灵活式管理模式,既合理顾及教师的时间编排,又顾及师生课堂外交往、非正式沟通、学术互动的增多。最后,以信息化管理作保障。以多媒体和网络为代表的信息技术,已成为教育改革和发展的制高点和突破口。教育信息化已成为实现教育现代化、教育创新、教育跨越式发展的一个关键因素。分校区的教学管理运行因地理等因素的制约也需要信息化管理进行保障,需要搭建好合理完善的信息化管理平台,充分利用信息化优势和网络资源,把管理分解、任务细化。

2. 结合桐乡管理学院楼的建设,科学布局教学设施。管理学院为进一步改善教学条件,为教学创造更好的环境,尤其是针对自学院成立以来实验室建设薄弱这一问题,院系各部门上下一心,群策群力,推动实验室建设工作取得突破性进展。目前学院正在形成"以小拓大、以大带小"四轮驱动的实验室建设格局。我们申报的传播与文化产业研发平台、媒体创意策划与实践实训平台、文化产业管理与社会服务实验室、媒介测评综合实验室将陆续落地桐乡。在实验室设备基础上,教室的课堂教学设施不再是简单的"排排坐"布局,而是因地制宜因实验项目不同而采取多种"课桌椅"布局,例如,采取适合商务谈判的圆桌布局、适合团队作业的分组布局、适合会展模拟布局的展会布局等等。

传媒视野下文学教育的现状与对策
——兼及"编剧强化班"与"未来作家班"的思考

浙江传媒学院　张邦卫　金　晶

浙江传媒学院文学院于 2010 年 9 月成立,作为适应浙江传媒学院"第三次创业"与"桐乡校区拓展"的战略决策,文学院的创办与运营不可避免地与浙江传媒学院 30 多年办学历史所凝聚的"传媒特色"休戚相关。根据《国家中长期教育改革和发展规划纲要》与《浙江传媒学院"十二五"发展规划》,文学院未来 5 年的文学教育除了首先要完成教育部所主持的本科合格评估之外,最重要的是打造极具"传媒特色"的文学教育的格局——"传媒中文"与"传媒文学",以突出与其他传统文学专业的区别。对此,文学院特提出"关于传媒视野下文学教育的现状与对策"的思考,以就教于方家。

一、老专业与新学院:文学院现状概述

文学院是学校独立组建时间较短而又是办学历史悠久的院部之一。文学院独立组建于 2010 年 9 月,但其前身是建于 1986 年的语言文学基础部。办学 25 年来,尤其是"十一五"以来,文学院抓住发展机遇,全体师生同心同德,锐意进取,开拓创新,不断提高教育质量,学院学科专业建设初具规模。截至目前,学院建有中文系、影视文学系 2 个系,本专科专业及方向已达到 8 个,拥有汉语言文学、汉语言文学涉外文秘方向、汉语言文学文化遗产方向、戏剧影视文学、戏剧影视文学编剧与策划方向、戏剧影视文学剧评与传播方向、对外汉语、文秘(涉外)等本、专科主干专业,全日制在校生规模达到 800 余人。

学院拥有多个科学研究和教学研究平台,其中"戏剧戏曲学"学科为浙江省重点 A 类学科,"浙江省非物质文化遗产"研究基地为省级研究基地,"戏剧影视文学"为浙江省重点专业。此外还拥有一个校级重点学科——"中国语言文学(文化与传播)",一个校级教学团队——"写作学"团队。在多年办学中,学院积累了丰富的教学经验,形成了鲜明的教学特色,创造了理论联系实际的专业教学模式。"影视剧创作"课程被评为浙江省精品课程。校级重点建设课程有 4 项,校级精品课程、校级网络课程等 5 项。学院还在全国各地 100 多家单位设立了教学实验实训基地。

文学院师资水平较高,初步形成了结构较为合理的人才梯队。目前拥有专职教师 50 余人,其中正高职称教师 12 人,副高职称教师近 20 人,博士 20 余人。2 名教师获"国务院特殊津贴",5 名教师入选浙江省新世纪"151 人才"第二、三层次,1 名教师被评为浙江省中青年学科带头人,多名教师荣获全国首届广播电视"十佳百优"理论工作者、浙江省名师、浙江省优秀教师、浙江省优秀党员、浙江省"三育人"先进个人等荣誉称号。学院还在全国范围内聘任了近 10 名著名编剧、导演为兼职教授。

文学院学术研究实力较强,科研水平不断提高。近年来学院承担了国家级科研项目 4 项、省部级科研项目 30 余项、厅局级科研项目 50 余项、各级各类教改项目近 10 项;出版了学术专著 20 余部,在权威核心期刊发表学术论文 300 余篇;创作出版了诗歌、小说、散文等文学作品 10 余部。学院重视产学研一体化,多年来有近 20 部电影、电视剧及广播剧剧本被投入拍摄、录制,作品先后获得中国华表奖最佳编剧奖、捷克维克多发利国际电影节大奖、全国及浙江省"五个一"工程奖、全国广播剧优秀作品奖等。同时,由学院教师自编自导创作完成电视电影 3 部,其中《明月前身》《盖世武生》等已被中央电视台电影频道收购并播出。

文学院初步形成了院、系两级管理体制,树立了"本科教育意识",深化教学改革,全面规范教学行为,狠抓专业建设和课程建设,不断优化教学运行状态,狠抓课堂教学,强化教学质量监控,使教学质量不断提高。

上述各方面取得的成绩为文学院的发展奠定了良好的基础。但同时我们也应该清醒地认识到,文学院作为一个新独立组建的二级学院,各方面的工作还不完善,其发展存在着一些突出的矛盾和问题。管理框架尚未建立起来,内部管理体制有待进一步完善;学科与专业比较单一,学科专业建设有待进一步加强;专业师资相对匮乏,高水平学科带头人和学术骨干有待进一步增加;科研标志性成果缺乏、层次偏低,科研水平有待进一步提升;教学改革成果不足,改革力度有待进一步加强;教学质量水平尚未尽如人意,教学管理有待进一步强化;产学研一体化格局尚未形成,社会服务能力有待进一步提高。这些薄弱环节的存在,既是办学的不足之处,也是文学院进一步发展的空间所在。

二、被边缘与边缘化:文学教育现状概述

曾几何时,文学与政治的联姻,让文学成为一个时代与社会的中心。正因如此,大学的文学教育也很受重视。从当年的京师大学堂开办"中国文学门"开始,在现代大学教育制度下,文学教育者们本着"铁肩担道义,妙手著文章"的宗旨,经历了中国现代、中国当代、新时期、21世纪的不同发展阶段。大学校园内的文学教育也是几起几落,浮沉不定,确实经历了一个从中心到边缘的过程。

在当下商业文化背景、消费主义与传媒主义的文化语境下,中国文学以及与之休戚与共的大学文学教育,确确实实在"被边缘"的逼促下不断地走向"边缘化"。正因如此,国外有学者惊呼"文学已死""文学研究是否还存在"(如美国的希利斯·米勒所言)。在国内,也有很多学者认为,包括中文在内的人文学科在当今社会普遍遇冷,这就是所谓的"冷门论"或"无用论"。文学与大学的文学教育,成为少数人与少数学生无奈的选择。

有鉴于此,假如说我们清醒而冷静地直面当下的高等学校文学教育,会发现专业文学教育和非专业文学教育面临着共同的困惑,甚至可以说是陷入了共同的困境。简言之,以市场为温床、以技术进步为支撑、以电视和网络为代表的大众传播媒介迅猛发展,并在公共话语空间掌握了强势的话语权。大众传媒时代的到来,加剧了文学多元化、大众化、娱乐化的发展趋势,从文学观念到文学的具体存在方式,从文学创作到文学的传播和接受都产生了巨大的裂变。在这样的现实语境中,高校文学教育"为什么教""教什么""怎么教",每一个环节都出现了我们不得不面对的新问题。具体地说,这主要表现在以下几点:

其一,文学"神性"的消解和文学教育"为什么教"的困惑。文学从来都是一种重要的艺术形态和文化形态,文学教育也从来都在"育人""成人"的人文教育、素质教育中居于引领地位。但在电子文化、消费文化盛行的大众传媒时代里,文学的

"神性"日益消解,文学教育的作用、文学教育在教育领域中的地位也日益不为大众所重视。文学和文学教育很难在大学的校园里"风景这边独好",但要最终消除或缓解人的"异化",至少不要让"天之骄子"们成为只钟情于理性工具的"单面人"。我们将不得不背靠历史、面向未来,深刻反思当下高校文学教育的现实,以期科学地为文学正名,准确地为文学教育定位。

其二,文学经典的尴尬和文学教育"教什么"的困惑。不可否认,文学经典在人文教育、文学教育方面具有独特的优势和效用,能够提升人的品性,增进人的智慧,对人的成长具有全面促进的作用。具有"黑色幽默"意味的是,大众传媒时代恰恰是一个文学经典落魄的时代。从文学创作的角度看,大众传媒的高度发达降低了文学的入门门槛。文学创作不再是少数作家的专利,普罗大众也拥有了足够的文学话语权,文学作品以醒目而张扬的方式附丽于各种新兴的文化样式之中。不管是一本正经还是嬉皮笑脸,只要是放纵地言说快意的语言文本,都可以贴上文学的标签——文学外在形态的膨胀伴随着内在思想艺术意蕴的稀释——这或许是我们这个时代经典匮乏的一个重要原因。从文学消费的角度看,披上文学外衣的通俗读物受到市场的追捧,坚持"纯文学"理念的作家作品则举步维艰,传统文学经典也乏人问津。与此同时,文学经典在高校文学教育中也遭遇了"滑铁卢"。大学生们如今普遍不读文学经典,甚至排斥文学经典。2005年4月25日的《光明日报》上有一则题为《读过四大名著的仅为5%,当代大学生人文素质堪忧》的报道。一个课题组对某重点大学86名学生进行随机采访,结果发现只有4人完整地读过我国四大古典小说名著,其比例仅为受访学生的5%,而且只有极少数的学生有在大学期间读一些经典名著的想法。四川某报记者到该省两所高校进行读书情况调查,询问大学生"最近在读什么文学名著"时,得到的回答普遍是"几年没有读过了",包括中文专业在内的学生也都表示与文学名著"少有接触",他们的主要理由是"忙"或"读文学书没用"。

其三,文学阅读式微、文学诗性剥离和文学教育"怎么教"的困惑。大众传媒时代文学传播、文学接受方式的重大变化主要表现在两个方面:一是电子文化、视觉美学风行,"披文入情""动情关照"的传统文学阅读、诵读方式日渐式微,文学接受也出现"去语言化""去文本化"倾向。二是大众传媒基于自身的"眼球经济"策略,在文学传播当中关注具有新闻性的文学事件、忽略文学作品的"去文本化"倾向,能够现身于大众传媒视野为数不多的文学文本解读也因过于通俗化、娱乐化而带有"去审美化"倾向。这两个方面的变化主要在"怎么教"上对当下高校文学教育产生了深刻的影响。

尽管如此,还是有许多钟情于文学事业与文学教育的学者与专家坚持认为人文学者最困难的时期已经过去了。原北京大学中文系主任陈平原教授曾多次强调,大学的文学教育已经到了触底反弹的时候了。从 1991 年撰写《学者的人间情怀》、1993 年发表《当代中国人文学者的命运及其选择》起,陈平原一直在观察"人文学"在当代中国的位置变化以及功能转移。在他看来,人文学者最困难的时刻过去了。此前是"坚守",此后可以更多考虑"进取"与"创新"。"触底反弹"的说法是对 20 年这样的中等时段的观察,若以百年这样长时段的眼光看待中文等人文学科,他承认,中文系现在有点"边缘化",但也不该被"悲情"笼罩。在今天这个喧嚣的时代,需要理解我们的真实处境和发展路向,有所坚持,也有所创新。他坚信,当眼下五光十色、浮华侈靡的大幕退去,学术重归平静,人文学科应该是最能站得住脚的。大学作为一个知识共同体,需要专业技能,也需要文化理想。对于营建校园氛围、塑造大学风貌、体现精神价值,起决定性作用的是人文学科。这一点,我们不能妄自菲薄。

所以,我们要提高大学生学习文学的自觉性,毕竟能说中国话与精通中文,是两个不同的概念。周作人谦称自己"国文粗通,常识略具",这可是很高的标准。我们不反对学英语,只是主张加强母语教育。在写《中文百年,我们拿什么来纪念?》这篇文章时,陈平原谈及请中文系为全校开设"大学语文"这一课程,但最终却在一次次的课程改革中被消磨掉了。校长看了报纸,很感动,说可以从头来,但陈平原知道不太可能。电脑让我们远离了书法,数据库让我们远离了记诵,专业课则让我们远离了语文。无论教授还是学生,都不在意这种基础中的基础。其实,越是基础的很可能越重要,就像空气和水。单就文化传承而言,任何一个国家的"国文",都相当于空气与水。

从政治化、工具化的桎梏里挣脱出来之后,突破学究气的经院教学模式,超越娱乐化的大众传播模式,遵循文学教育、人文教育的规律探索文学教学新机制,这是当下的高校文学教育的必然选择。我们有理由相信,在 21 世纪的高等教育中,文学教育不会衰落。正如前国家总理温家宝所指出的"学习理工科的,也要学习人文科学、学习文学和艺术。同样,学习人文科学和文学艺术的,也要学习自然科学。我们培养的人,应该是全面的、具有综合素质的人"。但面对困境,高校文学教育必须放眼世界、躬身自省,树立正确的文学观和文学教育观,创新课程体系和教学方法体系,在纯文学、唯经典、纯审美和大众化、通俗化、娱乐化之间,任何一种简单的选择和执拗的坚守都是有百害而无一益的。

三、"传媒中文"与"传媒文学":传媒视野下文学教育的创新对策

在传统媒体与新兴媒体日益融合发展的背景下,文学作为传统的基础学科,也日益发生着裂变。文学从叙事理念和模式到文本文体都发生了很大的变化,这为文学学科的发展提供了很大的空间,也提出了很大的挑战,对文学学科的教育教学改革也提出了崭新的课题。我校文学学科与其他高校同类学科相比,尚无优势,唯有改革创新,特色办学。基于这样的认识,文学院在"十二五"期间必须走"人无我有,人有我特"的特色化办学之路——我们称之为所谓的"传媒中文"与"传媒文学"。

(一)谋划与规划

古人说"预则立,不预则废"。浙江传媒学院新建文学院必须正视当下大学文学教育的现状,谋划与规划好未来的发展之路,特别是"十二五"发展目标。根据《浙江传媒学院文学院"十二五"发展规划》,我们已经基本确立了传媒语境下文学教育的基本思路:其一,"十二五"期间,要进一步转变教育观念,切实树立起适应新时期要求的教育发展观和教育质量观,构建以培养高质量的应用创新型传媒人才为目标的教学质量保障体系,建设院级课程教学改革的创新中心。其二,进一步规范教学管理,提高教学水平和教育质量。不断深化人才培养模式,加强课程体系、教学内容和教学方法的改革,积极推进分层教学,构建创新人才培养体系;加强课程建设和教材建设,提升建设水平。其三,加强本科专业建设,改造和完善传统专业,稳步拓展本科专业数量,优化专业结构布局,加强重点专业和特色专业建设,形成鲜明的专业品牌。"十二五"期间,学院本科专业及方向要达到10~12个,其中建设2个校级重点专业,1个省级重点专业。其四,完善实践(实训)体系建设,进一步改革实践教学内容和模式。在保证一定数量的校外实践基地的同时,集中优势力量,打造3个以上集团化、体系化实践基地,改变目前分散性的实践基地的做法。其五,进一步完善课程体系建设,新增建成10个左右院级重点建设课程,3~4个校级精品课程,2个省级精品课程,争取实现国家级精品课程"零"的突破。加强优质教材体系建设,出版30部以上系列优秀教材,争取有3~5部列入省级重

点（规划）教材。

（二）方式与方法

大学文学教学的最高境界是"授人以渔"，而不仅仅是"授人以鱼"，教师在传授给学生知识的同时，更重要的是教会学生学习的方法。特别是在当下传媒社会的文化语境下，大学文学教育不可避免地会借助现代传媒技术与多媒体技术而腾飞，尤其是文学网络资源的充分运用等更是如此。对于海量的文学网络资源与形态多样、内容丰富的审美艺术的网络资源，只有依靠大学生内在的高度的自主性与科学的研习法，才能够合理、科学地运用，也才能够化外在的传媒资源为学生内在的文化素养。鉴于此，我们特借鉴武汉大学王兆鹏教授的"四步教学法"以成"他山之石，可以攻玉"的期许。"四步教学法"是指示范——引导——讨论——总结。以《中国现当代文学专题》教学为例：第一步示范课，以讲解作品为主，并讲授欣赏的方法，再辅以文学改编后的经典影视作品播放则效果更佳。第二步引导课，从专题的角度，给学生提出思考和需要讨论的问题，讲解有关学习和研究的方法途径。为了帮助学生学会组织利用材料，注意学术规范，教师还要开列有关书目、网址，布置学生进行主题型的网络阅读，查阅文献资料。第三步讨论课，注意选择题材、风格类型不同的作品，也可设置一些需要重点把握的问题进行讨论。第四步总结课，由教师对学生的讨论进行总结。"四步教学法"将学习的主动权还给了学生，学生由被动接受教师的观点转向主体性学习，按照要求查阅完相关的文献资料，从中及时了解一些最新的研究成果，同时他们的学术规范意识也得到了强化。教师督促学生自主学习，带着疑难问题，由教师在课堂中抓住学生的疑惑作精辟点拨和指导。通过一次又一次这样的训练，学生就会举一反三，使其主动学习的能力不断提高。所以，我们坚持认为，现代传媒语境下大学文学教育的教育者们除了充分掌握现代传媒的相关技能之外，还应该转换角色定位，即教师角色由权威管理者、学习主宰者转变成学习诊断者、学习催化者及资源专家，因为开放式教育身份没有高低，角色没有主辅，而是要在"尊重""鼓励""关爱"等民主、和谐的气氛中让学生愿学、乐学。

（三）课程与课本

改革与创新传媒语境下大学文学教育的现状与困境，首先要创新文学教育课程。强化大学文学教育，首要的，也是根本的，是必须创新文学教育课程体系。这种创新,应当是全方位、整体性、系列化的,至少涵盖6个方面的创新。一是创新思想观念,一定要改变文学教育可有可无、可重可轻的看法,把文学教育看作关乎创办一流大学、培养全面发展和具有综合素养的优秀人才的战略举措来抓。二是创新课程设置。过往也开设大学语文课,但是,大多属于公共课,有的还只是选修课,有的甚至干脆不开,要开也只是一种点缀。文学教育必须创新课程设置。它要求不仅要继续开好大学语文课,还要使必修、选修、讲座等多种课程类型相互配合,课内、课外、校外等多种学习空间相互补充,教学、自学、活动等多种学习方式相互利用,构建起立体交叉式的文学教育课程新体系。三是创新教材编写,做到顺应学习心理,切合学科规律,凸显课程特色,确保教学成效。四是创新教学方法,改变师授生受、口耳相传的单一和陈旧的教学方法,实现教学方法的多样化、综合化和高效化。五是创新教学手段,尽量推行并普及现代化教学手段。六是创新教学评价,努力探索出一条科学评价并有效促进文学教育的教与学的新路子来。

(四) 实验与实训

本着创新全媒体语境下"传媒中文"应用技术与综合技能的宗旨,拟建的"传媒中文综合实验室"主要包括以下分实验室:现代文秘模拟实验室、对外汉语语音实验室、传统戏曲数字化传承实验室、影视观摩室、话剧表演室、影视制作室、报刊电子编辑实验室、文学网站模拟实验室、文化遗产保护与利用实验室、媒介素养教育模拟实验室。"传媒中文综合实验室"的建设目的体现在以下5个方面:

1. "传媒中文综合实验室"的建设目的在于以现代科技与人文素质培养深度融合为特色,秉承实验育人、理论与实践双重并举的实验教学理念,建立"实训·实验·实战"的实验教学体系。站在"传媒中文"发展的前沿,始终坚持用发展的观点来审视、选择和组织实验教学内容,保证实验内容的前沿性;合理、有效地引入先进的现代技术发展成果,保持实验手段的先进性;鼓励教师根据自己的研究项目、研究成果和专业特长,灵活开设实验,尤其是创新型实验,将科研成果转化为实验教学资源,培养学生的创新能力和解决实际问题的能力,努力实现理论型向应用型、定性定向定量的人才培养模式转变,使综合实验室能够真正做到以学生为本,在学生能力培养中发挥重要作用,使"人才为社会服务"的观念落到实处,从而从实践教学的角度实现"传媒中文"应用型人才培养模式的创新。

2. "传媒中文综合实验室"的建设目的在于依据现代科技的动态、传媒的前沿、复合型人才与应用型人才的需求倾力打造浙江传媒学院大学生文化素质教育基地,担负培养浙江传媒学院本科学生文化素质的责任。为了更好地实现这个目标,实验室面向全校文、理、工、管理等本科学生提供"传媒中文"综合类的实验教学,理论联系实际地培养本科学生的文化素质,从而实现真正的多学科交融,从实践教学的角度实现"提升地方高校办学水平""提高地方高校人才培养质量"的复合型人才培养模式的创新。

3. "传媒中文综合实验室"的建设目的在于为"传媒中文"的实验教学提供具有先进性、实用性、扩充性、可持续性的发展策略,在总体设计上把服务教育教学中心工作、促进就业、确保学生无障碍进入社会作为建设的落脚点,全面采用成熟和先进的文秘办公自动化信息技术,充分考虑学校财力、物力等客观情况,实行统筹规划、分步建设、逐步到位的措施,建成一个技术先进、操作简单实用的现代化的综合实验室。在具体工作中要采用先进的技术、设备,使实验室既成熟又具可持续发展潜力;要使实验室的功能完全立足于教学实际需要,保证各项实验内容和数据的处理与传递及时、准确;要保证实验室内的办公软件系统利于功能扩充,这不仅能够保护学校的资产,而且具有较高的综合利用性;还要使实验室的功能具有开放性,能容纳其他相关专业如戏剧影视文学、对外汉语、国际贸易、文化创意、公共事业管理等专业的实践教学,有效地实行资源共享。

4. "传媒中文综合实验室"的建设目的在于将以数字技术为核心的网络技术、信息技术、复制技术与影像技术运用于中文教学、文秘教学、艺术教学、文化遗产教学当中,彻底改变现在中文专业、文秘专业、对外汉语专业、戏剧影视文学专业、文化遗产专业的学生只有单一技能的不足,彻底改变学生只会"用笔(杆子)"不会"用机(子)"的缺陷。

5. "传媒中文综合实验室"的建设目的还在于实现社会合作与实验项目开展的良性互动,服务桐乡市的地方文化建设,创新学校与地方、学校与企业、实验与产业的双通平台。"传媒中文综合实验室"凭借浙江传媒学院的高平台交流资源,将学生优秀的实验成果推荐给政府、企事业单位、社会团体,同时展开更深入的社会合作,形成了社会合作与实验项目开展的良性互动。

(五)创作与创意

2009年3月18日,上海大学创意写作研究中心主任、教授、博士生导师葛红兵在《文学报》发表了《中国文学教育亟待改革》,提出改革传统的中文教育体制和结构模式,创立"文学创意写作"学科。有学者直接提出,我们的文学教育不是要改革，而是要革命。当今世界，全球化的浪潮、高科技新媒体的飞速发展，都在酝酿着一场新的文学革命。我们的民族文化要想永远立于不败之地，就必须以全新的姿态迎接挑战。那么，文学教育革命的实施，必将成为 21 世纪新文化运动一个有利的契机。

针对当前全媒体语境下中国语言文学与戏剧影视文学的教育现状，我们认为应当摒弃当前的汉语言文学教育模式，建立新型的以创意写作为方向的文学教育模式。文学教育应有独立的学科地位，应确认其作为艺术教育学科的本质品格。改革不可能在现有的语言文学系框架下进行，应该走创建独立文学系的道路。创意写作是一切创造性写作的统称，包含狭义虚构类创造性写作和非虚构类创造性写作等。创意写作不仅培养作家，还更多地着力于为整个文化产业发展培养具有创造能力的核心从业人才，为文化创意、影视制作、出版发行、印刷复制、广告、演艺娱乐、文化会展、数字内容和动漫等所有文化产业提供具有原创力的创造性写作人才。西方文学教育一般归属为艺术类，把创意写作作为文学教育教学的主攻方向。目前创意写作在西方是一个包含近 20 个子门类，提供本科、硕士、博士学科课程的大学科，为文化创意产业的发展提供了源源不断的原创动力，但目前该学科在国内还处于空白。中国的文学教育归属于人文社科类，以文学研究为主。传统中文系一般开设基础写作和应用文写作，但二者较少涉及创意写作的教育教学。传统中文系在学生培育目标上明确宣布"不培养作家"。因此，打破现有语言文学系框架，创建新型文学教育体系迫在眉睫。文学系不是新闻系、文秘系、语言系，不培养公文写手、新闻记者，甚至不培养语文教师，而应该以创意写作为专业，培养具有艺术创造性思维和文学写作才能的专业人才，使他们未来成为文化创意产业的核心从业人员。

西方文学教育经验与世界文学教育接轨要求我们进行相应的改革。创意写作创生于美国。1936 年爱荷华创意写作工坊创建，之后创意写作成为一门新兴科目在美国大学内得以确立和推广。不同于一般大学课程由教授向学生传授知识和思维方法，创意写作的教学有其特殊规律和方法，不断从个人的经历、回忆、观察、思考中深挖素材，以写出以往没人写过的原创作品作为教学目的。写作，从某种意义上变成认识自我、发现自我、表达自我的过程。激发学生的创造潜能，让写作真正贴近学生个人体验是创意写作教学的根本原则。其授课形式多采用学生与老师组成合作团体，大家在课堂上平等地展示自己的作品，各抒己见，对别人的作品可以任意评价优点、缺点，可以称赞、批评、提修改意见等等。目前，英国、加拿大、澳大利亚、新西兰、以色列、墨西哥、韩国、菲律宾等国家也纷纷开始效仿美国，在大学设立创意写作专业。

鉴于此，改革现有文学教育模式，创建以创意写作为方向的独立文学教育学科，培养新型写作人才和创意人才，承担起文化产业发展的支撑点、发动机的角色，是完全必要也是完全可以做到的。

（六）语言应用与文学生产

在语言应用与文学生产方面，全媒体语境下大学文学教育特别是作为素有"北有北广，南有浙广"之誉的浙江传媒学院的新建文学院，首先值得思考的就是"与传媒同行，与行业联姻，与文化相长"的策略设置。

在当下的传媒文化语境下，"传媒语言"的研习与传播，应该成为新建文学院语言应用的重中之重，具体说可以包括报纸语言、影视语言、网络语言以及相关的大众文化、通俗文化的语言习得。

而作为"内容生产"的文学创作与戏剧戏曲的编剧，除着重考虑受众的接受心理、消费心理与鉴赏心理之外，广义的文学生产应该充分考虑浙江传媒学院现今所有的传媒资源，将编、导、演、摄、制、播、传贯通一体，充分培养懂行的电视文学、电影文学、网络文学、手机短信文学以及编剧、剧评、文化传播方面具有综合技能的应用型高级人才。

四、"编剧强化班"的教改思路

"编剧强化班"依托于浙江省省级重点专业——戏剧影视文学专业，在原省级重点建设专业基础上进行专业写作能力强化培训的改革方案，使学生在坚实的跨学科知识掌握到位的情况下，集中教师与社会上可使用的专业编剧创作的培训力量，对学生进行一对一的实践训练，并使学生及早进入有目的性、有实际成果的创作途径，充分地积累与获取经验。

针对我们的目标，我们准备实施"精英班"的培养模式。这是实施小班化教学的一个班，在大学第二个学期，从文学院所有专业的学生中通过择优录取15名学生，组成一个编剧精英班，大学第三学期开始正式授课，学习过程实行淘汰制。

在具体的实践方案上，强调在原有编剧专业课程设置的基础上，扩充实践环节。具体表现为：

第一，每学期确立一个主题，安排固定时间进行课外实践与调研。在第一阶段，主要是结合故事的策划加强生活积累，组织学生进行为期1周至10天的生活体验；第二个阶段，结合剧本写作，组建模拟剧组，在团队合作过程中磨炼剧本；第三个阶段，结合拍摄，开设相关课程，并组织学生进驻影视拍摄基地1个月，了解影视生产全过程。

第二，在原有大课和小课相结合的基础上，实行导师制，以作品创作为核心，进行定向训练。具体举措为理论教学之外开设实训辅导，实现大课和小课结合、整体和局部结合、堂教和面授结合、讨论和应用结合，完成一个从故事策划阶段的学生演讲到教师点评、学生互评到修改、拍摄、制作再到作品展示的全过程。

第三，改变评价体系。剧作课侧重作品在期末进行点评的评价方式。学习期满后，优秀剧本结集出版，并选择其中最优秀的剧本拍摄成片。加强与外界的联系，采取"请进来、走出去"的方式，参与各电视台、影视公司或剧作家的创作工作。

第四，在适当的时候成立创作工作室，制订年度创作计划，使创作工作室成为学生的实践基地。

第五，教改步骤：大致可分三步走。第一步是招生，大学第二个学期从文学院所有学生中通过笔试、面试两个程序招收有潜力的学生15名，独立组建成班；第二步，在课堂的理论学习与课外实践时期，实行淘汰制，将缺少发展空间的学生退回原专业学习；第三步是创作阶段，完成剧本的写作、出版及拍摄工作。

五、"未来作家班"教改思路

（一）打造"厚知识基础 + 高创作技能"的文学创作型拔尖人才的培养体系

"厚知识基础"主要指学生具有比较深厚的文学创作知识基础。"高创作技能"主要指学生具有比较高的文学创作技能。本项目力在构建文学创作型拔尖人才的培养体系。

（二）打造"校内 + 校外"的文学创作型拔尖人才的教育格局

文学创作型拔尖人才的培养必须建立学校和社会相结合的资源开发和教育格局。本项目通过工作室的方式，将学校教育与社会需求结合起来，形成互为促进的教育格局。

(三) 打造"学、写、播"的课程教学体系

本项目以课程教学体系为核心,通过下列课程提升学生的写作能力。

1. "学":学就是学习知识,包括文学系列课程、文化系列课程、影视艺术系列课程、传播系列课程等。

2. "写":写就是写作,包括传统文学作品的写作、影视文学作品的写作、影视脚本的写作等。

3. "播":播就是传播,侧重培养学生的媒体综合运用能力,使学生掌握采、写、编、评、摄、制、播的基本技能,掌握音、影、文、图服务文学作品传播的能力,加强文学作品的产业化转化效益。

(四) 打造"实验、实训、实战"的实践教学体系

本项目本着"实践先导、实践至上"的原则,切实实践"实验即实战、实训即实战"的模式。

建立"实验、实训、实战"的实验教学体系,始终坚持用发展的观点来审视、选择和组织实验教学内容,保证实验内容的前沿性。

(五) 教改方法与举措

针对上述改革目标和内容,本项目将实施"特色班"的教学培养模式。这一模式的核心是实施小班化教学,从文学院乃至全校各专业学生中通过考核择优录取15名学生,组成一个文学创作型特色班,学习过程实行淘汰制。

在具体的实践方案上,本项目强调在文学创作专业课程设置的基础上,以工作室的方式扩充实践教学和训练环节。

(六) 具体实施步骤

本项目的实施大致可分3个阶段:

1. 招生阶段:在第二个学期从文学院乃至全校各专业学生中通过笔试、面试两个程序择优招收具有较强文学创作素养和技能的学生15名,独立组建成文学创作型拔尖人才特色班。

2. 学习阶段:编班完成后,进行课堂的理论学习与课外的创作实践。在这一阶段实行淘汰制,将缺少发展空间的学生退回原专业学习。

3. 实践阶段：根据学习的情况，组织学生进行文学创作实践，可以是自主创作，也可以是订单式创作，还可以为社会文学创作的知名人士当助理。

总之，依据当下大学文学教育现状与浙江传媒学院新建文学院的现实，结合新媒体时代独特的文化语境，打造颇具传媒特色与标志的"传媒中文"与"传媒文学"，以区别于传统的文学专业与其他高校的文学专业，这将是浙江传媒学院新建文学院在整合现有传媒资源、融合现有教学资源、汇合现有文化资源的基础上所要营构的新进阶与新平台，也是新建文学院工作的当务之急。

全媒体时代卓越新闻传播人才的培养
——"中国传媒高等教育的现状与未来暨卓越传媒人才培养高峰论坛"综述

浙江传媒学院 冯建超 李灵革

为深入研究卓越新闻传播人才培养所面临的时代挑战与历史使命，制定新闻传播人才国家标准，探讨全媒体时代下卓越新闻传播人才培养模式与创新路径，2013年10月16日，由教育部高等学校新闻传播学类专业教学指导委员会主办、浙江传媒学院承办的"中国传媒高等教育的现状与未来暨卓越传媒人才培养高峰论坛"在浙江杭州隆重开幕。英国拉夫堡大学传媒研究中心教授格雷厄姆·默多克（Graham Murdock）、美国密苏里大学新闻学院高级社会研究中心主任孙志刚博士（Kenneth Fleming）、香港浸会大学郭中实教授、台湾世新大学校长赖鼎铭教授等海外知名专家学者，中国传媒大学副校长胡正荣教授、暨南大学副校长林如鹏教授、武汉大学新闻与传播学院副院长强月新教授、山西传媒学院院长郝本廉教授、吉林动画学院副院长刘欣、浙江传媒学院校长彭少健教授等国内新闻传播院校领导以及教育部高等学校新闻传播学类专业教学指导委员会全体成员出席了本次会议。参加本次会议的海内外专家学者达100余人。

论坛分两部分，上午由格雷厄姆·默多克、孙志刚、郭中实、强月新4位专家作主题演讲，针对新时期卓越新闻传播人才培养面临的挑战、形势、任务与应对进行了阐述；下午为校长论坛板块，胡正荣、赖鼎铭、林如鹏、郝本廉、刘欣、彭少健等对所在高校如何认识以及如何培养卓越新闻传播人才进行了介绍与交流，复旦大学李良荣教授对校长发言进行点评。

一、新闻传播业发展面临的挑战与变化

在世界发展全球化、扁平化的背景下,互联网、通讯技术不断创新,新闻传媒行业发展出现了信息化、网络化、融合化的趋势,媒体从传统的报刊、广播电视等主流媒体迅速扩展到电脑、手机、平板电脑等新兴互联网媒体。同时,媒介融合的趋势进一步加强,跨媒体传播使得传统的大众传媒由各自"单媒介"的独立采编经营,转向多媒介的联合运作,尤其是在新闻信息的采集发布上呈现出"全媒体"的特色。仅就新闻工作"采集—编制—发布"的3个阶段看,新闻的信息来源、编制方法、发布与呈现途径,都受到媒介形式多元化与融合化发展的深刻影响。在此背景下,与会专家从受众地位、新闻来源、新闻业社会责任等方面讨论了新闻行业在新时期面临的挑战与变化。

胡正荣认为,传统主流媒体的传播主要是单向的,媒体工作者面向的是受众。但在全媒体时代下,受众不仅仅是接受者的角色,更是消费者、评论者、分享者和再生产者,是新闻传播的主体之一。尤其在伦敦奥运会上,新闻的传播形态已经呈现出重大变革:主办方通过建立资源与素材中心,让用户通过不同的终端去分享。在分享过程中,可以有社交媒体的补充,可以有个性化的定制。媒体的消费和使用是一种全平台、全媒体形态,这使得伦敦奥运会成为"人类历史上首届真正的数字奥运会",充分体现了媒体消费者的主体作用。

孙志刚提出,由于新媒体的出现,新闻行业在新闻内容、发布渠道、与受众以及媒体的关系等方面发生了深刻变革。新闻不再是以往由新闻提供者决定的行业,由于有各种网络移动媒体的出现,每个人都能够成为新闻事件的发布者,因此现在新闻业是买方市场。因为有了新媒体,媒体和受众的关系、媒体和广告商的关系都发生了变化,坐在新闻业驾驶员位置上面的应该是受众和广告商。新闻行业不再是由传统的提供者、发布者主导,而是由受众需求驱动的服务提供者主导。现在媒体需要在每周7天、每天24小时的环境下做出高质量的新闻,让受众更加便捷地接受和消化精彩的新闻。

默多克提出,新媒体的出现可以帮助非专业人员利用移动媒体发布新闻,丰富了新闻的来源。新闻业面临的是"人人可以是记者、人人可以是编辑"的环境。但是这其中存在很重大的问题。因为非专业人员发布生产的是信息,但这些信息却

不是知识,不能对受众产生深刻的影响。知识是一种解释的模式,让我们能够认识世界,了解事件发生的原因,预判事件的结果。因此新闻行业必须要更深入地解读事件,体现出新闻行业的专业性与新闻的知识性。因此默多克提出新闻业应该"Providing authoritative research and analysis"。默多克还认为互联网新兴媒体的出现更好地满足了公众的知情权,促进了公众的讨论。因此新闻行业不应该对新媒体的出现产生抗拒,而应以行业专业性为基础,鼓励新媒体的出现,积极利用新媒体,扩大新闻行业的传播影响力。

同时默多克也提出,网络媒体的出现容易产生极端化的个人主义。当我们以公民的角色来思考的时候,我们处于一个伦理社会的范畴。而在互联网上,当大家以消费者的角度思考问题的时候,必然会以个人为中心,使我们的思考越来越个人化而不是集体化,越来越没有责任感。对新闻媒体环境而言,可能会发生比较严重的消费主义取代公民主义的情形。同时,新媒体技术的发展并不是对所有人都开放。在数字世界中很多人被隐形的墙隔离了,这些人大部分是比较年老的,不熟悉新技术,并且基本上都住在农村,很少住在城市。他们在新体制中是被排斥的。因此新闻业的社会责任是不仅要公布事实、引发思考,更要贯彻公民的立场和加强对弱势群体的关怀。所以学者、新闻业不能一味关注技术,而应该把更多的精力放在专业的实践以及对问题的思考上。

二、全媒体时代对新闻传播人才的素质要求

传播技术的革新、传播方式的转变、新闻行业的发展、新闻专业性要求的提高,都必然对新闻传播人才提出越来越高的要求。除了从事专业工作需要的知识、能力、素质外,新闻行业还特别重视从业人员的职业道德。新闻从业人员承担着公布真相、传播真理、促进民众知情权与话语权、推进民主、开展监督等重要的社会责任,因此以职业道德与社会责任感为基础,促进新闻工作者和新闻传播人才的专业能力、通识知识的掌握、分析判断能力等综合素质发展,是与会专家们的基本共识。

胡正荣引用哈佛大学牵头的一项研究报告提出,未来传播业者应该具备五种能力,即 general competence(通识能力)、practical techniques(实践能力)、process competence(思维能力)、professional ethics(职业道德)和 subject competence(专业能力)。而中国内地通常的提法是创新型、复合型、国际化新闻传播人才。

彭少健介绍了浙江传媒学院对新闻传播人才培养的基本要求：能主动适应现代社会经济、科技与文化艺术事业发展需要的，知识、能力、素质协调发展的，具有较强社会责任感、良好职业素养和一定国际视野的，基础实、素质高、能力强、具个性的应用型、复合型、创新型人才。

郝本廉也介绍了山西传媒学院对新闻传播人才培养4个层面的基本要求。价值取向层面：良好的新闻素养，坚定的政治立场、舆论导向意识；知识层面：深厚的文化底蕴，具备本学科专业的知识体系、跨学科知识；能力层面：较强的学习、判断、协调、调研、实践和创新能力；素质层面：全媒体思维、市场化思维、国际化视野、正确的导向意识、艺术素养及良好的职业素养。

除价值观、知识能力外，郭中实还提出，新闻传播人才对职业的激情、热爱与忠诚也是必须具备的条件。既有理性的部分，有非常清晰、冷静、善于分析和批判的头脑；也有感性的部分，有冲动、激情、好奇心。恰恰这个方面是大专院校人才培养的优势，而不需要迎合业界经常作自我调整。

对于新闻传播人才的角色，孙志刚提出，媒体所拥有的最有价值的财富是内容。在全媒体时代，在肯定自己作为内容提供者的同时，要重新认识和调整与受众的关系，借助受众的看法、想法、批评和期望来提高自己。新闻传播人才要提供以回答受众问题并向他们提供各种资源和工具为主的服务。就此而言，新闻工作者的角色必须从一个简单的传授者——告诉公众应该了解什么——转变成与公众对话者，由新闻从业人员提供信息，并且帮助和促进公众讨论。因此，新时期新闻从业者的身份应该逐渐转变为证明者、求意者、调查者、见证者、提升者、聪明的聚合者、论坛组织者以及新闻楷模。

三、我国现有新闻传播人才培养模式的困境

新的人才出现必然要求有新的人才培养方式，传统的人才培养模式必然要在全媒体时代中不断创新、变革，以适应时代需要。在如何变革人才培养模式、变革的重心是什么等问题上，由于中外新闻传播人才培养起点不同，中外学者对于该问题的看法各有侧重。总体说来，中国内地学者更重视高校与行业的对接，人才培养模式的改革以加强实践、提高学生的实践能力以及行业适应力为重点。而海外学者、西方新闻专业院校的重要传统之一就是重视与行业的联系，尤其以密苏里大学

为代表的一批学院一直以来就有自己的商业电视台、商业广播,到今天又有了自己的商业网站、商业杂志,还有各种各样的广告、代理商的机构,因此海外学者更重视新闻传播人才的理论深度和批判思维的培养。

对于中国内地传统的新闻人才培养问题,胡正荣提出其主要弊端在于传统的新闻传播教育完全是媒介中心主义的教育,报刊、广播、电视等人才培养是相互独立的;当网络新媒体出现时,各学校往往会增加网络与新媒体专业作为应对。但是,媒体目前所需要的新闻传播人才是能够对收集到的信息作出专业的判断和处理,进行加工,能够跨平台地发布新闻的全流程、全媒体的工作者。因此在这种情况下,就造成了全媒体的发展需要与新闻传播专业教育分割的困局以及传播方式多元化与新闻传播学生去向的矛盾。而这一问题在中国内地具有相当的普遍性,因此造成了新闻传播高校院系千校一面、千院一面、千系一面的困局。

林如鹏看到,当下我国新闻传媒人才出现结构性失衡的问题,即媒介急需的新媒体人才、运营管理人才,新闻院校难以对口提供,而大量的新闻采编人才则是供过于求。他将我国新闻传播人才培养的问题总结为以下几点:第一,新闻教育的学科结构市场化程度不高,传媒人才培养模式与媒体人才需求的错位。第二,课程设置陈旧,教学内容和教学手段滞后,忽视了用人单位的需要。人才培养的专业标准与媒体当下的需求不够贴近。第三,新闻实务专任教师缺乏,未能对学生实践能力的提高提供有力的支撑。第四,新闻传播教育的资金投入不足,教学实验设施与传媒业的设施不能对接,更不能适应全媒体时代的需要。第五,新闻人才培养与媒介实践缺乏有效的互动,社会资源的开发利用不够。

总体说来,中国内地学者都十分重视学界和业界转型对接的现实意义,十分重视新闻院系应该跟随行业发展的需要不断变革。相对我国新闻传播教育而言,西方高校显然已经走在了前面,它们更加重视新闻传播人才对社会发展的引领、推动作用,希望能够更多地传播真相、传播知识,加强监督和批判,更多地增加民众的知情权,在知情的基础上加强协商讨论,推动社会的民主化发展进程。西方新闻传播人才更多的是社会发展引领者的角色。

郭中实作为香港浸会大学教授更为熟悉内地与香港的情况,他认为目前高校的新闻传播人才培养存在着三大分裂的困境。第一个是教师结构的分裂。目前大学形成了严格职称学位等级制度,导致在业界有地位、有思想的从业人员不愿意到大学来当教授,而大学教师没有新闻从业经历和经验。第二个是话语的分裂,就是我们在新闻教育过程当中,教育内容与实践内容割裂,导致学生在学校、编辑部、新闻实践3个阶段要经历 learn、relearn、unlearn 的不断自我否定的过程。第三个是心态上的分裂,新闻教学中渗透的是新闻专业主义的思想,对新闻行业实践中遇到的复杂问题缺乏有效指导。郭中实进一步提出,导致以上问题的主要原因在于新闻教学机构存在着"驾校问题"。高校跟随新闻事业技术的变革不停地变,这是不对的。在新闻教育过程中,应该强调如何把信息变成知识,要充分利用机构的资源作为支撑,通过多年新闻教育的训练,要能作研究,作调查,有大局观。

四、我国新闻教育改革的思考与探索

从总体趋势上看,我国高等教育发展从1999年以来已经完成了规模扩张的任务,解决了人民接受高等教育的基本需求,下一阶段的主要工作将是以内涵发展为主,不断提高高等教育质量,让高校学生学有所成,真正成为社会有用的专业人才。对新闻传播教育而言,更是如此。全媒体时代对新闻传播人才的素质提出了更高的要求,因此我国传媒类高校必须以提高人才培养质量为核心,积极开展人才培养模式改革,应对时代发展与行业创新的需要。

孙志刚介绍了在密苏里大学新闻传播教育的基本经验,希望它能够为我国的新闻传播教育改革提供参考。密苏里大学的基本经验可以总结为"密苏里方法",即坚持将新闻教育与专业实践有机结合,让学生在学习的同时在新闻学院的电视台、广播电台、报纸、杂志和网站动手实践,获得新闻采编和媒体经营方面第一手经验;还帮助学生在身体力行的过程中感受、领悟和培养他们对新闻职业的认识、感情和职业追求。针对我国目前的新闻传播教育,孙志刚建议应该不断加强新闻专业课程教育,加强核心新闻价值观教育,引入新媒体的理念和实践,同时应该拥抱、鼓励和提供跨学科的课程。

胡正荣提出,我国的新闻传播教育应该走出特色化生存之路。首先,在学科专业定位上必须要回答好新闻传播教育的理念、服务面向问题,在此基础上做好面向未来的学术研究和面向实践的人才培养工作。其次,新闻院系应该整合资源、突出优势学科专业领域。无论是校内、校外,学界、业界,国内、国外的经验都应该充分吸收。再次,应该重视新闻传播学科和专业的融合与拓宽。在教师的学科背景、院系学科专业建设、学生的专业素养上,应该加强新闻传播学科与其他人文、社会乃

至信息传播技术学科的交融。

　　林如鹏也总结了近年来暨南大学新闻传播人才的基本思考：一是全媒体新闻传播人才的培养要跳出媒体的框架来思考问题，强化对融媒体时代新闻传播专业个性和学生能力共性的认知。二是全媒体人才培养要大力强化实验平台的建设。融媒体时代的实验中心建设应从改变物理空间着手，以大平台的功能区分布来整合不同媒体形态产品的模拟生产。三是全媒体人才培养必须借助新闻媒体的参与，整合业界在全媒体实践中的优势资源。四是全媒体人才培养必须强化社会实践，要让学生在实战中充分体验全媒体采写调研的魅力。在此思路下，暨南大学目前已经进行了探索。更新人才培养理念，构建创新型新闻传播人才培养体系；改革课程体系，探索多层次的特色培养模式；加强校媒合作和实践基地建设，全方位提升学生的专业实践和社会实践能力；学界和业界交流互动，更新教学内容，改革教学方法，打造适应媒介融合时代的教师队伍；完善培养机制，规范科学管理，建立新闻传播人才培养的质量保障体系。

　　强月新也介绍了武汉大学新闻与传播学院一直以来重视实践实验教学的新闻传播人才培养思路与理念：第一，坚持理念与运作并重，不断完善实验教学体系；第二，坚持规范与创新并重，不断改进实验教学内容、方法与手段；第三，坚持争取投入与自我发展并重，不断改善实验教学设施，提高实验教学效果；第四，坚持共性与个性并重，不断凝练实验教学特色。

　　山西传媒学院尽管2013年刚专升本，但是其在应用型传媒人才培养模式探索上也有了较长的历史，取得了一定的成绩，尤其是作为一所由成人传媒高校改制而成的传媒类本科院校，目前已探索形成了"三个平台、五个环节"的"三五式"传媒人才培养模式，即打造"专业、课程、实践"三大平台，构建"专业认知—课程实训—岗位实践—联合创作—毕业实习"五个环节，组成了理论与实践教学相互渗透、相互衔接的实践教学体系。

　　除了传统的新闻传播院校外，我国近年来也涌现了一批有特色的民办的新闻传播院校，其中吉林动画学院具有一定的代表性。吉林动画学院刘欣副院长介绍了学校的基本办学特色：开放式国际化、学研产一体化、创意产品高科技化。在这一思路指导下，目前已有国家新闻出版广电总局的国家动画教学研究基地和国家动画产业基地、文化部的国家文化产业示范基地落户该校。该校一直以来开展的动画、绘画、游戏专业学研产一体化人才培养模式改革与实践也取得了一定的成绩。该改革以动画专业、绘画专业（漫画方向）、游戏专业（游戏视觉艺术方向）为基础，在人才培养实施过程中，教学、科研、产业三者相互促进，相互支撑，相互融合，形成了学研产一体化的人才培养闭合环路，形成了动画、绘画、游戏类专业全新内涵的人才培养模式，打造了鲜明的专业特色。尤其在教学上，坚持以文化产业人才市场需求为导向，以能力培养为核心，重点培养学生逆向思维能力、创新思维能力、实践动手能力、行业综合能力。同时产业为教学提供行业导向，提供行业师资，为学生提供实践平台，检验人才培养质量。产业实践检验学生对知识的掌握和运用能力，促进教学改革，提高人才培养质量。

本次论坛召开后，教育部新闻传播学类专业教学指导委员会紧接着召开了第二次全体工作会议。2013年12月，教育部、中宣部正式下发《关于申报卓越新闻传播人才教育培养基地的通知》，决定在全国范围内建设30个应用型、复合型新闻传播人才教育培养基地，10个国际新闻传播人才教育培养基地。我国卓越新闻传播人才教育的改革实践工作正式拉开帷幕。在此背景下，本次论坛的召开尤其凸显其重要意义，必定在我国新闻传播人才培养、新闻传播事业乃至传媒产业发展历史上留下重要的一笔。

图书在版编目(CIP)数据

中国卓越传媒人才培养的探索与实践/彭少健主编.
—北京:中国传媒大学出版社,2015.9
ISBN 978-7-5657-1395-8

Ⅰ.①中… Ⅱ.①彭…
Ⅲ.①高等学校－新闻工作者－人才培养－中国－文集
Ⅳ.①G214－53

中国版本图书馆CIP数据核字(2015)第135278号

中国卓越传媒人才培养的探索与实践

主　　编	彭少健
策划编辑	欣　雯
责任编辑	李　明　蒋　倩
责任印制	阳金洲
封面制作	众为设计
出 版 人	王巧林
出版发行	中国传媒大学出版社
社　　址	北京市朝阳区定福庄东街1号　邮编:100024
电　　话	86－10－65450528　65450532　传真:65779405
网　　址	http://www.cucp.com.cn
经　　销	全国新华书店
印　　刷	北京艺堂印刷有限公司
开　　本	787mm×1092mm　1/16
印　　张	14.5
版　　次	2015年9月第1版　2015年9月第1次印刷
书　　号	ISBN 978-7-5657-1395-8/G·1395　定　价　59.00元

版权所有　　翻印必究　　印装错误　　负责调换